公元787年，唐封疆大吏马总集诸子精华，编著成《意林》一书6卷，流传至今

意林：始于公元787年，距今1200余年

意林®

一则故事　改变一生

初中那些事儿

谁的青春期不冲动，带着憧憬过初中。

《意林》编辑部　编

未来出版社
FUTURE PUBLISHING HOUSE

上学那些事儿书系

图书在版编目（CIP）数据

初中那些事儿 /《意林》编辑部编 . -- 西安 : 未来出版社 , 2014.6
（上学那些事儿书系）
ISBN 978-7-5417-5235-3

Ⅰ . ①初… Ⅱ . ①意… Ⅲ . ①初中生 – 学习方法②初中生 – 学生生活 Ⅳ . ① G632.46 ② G635.5

中国版本图书馆 CIP 数据核字 (2014) 第 107750 号

初中那些事儿　　CHUZHONG NAXIE SHIER

总 策 划：尹秉礼　杜　务		执行策划：陆三强　顾　平	
丛书统筹：孟讲儒　徐　晶		丛书主编：姚新平	
责任编辑：杨雅晖　王亚娟		特约编辑：吴可嘉	
技术监制：宇小玲　刘　争		发行总监：董晓明　李振红	
宣传营销：董晓明　薛少华		封面设计：李　倩	
美术编辑：张　龙		总 字 数：288 千字	
印　　张：13.25		版　　次：2014 年 6 月第 1 版	
定　　价：26.90 元		印　　次：2016 年 1 月第 3 次印刷	
书　　号：ISBN 978-7-5417-5235-3		出版发行：未来出版社	
地　　址：西安市丰庆路 91 号		邮　　编：710082	
电　　话：029-84286619　84288355		印　　刷：北京联兴盛业印刷股份有限公司	
经　　销：全国各地新华书店		开　　本：889mm × 1194mm　1/16	

启　事

本书编选时参阅了部分报刊和著作，我们未能与部分作品的文字作者、漫画作者以及插画作者取得联系，在此深表歉意。请各位作者见到本书后及时与我们联系，以便按国家相关规定支付稿酬及赠送样书。

地址：北京市朝阳区南磨房路 37 号华腾北搪商务大厦 1501 室《意林》编辑部（100022）

电话：010-51900482

主编 姚新平

主编简介:

北京市中学特级教师，北京市优秀教师，北京化学会中学化学教师发展委员会副主任，首都师范大学硕士研究生导师。

主编寄语:

亲爱的同学：祝贺你升入初中，迈开你人生的关键一步！

跟小学相比，你有了自己的思考、自己的主张；尝试行为独立。虽然有时显得幼稚、青涩，但都是成长必须的历练。

你们追逐阳光、自由，渴望鼓励、进步。希望学习轻松、快乐。愿意表现自我，为集体、自我负责。但最后有的同学把叛逆当独立，把学习当成无尽的烦恼，把网络当成自己的全部世界……

怎样做一名阳光少年，知性少年，有梦的少年？《初中那些事儿》陪你度过人生的转折期。

专家学者、校长名师联袂推荐

知名作家

莫 言		
诺贝尔文学奖获得者　莫言	北京师范大学教授、博士生导师　于丹	北京大学教授　孔庆东
《步步惊心》作者　桐华	《明朝那些事儿》作者　当年明月	著名作家、编剧　海岩

校长名师

北京市潞河中学校长　徐华	清华大学附属小学校长　窦桂梅	清华大学附属中学校长　王殿军
湖南省岳阳市第一中学校长　廖炳晔	中国人民大学附属中学常务副校长、特级教师　翟小宁	中国作家协会会员、河北省特级教师　张丽钧
全国著名特级教师、清华大学附中　赵谦翔	湖北省示范高中监利一中校长　何世文	天津市南开中学（温总理母校）校长　马跃美
辽宁省重点中学、沈阳市第五十六中学校长　关凤艳	福建省莆田第四中学校长　郑金山	山西省临汾第一中学校长　许江敏

目 录 Contents

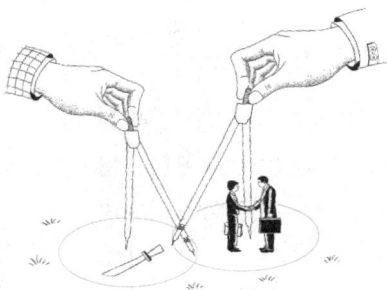

适者生存

□佚 名

孔子到吕梁山游览，那里瀑布几十丈高，流水水花远溅出数里，甲鱼、扬子鳄和鱼类都不能游，却看见一个男人在那里游水。孔子认为他是有痛苦想投水而死，便让学生沿着水流去救他，他却在游了几百步之后出来了，披散着头发，唱着歌，在河堤上漫步。

孔子赶上去问他："刚才我看到你在那里游，以为你是有痛苦要去寻死，便让我的学生沿着水流来救你。你却游出水面，我还以为你是鬼怪呢，请问你到那种深水里去有什么特别的方法吗？"他说："没有，我没有方法。我起步于原来本质，成长于习性，成功于命运。水回旋，我跟着回旋进入水中；水涌出，我跟着涌出于水面。顺从水的活动，不自作主张。这就是我能游水的缘故。"

孔子说："什么叫作起步于原来本质，成长于习性，成功于命运？"他回答说："我出生于陆地，安于陆地，这便是原来本质；从小到大都与水为伴，便安于水，这就是习性；不知道为什么却自然能够这样，这是命运。"

适者生存，这是人类一切问题的答案。试图让整个世界适应自己，这便是麻烦所在。试图让一切适应自己，这是很幼稚的举动，而且是一种不明智的愚行。

那位智者让自己适应水流，而不是让水流适应他。就这样，智者成功了。这不是一种方法，也不是一个技巧，而是一种智慧。

初中那些事儿

谁的青春期不冲动，带着憧憬过初中。

暑假应该这样过

□赵晶

翘首以盼的假期终于来了，你打算怎么过呢？据调查，目前中学生的暑假生活大致呈现两种状态。一种是学习成绩优秀的学生，他们具有较好的学习自觉性，基本不用家长和老师操心，他们的暑假生活大都与书本为伴，虽然枯燥了些，但很充实。另外一种学生的情况令人担心，他们的暑假处于放任状态，生活随意，饮食无节制，长时间上网看电视。导致假期一结束，很多学生不适应，产生"假期综合征"，严重的甚至开始产生厌学情绪。为了避免出现这种不良"症状"，你应该在父母的监督下坚持健康的生活方式。有规律地生活，合理安排好学习、娱乐、休息的时间，既不能把假期变成恐怖的"第三学期"，也不能随心所欲不受约束。在暑假里，给自己制订一份合理的计划，积极锻炼身体，积极参加社会实践，并且尽可能多读一些好书，让自己的时间充实起来。让假期过得快乐而有意义。下面几种方式不妨试一试，选择适合自己的一种或几种实践一下，你会从中找到充实和满足。

做运动——打造身体梦工场

俗话说，身体是革命的本钱。升入初中后学习压力越来越大，很多学生为了适应快节奏的初中课程，慢慢就开始了"大门不出二门不迈"的生活，这种现象很不好。没有好的身体素质，怎么去学习？怎么去接受生活的挑战呢？所以，初中生利用暑期报个跆拳道班、健美操班什么的，对提高身体素质是很有好处的。与此同时，越来越多的初中生存在自闭、自卑、抑郁等心理障碍，而运动是解决这些问题最好的方式。

旅游——无限风光在险峰

挫折教育是现在的孩子最缺乏的，日本的家长一到了暑期，就会把自己的孩子送到

啄木鸟一张嘴去消灭害虫，但有人却靠一张嘴去充当害人虫！

一个荒岛上去,为的是让他们学会自立,不像小皇帝小公主似的娇生惯养。家长们太宠孩子,以为是对孩子好,其实不然,这样反而会给他们带来伤害。旅行也是一次很好的生存体验,在处理各种突发事件时能锻炼你的处事能力,在组织活动时,能锻炼你的交际能力。利用暑假组织同学们一起出游,接触一下美丽的大自然,放松一下紧张心情;另一方面也能增进同学之间的友谊,增强吃苦能力,身体状态也会有显著提高,一举多得。

听音乐——跳动的细胞

音乐是一种没有国籍的语言,更是紧张生活的调味剂。暑假在繁多的作业之余,可以多听一些世界名曲,如莫扎特、贝多芬等世界级音乐大师的名曲,既能缓解情绪,又能陶冶情操。静下心来忙里偷闲好好享受一下,给紧张的心情放个假!有张有弛才能更好地提高学习成绩。

看场电影——经典中感悟人生

看电影是假期消磨时光的最佳方式,约上家人或者要好的同学,选一部感兴趣的片子,在漆黑的影院中慢慢感悟人生。好莱坞的很多经典电影在家里看即可,甚至有些可以下载下来反复观看,经济又实惠,何乐而不为呢?如果你想了解美国中学生的生活,下面几部好莱坞经典影片不容错过!《牛仔裤的夏天》,这是一首跳跃在牛仔裤上的歌谣,这是一段隐藏在牛仔裤里的情谊。一条牛仔裤承载着友谊与勇气在她们之间传递,陪伴她们,学会去爱,学着长大。《美少女啦啦队》,冠军队只有一个,战斗到最后一刻的才会取得胜利。

《高校天后》是一部描写高中生生活的轻喜剧影片。拥有快乐,哪里都是纽约,记得,要心中拥有梦想。

做义工——为进入社会做准备

西方国家的暑期里,学生没有暑假作业,很多孩子都会主动去做义工,为进入社会做好准备。人总要长大的,总有一天要步入社会,接触各种各样的事物。

初中阶段虽然是打基础和养成习惯的重要时期,但也不能一味地死抠书本。适当地参与实践活动,会让自己在德、智、体、美等诸方面得到全面发展。✿

暑期注意事项

安全问题永远是最大的问题。由于缺乏自我保护意识,几乎每年假期都会有学生在各种事件中受到不同程度的伤害。所以假期里一定要严格约束自己,一定要认识到自我保护的重要性,自觉远离危险,并学会一些自我保护的知识和要领。在家,要学会安全使用电器、燃气等设施,掌握安全防火知识。在外,如远足、游泳等,要学会自我保护。

上网问题也不容忽视。如今网络飞速发展,网页信息良莠不齐,不健康的网站会让同学们性早熟或引发暴力倾向等。同学们要严格控制上网时间,禁止浏览不健康的网站,千万不要暑期结束了,网瘾也养成了。这个结果不仅会让家长叫苦不迭,而且对你们的成长不利。✿

谁的青春期不冲动，带着憧憬过初中。

暑假，我和萌宠有个约会

□阿 龙

萌货1号：国宝熊猫

推荐地：成都大熊猫繁育研究基地

国内最著名的看熊猫的去处是卧龙熊猫基地，不过，对于绝大部分游人来说，去成都的大熊猫繁育研究基地看熊猫更方便。

在成都熊猫基地，可以近距离地接触到各种或卖萌、或不停埋头吃竹子的熊猫，还有机会看到它们的产房、别墅和剧场等很多新鲜的事物。

地址：成都市成华区外北熊猫大道26号，在成都东北三环与绕城高速之间。熊猫基地门票：58元，无学生票优惠。

相关联游：

来一趟成都，不吃吃喝喝耍耍岂不是虚有此行。成都市内的知名景点推荐：锦里、宽窄巷子、武侯祠和杜甫草堂。锦里与武侯祠挨着，可同时游玩。若时间充裕，成都周边可去的地方更多：都江堰、青城山、西岭雪山、安仁古镇、洛带古镇等。

萌货2号：猫

推荐地：鼓浪屿

鼓浪屿，这个充满浪漫情调与文艺气息的小岛，萌货猫咪似乎让她增添了另一种调。走在充满异国情调的小巷，在转角处，偶遇一只猫，人家在懒洋洋地晒太阳，你给吃的或不给，它就在那里晒太阳，不向你讨也不离开。

岛上还有不少小店，卖的都是与猫有关的物品，明信片、杯子、饰品……猫咪造型各种各样，真是惹人爱。

很多人都说，到了鼓浪屿，一定要做10件事：1. 收集岛上的个性戳印；2. 漫步沙滩吹海风；3. 找一家最爱的小店；4. 寄张漂亮的明信片；5. 听一场免费的音乐会；6. 美食小吃别停嘴；7. 住一晚特色民宿；8. 邂逅一只自由的岛猫；9. 寻一条最爱的小路；10. 听一朵花开的声音。

邂逅一只自由的岛猫，可见，到了鼓浪屿，逗逗猫咪是行程中必不可少的。

没选择，是你；有选择，还是你。选择了你，便不再选择，永远，是你。——90后对"一心一意"的解释

相关联游：

到鼓浪屿必须得去日光岩。40多米高的两块巨石，相倚而立，在龙云山的山头，站成了鼓浪屿的第一高峰。

菽庄花园坐落在鼓浪屿南部，面向大海，背倚日光岩。听闻名字是否已然觉得雅致万分？它本是一个富商的私人花园，后捐赠给了国家。

钢琴几乎要成为鼓浪屿的代名词了。去过的人想必都到过钢琴博物馆，它的外观就似一架巨大的钢琴，中国唯一的钢琴博物馆的声誉让岛上的人们都引以为荣。钢琴博物馆里的钢琴种类齐全，爱好音乐的人都奉为圣地。

萌货3号：猴子

推荐地：峨眉山

峨眉山的猴子实在是太调皮了。去过峨眉山的人，都是"谈猴色变"。

猴子本来就很调皮，《西游记》中尽管孙悟空已颇有神性，但那一招一式，仍透露了不少猴子的本性。想必国内再没有哪里的猴子比得上峨眉山的猴子那般奸猾，让游人害怕了吧？从这种意义上说，这里

的猴子算不上萌货。老抢游人的食物，不给还去翻游人的包，这样的猴子，不肥头大耳才怪。不过，还是有很多人想去看看这些"野蛮"的猴子。

忽略猴子，峨眉山也是值得细细品味的。作为佛教名山，每年前去烧香拜佛的游客络绎不绝。不过，在拜佛的同时，不要忘了峨眉秀丽的自然风光。无论春夏秋冬，无论清晨日落，峨眉山的美，真的是需要耐心等待和守候的。

相关联游：

乐山大佛、郭沫若故居、罗城古镇。

萌货4号：丹顶鹤

推荐地：盐城丹顶鹤自然保护区

"走过那条小河，你可曾听说，有一个女孩她曾经来过……还有一群丹顶鹤轻轻地轻轻地飞过。"这是十几年前曾经流行过的一首歌曲，描述了一位为救丹顶鹤而牺牲的姑娘的故事。初听这首歌，就想知道这个故事发生在哪里，它发生在丹顶鹤的"故乡"——盐城。这里有45万公顷的自然保护区，有400种左右的鸟

类，尤其是每年有占世界近一半的野生丹顶鹤到这里过冬。了解了这些，你是不是也渴望着有一天，可以"飞"到这个发生过动人故事的地方，看看美丽的丹顶鹤？

盐城丹顶鹤自然保护区为我国最大的海岸带保护区，地处江苏中部沿海，辖东台、大丰、射阳、滨海和响水5个县（市）的滩涂，海岸线长582公里，总面积45.33万公顷，其中核心区为1.74万公顷。这里有着芦苇丛生的天然植被，丰富多样的海涂生物，人迹罕至，空旷宁静，是禽类生活的理想场所。每年来这里越冬的国家一级珍禽丹顶鹤就有600多只，雁、鸭类更是成千上万，飞起来黑压压一片，蔚为大观。1983年，这里建立起了国家级珍禽自然保护区。保护区里的珍禽驯养场，已成功地积累了丹顶鹤等人工孵化和越冬期半散养的经验。因此从2012年开始，任何时候到保护区，都可以看到这类珍禽。这里还有珍禽标本馆，主要陈列鹤家庭成员各个种类的标本，同时陈列栖息在保护区的其他珍禽标本，多达260余种，令游人大开眼界。

上初中的感觉，真好！

走进新教室时，我看到同学们那一张张笑脸，顿时让我想起了活泼可爱的小学同学。当老师将一个个字词或者符号写在黑板上时，我就想起

一定会有同学过来热心地帮我解答；当我身体不舒服时，同学们会争相陪我去医务室。这种感觉，真好。

当然，初中不比小学，有那么多玩乐和闲散的时光。

中学小学大不同

□ 柳格嘉

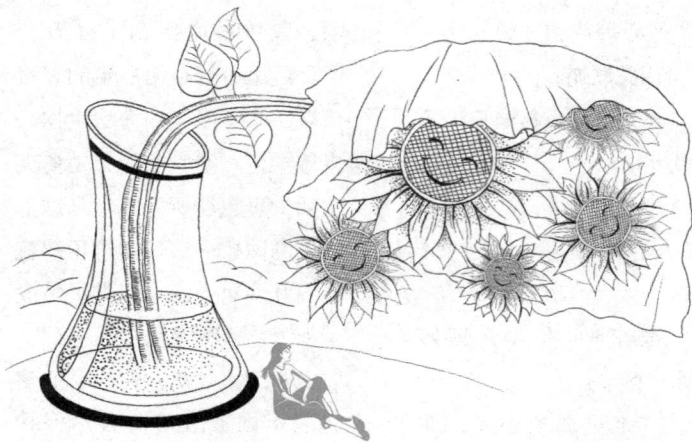

了我的启蒙老师，是她亲手教会我写字的。而置身于这宽敞的教室，也让我想起了从前那间一天到晚打闹不断的教室。

我的心里不由得涌起些酸涩。我总想回到过去，但不要急，总会有新的温暖与友情突然而至，化解生疏，加深情谊。当我有不会做的题目时，

读初中就像打仗。我们经常打胜仗，也经常打败仗。有一次我没有考好，一个人郁闷地坐在座位上发呆。一个同学过来问我怎么了，我说考试没有考好。她说，不要紧的，最重要的是，不要被一次挫折打败。

我吁出一口气，点了点头。这时，我再去看试卷上那

一个个惹人注目的叉，再回想老师那些批评的话语，觉得自己能接受了。

我现在觉得初中和小学最大的不同，是小学的学习都是被动的，老师教什么，我们学什么；而初中的学习必须是主动的，很多问题必须由我们自己去寻找答案。于是，我懂得要用挫折来磨炼自己的意志，懂得凡事要三思而后行，懂得在做事的过程中，除了具备热情、大胆、机智、细心这四种素质之外，还必须有韧性，否则就会功亏一篑。

开始觉得累、觉得苦，慢慢地，我从初中的学习生活中品尝到了乐趣与激情。我觉得自己完全有办法在繁重的学业中享受学习带给我的快乐！回首往昔，放眼日后，刹那间，什么是未来，什么是前途，什么是自立，什么是责任，都不再是悬而未决的问题，全部的答案都已紧紧地攥在了自己的手中。

我恨不得对着蓝天高喊一声："上初中的感觉，真好！"

小学生活轻松有趣，初中生活一下就变得紧张而又忙碌，各种复杂的人际关系、各种新增加的课程、陌生的环境等都让很多同学不适应，因此

　　"路"必须去走方能到达，"事"必须去做才能完成，而"苦"则必须去受才可消除。

产生较大的心理波动。那么作为一个人生重要的转折期，应该如何平稳地完成从小学到中学的过渡，迅速地适应中学生活，有一个良好的起步呢？首先，要了解中学和小学的三大不同。

环境不同

中学的同学来自多所学校，大多数是陌生的，彼此不太了解。而同学结构的重新组合，会使个人原来习惯的位置发生变化，如在小学是高年级大哥哥大姐姐，在中学却成了最小的一样，在小学原是优秀的一个，进中学后三山五岳群雄会聚，自己变得没多少光彩；在小学时有几个玩得来谈得来的好友，进中学蓦然成为一片陌生人中孤单的一个……这一切都可能使你在短暂的兴奋之后坠入深深的失落中。

教师也有很大的变化。小学科目少，与自己直接形成交往关系的教师不多；中学科目，学校活动也多，接触的教师、干部就变得多了。小学的教师接触时间长，对自己的学习、性格以及其他各方面的事都较了解；中学除班主任外，一个教师只教一门课，同时教多个班，而班主任也是任一门课，管理和照顾都不会再像小学那样周到。这样，不够自觉的学生可能会觉得自由了也就放任了。

学习任务不同

较之小学，中学的学习任务和学习特点都有很大的变化，无论课程的深度、广度、难度，知识的密度都比小学大得多。小学教学中，老师"扶"得较多，手把手教的机会多，学生可以从容以待。而中学教学往往重独立思考，老师教学中较"放"。而且各学科向深度的伸展较快，每节课的信息量比小学大大增加，老师讲课速度也快得多。这就要求孩子更要主动思考、系统地学习，掌握学习的主动权，及时调整自己的学习方法，才能学得好、学得快。

科目多，难度大，知识密度高，独立性和理性特点强，这是中学学习与小学明显不同的地方。另外，还有一个重要的不同是：初中是各学科起始阶段集中的时期。初一的数学、生物，初二的物理，初三的化学，都是以抽象思维为主。在今后中学6年里分量很重的课程，其起跑线都在初中。还有英语、历史、地理等也是如此。起始阶段往往是分化阶段。入门难，进得去门的就走下去了，进不了门的就永远被挡在门外。

管理不同

中学生在成年人眼中是青少年，至少也是大孩子，良好的开端是成功的一半，教师不再像小学那样管头管尾事事管。许多事情只是引导一下，扶一扶，就放手让他们自己干了。在学习和活动中，自由支配的时间也较小学多。许多人都会有一种错觉，认为中学比小学管得松了。其实，这个"松"是根据中学生的年龄特点和社会对他们的要求而形成的。走向青年期的孩子应该有较强的自理自立能力，而自理自立能力不是扶着、捂着、抱着能长出来的。而且，随着年龄的增长，中学生也有了作为独立个体的人的需要，他们需要独立、需要体验、需要尊重、需要对自我行为进行自我抉择，并为自己的行为承担责任。

初中那些事儿

谁的青春期不冲动，带着憧憬过初中。

初中那些事儿

谁的青春期不冲动，带着憧憬过初中。

□邹雨晨

新学期，这样学习最有效

有效的休息是成功的第一步

睡眠是有周期的：从浅睡眠阶段，到深度睡眠阶段，再到做梦阶段。每天晚上睡觉都会经历几次这样的周期，而在两个周期的间隔中醒来最容易清醒。每个周期的时间约为90分钟。所以每天睡觉的时间最好是90分钟的整数倍，比如6个小时或是7个半小时。另外，同学们一定要坚持每天在同样的时间睡觉、起床，这样才能形成有规律的生物钟。

午睡应在12点到14点之间较好，这个时间段入睡，睡眠质量最高。但是，午睡最好不要超过45分钟，因为只要超过了1个小时，就会进入深度睡眠阶段。这样，你醒来反而会觉得很困很疲惫，影响下午的学习。

如何学习新知识

预习很重要！课前预习是为了让大家知道要讲的内容里面哪些是你不会的，需要重点听老师讲的。这样，我们才能在课堂上做到有针对性地听课和记笔记。

预习的方法主要有两种：浏览预习法和提纲预习法。浏览预习法要求同学们通读课本，大致了解要学的内容，再针对自身情况在课本上标出听课重点，这个方法比较适合语文、英语和数学。提纲预习法要在通读课本后，把要学的内容列成提纲，可以用表格或关系图的形式来展现知识间的逻辑关系，这种方法比较适合物理、化学、政治和历史。

然后开始上课吧！在一节课里，老师都会讲好几个新的知识点。如果来不及消化，这些知识就会积压在那里，让同学们学习后面的知识变得非常困难。面对这种情况，就需要我们来把这些小障碍各个击破！所以，除了要进行课前预习，课中认真听讲，选择性记笔记之外，及时复习也是非常重要的。

小方法有大作用

多给自己设定时间限制。同学们一定要在自己规定的时间内完成一定量的学习任务。比如，你今天需要完成1份数学卷子和5篇英语阅读，那就可以规定：7点到8点半这一

物质越丰裕，我要的却越少；许多人想登上月球，我却想多看看树。——奥黛丽·赫本

个半小时完成 1 份数学卷子，8 点 50 分到 9 点半这 40 分钟完成 5 篇英语阅读。时间的设定可以由松到紧，慢慢地，你会发现，做同样的事所花的时间缩短了。

不要长时间做同一样工作。人的大脑是有分工的，你做不同的工作，大脑就由不同的部位来为你服务。如果长时间做一样工作，大脑的那个部位就会非常疲惫，接受知识的速度也会变慢，甚至开始排斥接受新东西。所以同学们可以每 40 分钟或 1 个小时换一个科目来学习，这样会更轻松哟！

小贴士

人的大脑从早上到晚上的活动都是有规律的，了解大脑的活动规律会让学习更加有效。

6:00~8:00	从睡梦中醒来，精力充沛，是第一个记忆最佳期。
8:00~9:00	思考能力强，反应快，适合做难度较大的工作。
10:00~11:00	创造力强，精力旺盛，适合做任何工作，一定不能浪费。
12:00	上午耗费精力过多，需及时补充，吃午餐。
13:00~14:00	饭后容易犯困，且之前精力耗费很大，需要午睡 40 分钟。
15:00~16:00	精力恢复，分析能力、记忆力和创造力均达到很好的状态。
17:00~18:00	精力消耗，需及时补充，吃晚餐。
19:00	稍作休息，可以做一些比较轻松的工作和学习。
20:00~21:00	大脑活跃起来，反应和记忆力都很好，但不适合再接受新知识，比较适合复习和巩固已经学过的知识。
22:00	开始疲惫，应该进行休息，上床睡觉。

语文学习中最令人头痛的问题，就是在写作文时"不知道要写什么"和"不知道怎么写"。视野狭窄、语言贫乏，究其原因，和课外阅读的缺失有着直接的关系。其实，写好作文并不难，只要你平时多读课外书，多积累些素材，这样日积月累，待到写作文时便能呼之欲出，信手拈来，随心所欲。

曾经看过这样一篇文章，文章名是《阅读让每个人平等地富有》。读后很震撼，故事的内容是这样的：一天，在高贵华美的伦敦哈罗德百货公司门口，我看见一个 60 岁开外的流浪汉，坐在铺着毯子的墙根儿下，旁若无人地读小说。他叉开的两腿中间，躺着一只肥壮的黑狗。那只硕大的狗非常乖，就那么静静地陪伴在那里。几天后，在牛津街的塞尔弗里奇百货公司门口，我又看到了那位老人与狗。还是同样的情景，还是手持一卷孜孜不倦地阅读。我猜想，那书也许是他从旧书店淘来的。看老人恬然忘世、悠然自得的情形，那一刻，我有一种莫名的

抓住最后一个 阅读黄金期

□ 黄 硕

要克服的是你的虚荣心，是你的炫耀欲，你要对付的是你的时刻想要冲出来、想要出风头的小聪明。——毛姆

初中那些事儿

谁的青春期不冲动，带着憧憬过初中。

感动。于是，我开始刻意留心寻找。在伦敦的日子里，我每天乘着红色的双层巴士在大街上穿梭，每天都有新发现。一次，在皮卡迪利广场，我又看到了读小说的乞丐。在慵懒的夕阳下，那乞丐穿戴齐整，神情自若地坐在马路旁，面前放着一个供路人扔硬币的碗。他把书放在碗旁的地面上，低着头，用手指着页面，一行一行地读着。他读得那样认真，身边的车水马龙，周遭的一切喧嚣，似乎都不复存在，那是一种身心完全沉浸在书之世界的忘我。当看到那些乞丐或坐或卧在街头认真地阅读，不管怎样落魄、怎样困顿都要读书，我不得不由衷地对他们肃然起敬。阅读，是让每一个人平等地获得精神富有的机会。

可见，阅读对每个人来说都应该是终身的良好习惯。尤其是对于即将升入初中的学生来说，学习负担越来越重，时间越来越少，如果没有良好的阅读习惯，可能很多人就放弃了课外阅读。其实，课外阅读并不会影响学习成绩，只要安排合理，良好的阅读习惯还可以帮助你提高写作水平，增强学习能力，开阔视野，增长见识。那么怎样才能养成良好的阅读习惯呢？

拟定阅读计划

根据自己的需要，制订一个暑期阅读计划。最重要的是计划要合理，并且要结合自己的阅读兴趣。在计划上列出每周的阅读书目和时间安排，任务量不要规定得太多，以免产生抗拒心理。当然这个计划并不是一成不变的，可以根据实际情况灵活调整。

找到自己的兴趣点

有调查表明，初中阶段的孩子阅读书籍有一定的特点，他们选择书籍时首选的是故事性、趣味性强的小说或漫画，其次是科学幻想故事书，再次是传奇故事或英雄人物故事书。绝大多数孩子对未知世界和神秘力量都充满了好奇，虽然有共同的兴趣爱好，但是不同孩子喜欢的书也千差万别，你要做的是找到自己的兴趣点，根据自己的兴趣选择适合自己身心发展规律的优质书籍。

在阅读中学会思考

学而不思则罔，只看而不动脑思考的方式并不是真正意义上的"阅读"。读书时应该静下心来，边看边思考，和实际生活、现实环境相联系，把书本知识转化为具有现实意义的材料。让自己在阅读中成长，并养成良好的阅读习惯。

如果说小学是你阅读的第一个黄金期，那么初中则是你阅读的第二个甚至是最后一个黄金期。到了高中，到了大学，要么没时间了，要么没心情了，要么看书带有很强的功利性了，再也不会按照自己的喜好随心所欲地看书了。所以抓住最后一个阅读黄金期，多读书，读好书，让自己充盈起来，才会拥有"源头活水"，才能"下笔如有神"。

最后，要说的是，读书应该有选择有取舍，不能拿到什么就读什么。语文新课标规定了初中生必读的文学名著，初中生必背诵的文言诗词，这些明示了阅读的范围和方向。但并不是说只读这些书，其实读书应该杂一点儿、广一点儿，如《安徒生童话全集》《鲁滨孙漂流记》《拿破仑》《平凡的世界》《中华历史上下五千年》《读者》《演讲与口才》《红岩》《骆驼祥子》《钢铁是怎样炼成的》《福尔摩斯探案集》《居里夫人》等，应该在广泛阅读中，提高自己的个人素质，获得全面发展。

前进的理由只有一个，后退的理由却有一百个。许多人整天找一百个理由证明他不是懦夫，却从不用一个理由去证明他是勇士。——李敖

别样**书店**一览

□ 小宁子

北京篇

雕刻时光 书店抑或咖啡馆

最初开在北大附近，近两年迁到了魏公村路，并在香山南门附近开了分店。严格地说，雕刻时光并不是一家书店，而是咖啡店和书吧的综合体，店内的书籍大多只供阅读。小小的门廊，三级小阶，未经粉饰的木门，黄色的灯光从玻璃窗后面淡淡地透出来。门旁支出一个圆圆的绿色的招牌，四个花体字：雕刻时光。找一张小小的圆桌坐下，要上一杯 Cappuccino（卡布奇诺），随便点一些点心，从架子上抽下一本书，与

绕梁的爵士乐相伴——就这样成就了一个惬意香浓的下午。

三味书屋 正统严肃的学者气息

这是鲁迅先生"三味书屋"的现实版，在民族文化宫对面的胡同里幽幽地开了二十余年，目前已经成为北京的一个旅游景点。气质清冷，来的人不多，但都有质有量，尤其严肃知识分子居多，非常具有中国当代作家们的精神和氛围。作家签售、接待外国访问团、音乐会、学术研讨会，这里真正有质量的活动非常多。这里来过美国副总统、各国大使、独立制片人、导演等，也会有来自

唐山的皮影戏老艺人在临时布置的舞台上边唱边演。

上海篇

汉源书店 茶馆里的书店

汉源书店的门面很古雅，"汉源书店"四字为汉隶，镶有红红的细方框边，组成一方阳文印章状。进得门去，也是古雅气十足，迎面的一屏圆弧形大书架看似不经意但肯定是刻意布置过地放着几排书。墙上、立柱上摆满各种壁挂、小饰品，这些东西无一例外的也是旧货。最里面的一间放的是店主收集来的各种旧家具，甚

初中那些事儿

谁的青春期不冲动，带着憧憬过初中。

至有旧衙门里的"肃静"牌。在这样的地方有点感觉在时光倒流的空间里，三十多桌男男女女各自捧着书埋头苦读，任何声响都无法使他们抬起头来张望。汉源书店里非常安静，静得使我在拍照时，觉得连照相机快门的"咔嚓"声都是巨响，从而产生一种打扰别人的抱歉感。

季风书园 地铁站里的书店

淮海南路地铁站里的季风书园很大，客流量也大，大部分是等候地铁的人，顺手买上一些书翻看，但名气大了，专程过来买书的人也不少。在书店的过道里，还放着一些桌椅，专供买书的人坐下来慢慢地看。

因为买书的人多，面积大，季风书园图书的品种比较齐全，新书也能够及时上架，甚至做到比一般的书店新书上架速度更快。坐一次地铁，逛一次季风书园，几乎就不用再找另外的书店了。

广州篇

左岸书店 前卫沙龙

左岸书店里很多书是只供阅读而不出售的，书架上标明只供阅读的书就占总数的

40%。像《毕加索全集》，还有早期印象派、后印象派，如塞尚、德加、凡·高、高更等人的集子。

店的面积很小，约13平方米，却划出2/5的面积来做个人免费展览，这被很多人认为是奢侈的行为。不过，除了自己的一些作品，已经有一段时间没有做其他一些展览了。如果你有作品，可以拿到店里，主人觉得可以，你就可以展出。一直到现在为止，展出的主要是附近美院学生的作品。

香港篇

PAGE ONE（叶一堂） 数之不尽的画册

PAGE ONE现在算是香港规模最大的书店了，相当于台北的诚品和上海的季风。但与这两家不同的是，PAGE ONE的英文书和画册要多得多。在大商城里开店的PAGE ONE自然是很气派的，面积巨大，装修隆重，分区明晰，放眼望去都是无尽的书。在又一城的PAGE ONE，还设有咖啡厅，简直是书店的最佳理想样板。书店除了卖书，还卖相关产品，比如哈利·波特玩具、LOMO相机等。而最吸引人的是杂志

区和画册区，这里的外国杂志种类应该是香港书店中最多的，画册区里有种类繁多的设计、建筑、时尚、摄影、电影等各类画册。

台湾篇

诚品书店 阅读永远不打烊

1989年，诚品由台北仁爱路圆环的第一家诚品书店开始，本着人文、艺术、创意、生活的初衷，发展为今日以文化创意为核心的复合式经营模式。创始之初，诚品以书店为品牌核心，目前营运范畴已扩展至画廊、出版、展演活动、艺文空间和课程、文创商品，以及捷运站、医院、学校等各类型特殊通路之经营，并延伸至商场开发经营和专业物流中心建置等领域。诚品是"城市人的集体创作"，连锁而不复制的经营模式，尊重各地文化特质，通过"人、空间、活动"的互动积累，发展出不同的场所精神和经营内容，塑造了城市中不同角落、不同内涵的文化氛围。

1995年，诚品推出"今夜不打烊"的创意，得到读者的热烈回应。从那以后，诚品成了全台湾第一家24小时不打烊的书店。

聪明的男人说一半留一半，聪明的女人睁一只眼闭一只眼。——男女相处哲学

会预习的孩子进步快

□徐欣然

小学毕业后到进入初中前，往往是中小学暑假生活指导的空白阶段，因此，有些学生认为可以趁机痛痛快快地玩一下，这种想法是不对的。应该趁着暑期这段自由时间，提前预习初中的课程，避免升入初中后，学习难度的加大而影响学习成绩。根据行为心理学的研究结果：3周以上的重复会形成习惯；3个月以上的重复会形成稳定的习惯。即同一个动作，重复3周就会变成习惯性动作，学生可以在这几个月假期每天抽出适当的时间坚持预习，让自己养成预习的良好习惯。

预习之后带着问题去听课，更容易理解课堂的内容，听讲时的目的性和针对性会更强，尤其是对那些自己有疑问的地方能加深理解。几乎所有的问题在课堂上都能解决，也不用课后花时间补习，能收到事半功倍的效果。因此，做好

预习是高效学习的重要环节，也是保证课堂学习效果的基础和关键。当然做好预习还可以使学生更从容地听课，因为一部分老师讲的内容都已经理解了，听起课来自然会感觉轻松。预习还会使学生获得一种心理

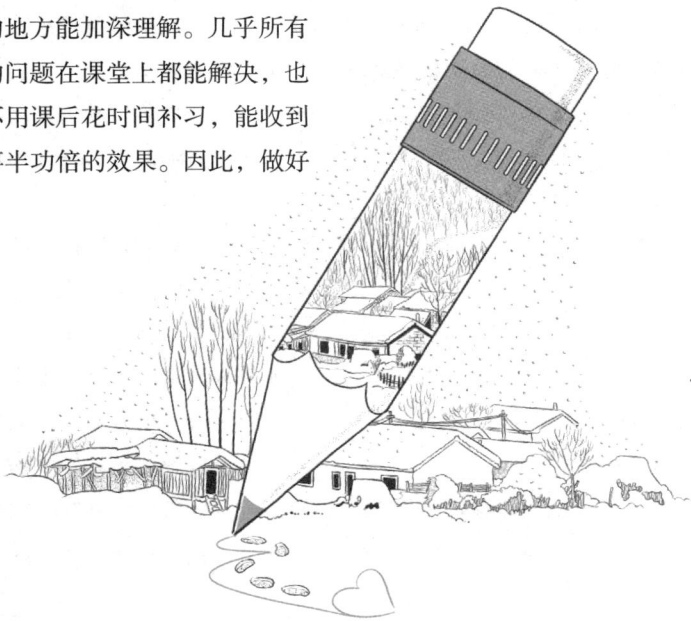

上的优势，这种优势会转化为信心，从而激励学生更加热爱学习。

一般而言，预习有三个目的：一是了解下学期要学什么，做到心中有数，不求深入学习，了解就行，以便做好下学期学习的计划和心理准备；二是为了提前介入，先解决一些自己能够解决的问题，以便能轻松听懂老师的讲课内容，提高听课效率，减轻压力；三是提高孩子的自学能力，为以后进入更复杂的学习状态打下基础。那么应该怎样去预习才能达到预期的效果呢？

1.向高年级的学长借书。这些用过的课本看着不起眼，其实这上面有很多精华，习题的答案、课堂的听课笔记、重要知识点的划分等，这些都对预习工作起着重要的帮助作用，让预习事半功倍。

2.熟读课本做标记。所谓万变不离其宗，课本是基础，不论是何种形式的考试都离不开课本，通过预习将书中的重点、难点、要点理清，理解其中的主要概念、性质、公式、法则等，尽量自己把课本看透、吃透，将不理解的知识点予以标记，以便在课堂上重点关注。

3.试着做题。提高成绩最快的方式就是做题，可以将

世界上1%的人是吃小亏占大便宜，而99%的人是占小便宜吃大亏。大多数成功人士都源于那1%。——于丹

原有答案盖住，自己尝试着做答案，并对照原有答案看正确与否。

预习时不思考，就等于没预习，预习时的思考是预习过程中最重要的环节。如果预习只是看书的话，意义并不很大，效果也不明显，所以在预习时要把精力投入在对知识的思考上，而非对书本知识的浏览、记忆上。这样再到上课时，对知识的理解就更加深刻。

绝不放过任何一个不太懂的地方。预习时要注意发现问题，仔细思考课本上的每一个细节，绝不放过任何一个不太懂的地方。在那些不懂的地方做上记号，以便在上课时有重点地听老师讲解。

在预习过程中，还有一点需要注意，预习并不要求掌握每一个知识点、每一种方法，只要求知道这门课到底是讲什么的，有哪些内容，有哪些新的思维方式和解决问题的方法，并对其中自己感兴趣的东西进行进一步的探讨。这种预习方法带来的直接好处就是提高学习兴趣，基本知道这门课将要学的是什么，以及这门课的重点、难点是什么。带着一些自己解决不了的问题去听课，就有了侧重点，听课的效率、学习成绩自然而然就会提高了。

升学新装备，你准备好了吗

□ 吴冰

故事链接：初一学生如是说

周楠：升入人大附中后，因为精神放松了，我又生性顽皮淘气，经常不知不觉开小差说话，影响同学们的听课质量。老师说我还是小学生的心态，应该尽快调整过来，不然就很难升入本校的高中。意识到问题的严重性后，我学习开始认真起来，不敢再掉以轻心了，写作业做题时都仔细多了。老师和家长及时督促我、鼓励我。在寒假期末考试中，我考了个全班第二。

宋学文：在我进入市实验中学之前，也曾担心自己能否承受中学的学习压力。后来我发现压力并没有想象中的那么大。当然，不可否认，中学生活绝对比小学紧张。但作为一名中学生，我们的心理以及思想都已经成熟了很多，完全可以挑起这个担子。我们需要压力，这对我们的成长将起到意想不到的帮助。

李佳旭：因为不懂得把握好时间，刚开始每天总是过得很累。后来吃了很多亏，才懂得如何利用课余、午休、自修等时间，争分夺秒，做作业效率和质量都提高了一倍有余。而当我遇到学习或心理的障碍时，我也总会将这些疑惑

快乐是向每个人述说的童话，悲伤是自己一个人的日记。

尽数向父母倾诉，听取他们的意见与教导。我还会将一些问题写在作业本上，悄悄地与老师沟通。

良好的开端是成功的一半。对于刚升入初中的你来说，进入初中是一个新的起点。也许你会既新奇、兴奋，又焦虑、不安，对学校充满了向往和憧憬。你该做好哪些准备去面对全新的初中生活呢？

物质上的准备

"装备"要新

升入初中后，首要的任务是购置大量的学习用品。需要注意的是，这时候你已经不是小孩子了，你的审美与小学时产生了明显的变化。你希望摆脱那些幼稚型的玩具型文具，通过各种细节来证明自己长大了。

这时就需要你亲自去挑选文具，也可由父母陪同。有些学校对学习用具都有明确的要求，所以尽量等家长会后，根据老师的要求，有选择性地购买，避免浪费资源。

营养要"给力"

从小学升入中学，这既是一个人学习历程中的一个较大转折，同时意味着一个重要生理发育阶段的到来。可想而知，这时的营养状况直接影响着身体发育和学习成绩的好坏。一定要跟家长提前沟通好，既保证能吸收充足的营养，又能兼顾自己的喜好，避免挑食，均衡营养。

衣着要"适合"

小升初是由童年进入少年的一个特殊时期，衣着方面也会有非常大的风格改变。这方面应该得到父母的支持，尽量按照自己的喜好买适合的服装，不要一味追求品牌，买符合心理上的准备学生身份的衣服即可，简单大方又不失美观。

心理上的准备

要适应新同学

进入一个新的学习环境，人际关系是你的一个"坎"。看着来自四面八方的一张张陌生的新面孔，你会有一种疏离感、距离感，甚至有一种孤独感。要想脱离这种境况，就要及时调整好心态，用你的宽容与大度主动与同学和谐相处，让自己尽快融入集体生活之中。被新同学接纳后，集体归属感使你的心理得到满足。你会在新环境下结交更多的新同学，并有一颗积极奋进的心去努力学习。

要适应新老师

升入初中后，突然面对众多的新老师，你可能一下子没法适应。因为"恋旧"心理作怪，你可能会对新老师产生一种莫名其妙的恐惧心理，严重的甚至对该老师的科目产生厌学情绪。这时你要及时与新老师沟通，拉近师生之间的距离，彼此熟悉了之后，"恋旧"心理会逐渐消逝，不知不觉你会发现自己已经爱上新老师，进而爱上了学习。

要适应新课程

与小学相比，初中的学习对孩子的要求更高，学习压力更大。而专家认为，在初中阶段最明显的特点是学习习惯与小学不同。因为学习方法、思维方式跟不上，你一下子很难适应，出现成绩下滑是很正常的，这就需要一个磨合期。这时你应该端正学习态度，用科学的方法和良好的习惯让自己尽快适应初中的学习氛围。要做到"先预习，后听讲"，"先复习，后作业"，"先思考，后提问"，及时预习、复习课堂知识，合理安排作息时间，制订各阶段学习计划。

初中那些事儿

谁的青春期不冲动，带着憧憬过初中。

人生是由一连串意外组成的，今日种瓜种豆，哪一年能得瓜或得豆，都是神秘而诱人的未知。——吴淡如

初中那些事儿

谁的青春期不冲动，带着憧憬过初中。

淘气生的转运生涯

□王 刚

从小学到中学，我一直是"孩子头"。我干的捣蛋事足以让每一个老师气得发疯，但我的学习成绩却很优秀。这可能也是老师对我的胡作非为有一定容忍度的原因。只是后来发生的一件顽劣之事，使我第一次尝到了跌落谷底的滋味。

6月中旬，我怂恿七八个男同学去南湖游泳。有个同学说什么也不下去，我竟一把将他推下水，不料凉水一激，他的腿抽筋了，在那大声呼救。我本以为他是装的，可后来看他沉下去了，才赶紧和几个同学把他捞了上来……

家长找到学校，还找到我父母。所有的同学都接到他们家长的"指示"：以后，绝不能再理王刚，免得跟着学坏！被孤立的滋味其实是不好受的。

人在寻找慰藉的时刻，总是把信任和情感倾注给他最崇敬的人。我突然想起要写一封信，给这样的一个人。我就给毛主席他老人家写信！

信的大意是：敬爱的毛主席，我是长春北安路小学的王刚。我们要学习您老人家，在大风大浪中锻炼，勇敢地畅游长江……还画了两幅水彩画，一幅是"我们一定要收复台湾"；另一幅是"小白兔吃萝卜"。我想了想，在信封上写着：北京毛主席收。第二天一大早，我就双手把信塞进邮筒里。

永远不能忘记1959年7月6日那一天，我一到校，就被班主任老师笑着带进了校长室。

校长笑着从桌子上拿起一个大信封："这封信是你的吗？"我接过那个大信封，上面用钢笔写着：吉林省长春市朝阳区北安路小学四年级二班王刚小朋友收。落款是几个红色的铅印大字：中国共产党中央委员会办公厅。我呆在了那里。校长问："可以打开看看吗？"我木然答道："可以。"

小学累，中学苦，高中拼，大学混。小学玩，中学混，高中学，大学拼。——网友总结中国与欧美教育的对比

校长小心翼翼地剪开信封，取出一张很薄的纸，大声念起来：

王刚小朋友：

你六月二十四日写给毛主席的信和寄给毛主席的图画照片都收到了。今寄去毛主席的相片一张，请留作纪念。希望你努力学习，注意锻炼身体，准备将来为祖国服务。

此复。并致，

敬礼。

中共中央办公厅秘书室
一九五九年七月二日

此时此刻，10岁的我好像长高了许多。我拿过这封信，毕恭毕敬地给校长敬了个礼，转身跑了出去。

这件事很快传到区里，区上说，这也是全区的光荣。市里也带下话来，这不仅是你们区的光荣，也是我们全市的光荣。那段时间，我成了学校的"王牌学生"。

我异想天开：为什么要强调"为祖国服务"呢？中国的外交官在国外工作，最能体现"为祖国服务"。

于是，我开始立志做一名外交官。如果说这个志愿当时还处在朦朦胧胧的阶段，等上了高中，我的英文成绩到了"无人望其项背"时，就非常清晰明确了。

国外中小学生如何过暑假

□邓　鑫

一年一度的暑假已经到了，同学们好不容易摘下了平时沉重的书包，各种各样的补习班又接踵而来。相比国内较为单一的假期生活，国外的中小学生们又是如何度过暑假的呢？

美国：参加社会实践活动

在美国，一般公立学校的中小学有几个星期的暑期活动，在暑假前，老师要在家长会上向家长分析孩子的长处和需要注意的地方，然后，家长则带领孩子参加适合他们的夏令营活动。夏令营大多属于非营利性质，由学校和社区的专业人员精心组织。夏令营的主题多种多样，有航海、橄榄球、篮球、登山、探险等。比如，喜欢表演和摄影的学生会参加艺术主题的夏令营，去拜访量产明星的好莱坞。而佛罗里达的肯尼迪航天中心则成为爱好天文学的学生们假期最爱去的地方。

参与社会实践也是很具有美国特色的活动。孩子们会去参观警察局、消防队等，他们会受到邀请参观和接触那里的工作人员，与他们聊天，还会被准许尝试使用各种工具。通过此类活动让学生们更好地认识警察、消防员和军人等职业。

社会实践还包括各种社区公益活动，美国大学在招录学生时也非常看重学生是否参加过社区公益服务，有些大学规定学生在高中4年需要做

初中那些事儿

谁的青春期不冲动，带着憧憬过初中。

40～80个小时的社区服务，社区的机构会给出一个反馈，如果学生完不成规定的社区服务时间，那么他在申请大学时会受到影响。

暑假里，在各个社区几乎都可以看到当义工的学生，他们帮助社区打扫卫生，去医院照顾病人，到动物庇护所照顾小动物等，也常常看到有学生在当地的流浪者收留中心为无家可归的人做饭，或者用油漆刷陈旧的建筑物。据统计，美国12岁以上的青少年有60%以上的人参加过各种义务服务活动。

美国家长普遍认为，让孩子参加这些活动并不在于习得各种技能，而是让他们从中得到历练，从小培育起对社会的责任感和公益精神，让他们在未来的个人进取和尽社会责任之间游刃有余。

日本：
重视培养学生生存能力

日本中小学生每年的暑假是从7月底至9月初。一般而言，几乎所有的学校会在暑假开始的时候教学生游泳，然后举办各种兴趣培训班吸引学生参加，如"料理教室""林山学园"。

日本政府和一些非政府组织对学生的暑期生活也很重视，每年都会组织很多社会活动，学生们也可以选择参加这些活动，比如组织学生回收垃圾等环保活动，让孩子去乡下农民家庭参观或者种菜、插秧，让他们了解粮食是怎么来的，还会组织学生参观工厂、科学馆等地方，进行社会现象和环境观察调查等。

日本中小学生暑期活动形式多样，但对于学生生存能力的培养是不可或缺的。为提高抗震技能和意识，暑假期间，一些机构会举办模拟地震活动，在社区布置模拟地震设备，让学生较真实地体验地震场景，让他们从中掌握很多抗震知识。

法国：
外出旅游增强启发教育

法国中小学生的暑假以放松为主，外出旅游是学生暑假生活的一个重要项目。在学校和家长看来，组织学生外出旅游不仅能够达到放松的效果，而且更重要的是他们认为旅行可以塑造年轻的一代。

暑假期间，法国学生们通常都会跟着父母去度假。他们通过旅游开阔了眼界而且还掌握了一两门外语，他们认为旅行能够帮助他们顺便熟悉英语、意大利语或德语，这比在语言学校学习外语来得更有效。

法国人注重教育，更注重文化内涵。在很多法国家长看来，旅行不完全是消遣，而是与教育联系起来，通过放松式的旅游实践，施行启发性的教育，让学生增长见识，培养他们的能力，养成独立思考的习惯。比如盛产葡萄酒的法国西部地区，每年都能吸引大批学生来这里参观。通过这样的方式，学生们不仅可以在酒厂学习做葡萄酒，还能对法兰西民族的历史和传统进行具体而形象的了解。

不过并不是每个法国家庭都能负担得起旅游消费的，不少低收入家庭，特别是移民家庭的子女几乎没有外出旅游的机会。法国一些社会团体有时会发起献爱心活动，通过募捐收集资金，把当地学校内没有机会旅游的孩子们组织起来，做短期的外地旅游。另外有一些法国学生则会选择去图书馆、博物馆、科技馆参观学习，增长知识。

回眸处，是一段葱绿葱绿的时光，潭水一样宁静，青草一样蓬勃。那是一段悠长的少年时光，沉湎于阅读的时光。

唐诗，宋词。《红楼梦》，《简·爱》。席慕蓉，三毛。是那些美妙的书香将我的少年岁月浸染，浸染得有了与众不同的意味。每每回忆，内心充满感激，感激岁月年华，感激文字。

犹记当年读宋词。读李清照，"花自飘零水自流，一种相思，两处闲愁。此情无计可消除，才下眉头，却上心头"，读得眼前水雾迷蒙，心儿无着无落的，一时间也惆怅不已。那个少年的人呀，也化作了一片薄薄的素白的落花，在晚风里，在流水上，到了远方。

大雪天，读《红楼梦》，真的是拥炉夜读啊。记得老师曾偶然说过，中国人不读《红楼梦》，都算不得中国人。寒假一开始，就借了《红楼梦》回来。晚上，母亲早给准备了个手炉，是那种红陶的手炉，里面盛了碎碎的炭。手搭在手炉的拎手上，书也搁在上面，一夜夜地翻阅，连书也添了木炭火的香。就着那一炉温暖，一个寒假，读一本传说中的《红楼梦》。读到黛玉焚稿，

然后病死，一时悲痛不已，手炉也不要了，只歪在枕边无声大哭，泪湿枕巾。窗外寒风萧萧，是深夜，只觉得满世界苍凉空旷孤独，再也读不下去了。一部《红楼梦》，写到黛玉之

少年读

□许冬林

死，就可以收尾了，再不必写了。那时这样认为。

后来，又抄席慕蓉的诗歌在小本子上，一首又一首。书依然是借来的，《七里香》《无怨的青春》，好几大本诗集，抄得满心欢喜又沉醉，哪里嫌累！然后，自己的枕头底下便多了个湖蓝封面的本子，那里面有我写的诗歌，席慕蓉体的诗歌。偶尔借给体己的女同学看，她也给我看她写的诗。我们像两只幸福的老鼠，偷偷

分享各自的文学青果。还躲在被窝里，打手电筒读三毛。撒哈拉沙漠在哪里呀？荷西是个大胡子的男人，真的很有魅力吗？长大后，我们也一道远走天涯吧！那时，我们两只文学的小老鼠已在密谋大计。

如今，回头想这些读书的琐碎细节，深感文字的魅力有时是：一个人在一本书里活了几辈子，大悲大恸大欢喜，小忧小愁小甜蜜。就这样长大了，内心丰富了。合上书页的那一刻，沧海桑田；窗外阳光刺进来，啊，世上已千年。

是啊，世上已千年。每每看到现在的孩子有那么丰富的课外读物，我总禁不住心底苍老地一叹。当我在一所中学自编的校本教材《文海撷英》里，又看到了那些喜欢的文字时，忽然有一种血液倒流的激动，仿佛回到青涩年少。"唐诗四季""魏晋风度"，豪放派词，婉约派词，《红楼梦》《简·爱》等，看到这些自己曾经喜欢，一直喜欢的文字，仿佛在单调无聊的长途行走中，看到一处深谷碧潭，看到一丛篱下白菊，看到春水涣涣处云生，看到青草离离处鸟飞。🌾

初中那些事儿

谁的青春期不冲动，带着憧憬过初中。

初中那些事儿

谁的青春期不冲动，带着憧憬过初中。

中学第一天

□ 梁 军

我的肚子饿扁了，我能感觉得到汗水浸透了我的圆领衫。我跑去上课。但是我跑呀跑，过道却显得越来越长……我的汗越流越多，然后我开始掉眼泪了。我开学第一天的第一堂课就迟到了，在我跑动的时候，大家都看着我大笑，然后铃声响起。在我的梦境中，那是上课铃声响了。但是被惊醒的我发现自己其实是坐在床上，这才意识到那只是我的闹钟发出的刺耳铃声。

我又开始做这个梦了。我第一次做这个梦大概是在六年级结束的时候，随着离七年级开学的日子越来越近，我就经常做这个梦。这次的梦境甚至更真实了，因为今天就是七年级的开学第一天。我十分确定自己熬不过去。每件事情——学校、朋友们，甚至我的身体都大不同了。

在中学里，我必须去了解6个不同教师的规矩和个性，以前我只需要了解1个。所有的课堂上会出现完全不认识的同学。交朋友对我来说从来都不容易，而现在我必须从头来过。

我得靠我自己。

开学的第一天是我最感到害怕的。我甚至不记得储物柜的密码。我把密码写在手上，但是手出汗太多，字迹看不清了。所有的课我都迟到了。我甚至没有足够的时间吃完午餐，当我坐下刚准备吃饭时，上课铃响了。在我跑过令人恐惧的过道时，几乎被花生酱和果冻三明治给噎住了。教室和教师看起来都很模糊。我都不记得课堂上讲的是哪门科目，是哪个教师在讲课，反正他们都布置了家庭作业……在开学的第一天！这些我真不敢相信。

但在另一方面，开学第一天也并不像我的梦境一样。在我的梦里，所有其他的学生都处事有条有理，而我是唯一的呆子。但在现实生活中，我并不是唯一一上课迟到的学生，其他孩子也迟到了。他们也记不住储物柜的密码，除了特德，他带了一个公文包来上课。在大多数孩子了解到原来每个人都有相同的经历后，我们突然大笑起来。我们在赶着上下一堂课时撞到了一起，课本散落一地。我们在过道中大声欢笑，其中大部分的笑声是同学们分享着同样经历的欢笑！

一个星期过去了，学校的生活变得越来越顺手。很快，我就不用看也能转动储物柜的密码锁了。我将几张海报贴在储物柜里，终于感觉到就像在家里一样。我记住了所有教师的名字，并且选出了自己最喜欢的一个。与小学同学的友情重新得到了加深，又结交了一些新朋友。从第一个学期到第二个学期，然后是第三个学期。不知不觉中，我安然无恙地过关了。

下一年，在开学第一天，我肯定会看到新入学的七年级学生胆战心惊地来上学，就像我以前一样——就像所有学生一样。我同情他们……但是只是在七年级的第一天。只要那天一过关，其他就是小菜一碟。🌑

　每年只能收成一次，但天天都得下田。

我喜欢 "第一" 这个词

□［日］淳 君

"第一"，你不觉得这个词听起来很美妙吗？

我喜欢"第一"这个词，从小到大我都憧憬着拿第一。因为以前的我无论怎么努力都拿不到第一。

但是现在我可以断言：无论是谁，都有可能成为第一！

更具体来说就是，暂时没法成为世界第一也没关系，通过训练，我们至少能成为班级第一。拿不到班级第一，就无法成为世界第一。

我自信，我能通过运用这个方法论，将班级第一的人培养成他所从事领域的佼佼者。

这个秘诀究竟是什么呢？

那就是——找准自己在班级里的位置。所谓的位置就是"空缺"，也就是要找到一个微小到被他人忽视的领域，并以获得该领域的第一为目标而努力。

"第一"可以是我知道的一家很好吃的卖章鱼小丸子的店，班上其他人都不知道；我知道有个地方有很多独角仙和鹿角虫。

第一的标准不是唯一的，也不是由别人决定的，它应该由自己决定，甚至只能由自己决定。所以我们可以先缩小范围，努力在小范围中获得第一。

从争取小范围的第一开始，不断扩大自己的舞台。当然，舞台越大势必障碍也越多，但是只要能克服它们，之后便势不可当。

设想好不同的场景中可能会遇到哪些障碍，并想办法克服它们，为获得第一而不懈努力吧！获得第一的快感将令你终生难忘。这种快感也将成为很好的激励，让今后跨越障碍时变得更轻松。

初中的学习特点

□姚新平

初中那些事儿

谁的青春期不冲动，带着憧憬过初中。

初中的学习特点及方法

知识细化、深化。每一册课本，尤其选修是一个独立的模块。

小学学生的知识层次主要停留在"知其然"。而初中学生的知识层次由"知其然"逐步要过渡到"知其所以然"，"怎样知其然"。

要求的思维品质更高

思维是素质的灵魂。初中学习更强调思维能力的培养，不注意培养良好的思维能力，只是简单停留在是什么的层面，只注重记忆，则无法适应多而难的初中知识体系。

①发展形象思维能力

形象思维的特点是从客观形象出发，对客观形象进行分析、综合、判断、推理等认识的思维过程。老师要求测出旗杆的高，学生在头脑中就有一个并不存在的以旗杆为一条直角边的巨大的三角形；老师布置写作文《我的弟弟》，学生可以写出一个活灵活现的顽皮的小男孩。这都是形象思维能力强的表现。

②着重培养抽象思维能力

抽象逻辑思维是指人们在认识的过程中借助于概念、判断和推理来反映现实的过程。进入初中阶段以后，人的智力发育在生理上基本成熟起来，已经从具体的形象思维过渡到以抽象的逻辑思维为主了。

那么，怎样才能提高自己的抽象思维能力？

不论上什么课，对着课文认真思考这一课的来龙去脉和前因后果，为什么安排成这样的顺序？道理在哪里？用的是哪一种逻辑方法？能不能换一种逻辑方法？如果换，该换成什么样？可以试一试。这样自我分析得多了，能力也就自然提高了。

③不断提高直觉思维能力

所谓直觉思维，就是指人们依赖感觉器官所获得的直觉形象而进行的思维。它的特点是不依赖逻辑思维推理。

④努力培养创造性思维能力

什么是创造性思维呢？创造性思维是指人在创造前所未有的思维成果时所进行的思维活动。它又分成两种形式：扩散思维和集中思维。扩散思维，是指为达到某一确定的目标而尽可能多地设想出所有的可能性来进行讨论的思维过程。在扩散思维过程中，总是力图获得尽可能多、尽可能新、尽可能是独创的设想。当这种设想还只是一个可能

耿耿于怀着过去和忐忑不安着未来的人，也常常挥霍无度着现在。

性，设想是否正确还要通过验证。例如，我们在做练习的时候，往往是千方百计地企图找出各种可能的解法；集中思维是指对于由扩散思维提出的各种可能性逐一地进行讨论，做出比较，评价和选择，选出其中获得解决问题的某一种可能性的思维过程。它要求达到的目标是迅速地进行筛选，采用科学的方法将问题简化，做出正确的判断和决策，选取较理想、较合理的可能性，使问题得到解决。不过，扩散思维和集中思维很少是单独存在的，而是联系在一起，循环往复的。它是一个不断进行着的扩散——集中——再扩散——再集中的思维循环过程。每一次循环并不是简单的重复，而是进入更高一级的循环，从而从创造性思维向更高水平发展。

如何适应初中的学习生活

初中课外活动多，如科技节、艺术节、社会实践活动、各种社团、各种兴趣小组……

初中课业负担重，知识量大，知识层次深，作业量大，作业难，考试多……

初中的人际关系更复杂，相近学习水平的人更多，要求自立能力更强，竞争激烈，心理活动更频繁，身体发育迅速，带来了一些烦恼。

所以，很多同学进入初中后感到顾此失彼，应接不暇。

如何适应初中的学习生活呢？

摆正关系
搞清自己的主业是学习，健康的身心是保障，良好的人际关系是催化剂。

快速适应新环境
要适应初中的生活方式，特别是以前从未住过校的同学。首先是适应学校的作息时间。学校为同学们制订的作息时间对于初中生活来说是较为规律和合理的，大家对学校的上下课以及休息时间要非常明确，跟上时间的步伐，以免由此带来种种烦恼和惩罚。然后是学会处理好与同班同学的人际关系，要学会理解和尊重别人，事事要考虑自己的言行对他人可能带来的影响，做事之前要尽量听取其他同学的意见。再者就是要积极主动地参与到集体活动当中（注意：上课也是集体活动），主动帮助和关心他人，做事民主又为他人着想的同学总是受人喜欢。虚心向同学和老师学习，多与自己的父母沟通，争取得到他们在学习上与生活上的最大理解和支持，因为他们永远是最疼爱我们的、永远是最无私的。

养成良好的学习习惯——习惯决定人生

学会学习
只有做到"会"学了，才能保证学"会"。初中阶段应注重培养学习自主管理能力，包括制订计划、合理安排时间、养成良好的学习习惯等。学习能力的培养不仅仅是针对书本知识，更多地来源于生活实践的积累。所以新生应该不断改进学习方法，提高学习效率，锻炼自己独立思考，独立解决问题的能力。毕竟学会学习比学会知识更为重要。那么如何做到"会学"呢？

其一，会质疑。"学贵有疑，小疑则小进，大疑则大进"。无论学习哪门学科，唯有开动脑筋，提出问题，才能学得深刻，如果只是简单地模仿，就犹如"墙上芦苇，头重脚轻根底浅"。

其二，要会举一反三、触类旁通。要牢固

初中那些事儿

谁的青春期不冲动，带着憧憬过初中。

而灵活地掌握所学，就要学会吐故纳新，消化吸收。继承传统，积极创新。

其三，要会积累。在课堂聆听的基础上学会主动地积累相关知识，整理学习笔记，使知识条理化，系统化，做到连点成线，纲举目张。

其四，要会总结。总结经验教训，及时调整改进学习方法，简而言之："善学者，得鱼而忘筌；不善学者，犹如刻舟求剑。"

初中哪个年级学习最重要？

我们习惯认为初三毕业年级重要。在毕业年级，学校造的声势大，投入多；教师特别关注成绩，学生压力大……

其实，哪个年级都重要，只是毕业年级，临近毕业，紧迫感更强而已。

初一不养成好的学习习惯行吗？没有好的学习习惯，没有好的学习基础，到初三复习时，知识量大，习题多，如何应付？初一、初二打不好基础，建立不好知识框架，到了初三就来不及了！

利用好考试

有人进行了详尽的统计，初中考试所占

的时间大致是初中在校时间的 1/6。从所占时间上来看，考试是初中学习经历的主要内容之一！

有的同学不能正确对待考试，厌考、烦考甚至弃考。将来的人生也是大舞台、大考场，你能躲避得过吗！所以首先要以积极的心态对待考试。勇敢迎击！

考试的功能在于诊断，通过考试能够诊断出概念掌握是否准确，理论理解是否深刻，知识有无漏洞，知识是否系统，解题思路是否熟练，计算技巧是否熟练；审题是否全面、准确，解题速度如何，考试技巧怎样；心理是否紧张。所以，考试是对学习、心理等方面的全面考核。因此，要充分利用好考试的诊断功能。

每次考完，都要认真就以上所述进行总结，制订出改进措施，等待下一次考试的检验。

多请任课老师诊断自己的学习

有的同学成绩差了后，怕老师批评，不敢找老师，找不到解决办法，结果自己陷入苦恼。正确的解决方法是多找老师诊断自己的学习。因为老师的教学经验相对丰富，他们通过你的作业、考试、课堂能够知道你的不足在哪里。并且会提一些好的建议，针对性较强，用起来效果较好。

平时有问题也要多问老师，绝大多数老师不会因为你问问题而批评你。即使个别老师说"这么简单的问题还要问"之类的话，也不要放在心上，给老师解释下就行。往往老师还不会就问题回答问题，他们也会指出一类的问题，指出你学习中存在的问题。你问一个问题，解决一片问题，找出问题的根源，提出解决措施。

有的同学比较胆小、羞怯，不敢跟老师交

假如你正在失去悠闲，当心！也许你正在失去灵魂。——洛·皮·史密斯

流，只要你迈出了第一步，以后就不会有障碍了。有的同学初中三年没有跟任课老师交流，这本身就是失败的，交往也是一种能力。

怎样对待校本课程

什么是校本课？一是使国家课程和地方课程校本化、个性化，即学校和教师通过选择、改编、整合、补充、拓展等方式，对国家课程和地方课程进行再加工、再创造，使之更符合学生、学校和社区的特点和需要；二是学校设计开发新的课程，即学校在对本校学生的需求进行科学的评估，并在充分考虑当地社区和学校课程资源的基础上，以学校和教师为主体，开发旨在发展学生个性特长的、多样的、可供学生选择的课程。

要明确，校本课是国家课程的补充，不是课程的主体，不能投入太多的精力。选校本课，要考虑自己的兴趣、爱好。

怎样对待学习焦虑

学习焦虑的产生主要有以下几个因素：

1. 生理、心理因素。焦虑性神经症患者有一定的遗传因素，但更多的是来自后天的因素。一个人人格的形成内容与水平、身体发展状况、当时的健康状况、非智力因素的发展水平，对学习焦虑的产生都有影响。健康状况良好的人精力充沛，情绪稳定；不健康的人体质虚弱、疾病缠身，易导致情绪波动，产生焦虑；意志薄弱的人，害怕困难与挫折，易产生焦虑……

2. 已有的经验。一个人经过几年、几十年的学习后，往往积累很多这样或那样的经验，当他的经验不足或有过失败的体验时，就容易产生较强的焦虑。

3. 家庭、学校、社会的影响。美国教育学家杜威说过："家庭中正常关系的失调，是以后产生精神和情绪上各种病态的土壤。"家长对学生要求过高、过严或不适当的奖惩，都会增强学习焦虑；学校教育缺乏全面发展的宽松和谐的气氛，片面追求升学率，也是产生学习焦虑的温床；社会经济的发展，新闻媒介的作用，影视文化的熏陶，也对学习焦虑的产生有一定的影响……全面认识产生学习焦虑的原因后，对一些可以改变的主要因素进行调控，就有可能减轻产生的焦虑。

如何扼制焦虑：

扼制焦虑的万能公式就是：看清焦虑、分析焦虑、采取行动。

1. 看清焦虑。混乱是产生焦虑的主要原因。如果一个人以一种很超然、很客观的态度去寻找事实的话，他的焦虑会在知识的光芒下消失得无影无踪。换句话说，你必须承认自己面临的事实，认清自己正处于焦虑的状态之中。这是第一步，看清焦虑。这第一步的"看清"，使自己处于较客观的立场上，无形之中减少了一份焦虑。如果你的焦虑程度严重，情绪十分激动，那么不妨采取下面两种做法：一是搜集自己为学习而焦虑的各种事实，假设不是在为自己做这件事情，而是在为了一位朋友，这样可以使自己冷静下来；二是在自己搜集这些事实时，可以假设自己是位律师，尽可能搜集有利与不利两方面的事实，这样你就会发现在两个极端中间的真理。

2. 分析焦虑。在看清了自己的焦虑以及焦虑的表现以后，你应该分析一下焦虑是怎样产生的。常使你焦虑的可能是下面的这些原因：不能接受或不愿接受一些不能改变的情况。如上次考试的成绩很差或自己在班里的名次落后等。你正追求着一个目标，可又害怕这个目标不能实现。如明天演讲我一定要争第一，但强手云集，对自己的威胁很大。盼望着一件快乐事情的到来，但又害怕会发生另一件事来破坏这快乐。如参加过奥林匹克外语学校的考试，估计可以录取，但又担心名额有限或有人要走后门把自己挤下来。曾经多次失败过的事情，又马上让你去做。如自己的弱科、弱项，马上要考试了。如此等等，不一而足。

3. 采取行动。看清焦虑、分析焦虑之后，你就该采取行动，把焦虑撵出你的思想。

（1）让自己快乐起来。萧伯纳曾说过："悲哀的秘诀，在于有余暇来烦恼你的快乐。"把你的学习生活安排得尽量充实严谨，目标一旦确定，就一头扎进去，享受紧张、体验充实、欣喜与收获，唯独不给焦虑留出时间；相反，当你在昨天的焦虑中回味，咀嚼着今天的焦虑，躺在床上担心明天的时候，不仅不会有一点儿进步、一丝收获，还会因此增加焦虑。从床上跳下来、从冥想中走出来、从静止中动起来，活跃起来吧，尽量让自己忙碌起来吧！当然，也有一些时候，焦虑是疲劳过度引起的，那么，适当安排休息就是一个消除它的妙方。在一次紧张的工作之前，你应该解开衣扣，找个角落休息一下，如能睡上一小觉，则效果更佳。体育锻炼、欣赏音乐都可以使紧张的情绪得以放松。

（2）不要让小事使你垂头丧气。有时，我们的学习焦虑也许来自一些微不足道的事，可你却把它看得比天还大。于是我们为它烦恼、忧虑、焦躁，它耗干了我们的热情，吞噬了我们心中的希望，模糊了我们的是非标准。几年、几个月、几天甚至只有几个小时过去之后，会突然发现自己许多次的焦虑只是为了一件琐碎

的小事儿！我们真的看见了天空，天空上闪烁的星星，想到了天文学所用的光年、光速那么令人惊诧的大数字，感到了地球、人类、自身的渺小……以及身边那些连渺小都没资格自居的事情。你会哑然失笑，心胸豁然开朗，原来我们如此荒谬可笑！海伦·凯勒的老师安妮·莎莉文说过："人们往往不了解即使取得了微不足道的成功，也已经迈过了许许多多蹒跚艰难的脚步。"一句话，即使最小的成功，也会伴随着许多挫折和困难。如果为了这些小挫折而焦虑垂头，那你的头将永远抬不起来！所以说，千万不要为小事而垂头丧气，它将阻碍你前进的步伐。

（3）适应不可避免的事实。贝多芬是位天才音乐家，可是他的耳朵聋了；弥尔顿是位诗人，眼睛却失明了；柴可夫斯基创作出不朽的乐曲，可他那悲剧性的婚姻几乎把他逼上绝路……人的一生中，很难预料到会发生什么事情，你在学习中也会遇到诸多的不如意，这就需要你首先能分析出还有什么可担忧害怕的。其次接受最坏的事实。既然已经接受了最坏的事实，那么怎么做都比现在强。最后，要想办法改善。心理学家阿弗瑞德·安德尔曾指出人类最奇妙的特征之一就是"把负变为正的力量"。这就像"两个人从监狱的铁栏里向外望，一个看见的是烂泥，另一个看到的是满天的星星"。你也应该看到满天闪烁的星星，然后信心十足地去寻找光明，成功最终属于你。其实，造成好或坏、悲惨或快乐、富有或贫穷的，在很大程度上是你的思想。约翰·卢波克爵士说："每个人都有这样的感觉——一位快活的朋友，就好似阳光普照的一天，把光亮流泻在周遭的一切之上；而我们大多数的人，也能依着自己

每个人的心里都潜藏着一条悲伤的河流。你有你的疼痛，我有我的艰辛，并非不懂，只是无暇顾及。

初中那些事儿

谁的青春期不冲动，带着憧憬过初中。

的选择，把这个世界变成皇宫或地狱。"

正确对待班风

一个班的学风、班风很重要。班级总体成绩的取得离不开好的班风！

首先，作为班级的一员，要努力维护班集体，为班级争光！一个班级，不可能有惊天动地的大事儿，把每个细节做好就能成就一个好

班级！你认真听讲了吗？做班里卫生认真吗？你遵守纪律了吗？你尊敬他人吗？……

在一所学校，同一个年级的平行班总会有差别，有的班班风正，学习氛围浓，积极向上；有的班纪律涣散，学习不积极，负面的东西多。原因是多方面的，但作为班级的核心，班主任应承担第一责任。作为老师，都有使自己的班成为先进班的愿望。但有时老师刚毕业，经验不足；或是家庭压力大，成绩压力大，导致班级管理的投入不足；或者班里"问题"生较多，管理难度大。当然，也不排除个别老师不负责任，管理不到位，但这样的老师很少。

如果不幸在这样的一个班级，你应该怎么办呢？如果你是一个能力很强的学生，你就要

站出来，跟班主任一起治理班级；如果感到自己没有那么强的能力，还是要想清楚，我还要升学，我还要前途，我瞎闹不起！不管别人怎样，我要好好学习，为班级贡献自己的力量。绝对不能跟一些有行为缺陷的同学"同流合污"。人跟人的背景不同，出路也不一样，不能跟着别人瞎闹。

常常有些同学，由于学习基础很差，放弃了学习，就要"无事生非"。这样做的一个很重要的前提是老师"不喜欢"。的确，在现在，尽管国家、社会倡导素质教育，但应试是一个不可回避的沉重话题！对老师来说，来自学校的压力也很大！如果你的学习成绩不理想，在学习习惯上存在问题，很可能老师会批评你，个别同学会因此记恨老师，从而做出一些逆反的行为，而这样会导致老师的再批评，恶性循环，"破罐子破摔"，最后老师也懒得管了，这样的可能是存在的。如果你的学习基础较差，那只能代表学习，而不是人生的全部。你可以在其他方面做好一些，弥补自己的不足。可以为班级服务，遵守纪律，团结同学，在老师和同学中留下"好人缘"，那么你也是成功的！情商在将来更重要。但如果用反了，"破罐子破摔"，则对你的一生将产生很坏的影响。

家教什么时候请

首先，我们必须明确，绝不能把自己的学习寄希望于家教！

有的同学到了初三，拼命请家教，花费巨大不说，效果较差，补了很长时间，分数也没提高，甚至下降。

为什么会出现这种情况呢？首先，学习不是

初中那些事儿

谁的青春期不冲动，带着憧憬过初中。

初中那些事儿

谁的青春期不冲动，带着憧憬过初中。

一朝一夕的事情，初中学习也不只是初三的事儿，初一、初二基础打不好，初三补课也是瞎胡闹。

在初一、初二，我建议学期期中、期末找有经验的老师对你相关学科（主要学科或学得差的学科）进行诊断、指导。一起弄明白差在什么地方，为什么差，应该怎么办。给你指明一些方向性的东西。然后自己改变学习态度、学习方法、学习习惯等。

在初三，学习时间就更紧了，各科都有大量的作业，大量需要复习系统的知识，不管学校老师的学习安排，用较多的时间去请家教，跟学校复习不同步，最后会导致自己心理压力更大，在所补的内容上可能有所收获，但在其他学习内容上又会产生差距。丢三落四、顾此失彼，效果往往不会太好。

如果要补课，首先要清楚补哪科？我差在什么地方？我需要老师指导哪块知识？提前跟老师沟通好，让老师根据你的情况有所准备。然后带着问题去听老师的辅导。至于几十人在一块长时间上大课是不可取的。补课时间不能超过全部学习时间的1/10，否则会跟不上教学进度，顾此失彼。

怎样对待周末或假期的课外班

现在，社会上各种课外学习班很多，有同步的学习班，初三专场班，名师班，等等。

从学习上看，周末或假期是学习调整期。在这段时间学习上干什么值得考虑。首先，不能在这段时间再过度强调学习，要多一些身体锻炼，发展一些文学、音乐、运动等爱好。但也不能把学习落下。要完成假期作业，然后有选择地强化一些知识，如差科，较难、较重要知识的深化，知识的条理与系统，解题技巧的熟练等。总之，要补差、突出重点。

所以，不能盲目参加一些假期补课班。首先，要知道自己在学习上要提高什么。其次，要听补课班的口碑，要试听，看是否是自己想要的。千万不要盲目报很多课外班，没有针对性，浪费时间和金钱。

怎样对待学科竞赛

取得国际中学生奥林匹克学科竞赛金牌，获得顶尖大学的青睐，是很光荣的事情，也激发了一些学生的热情。

近期，从国家层面上看，对竞赛是限制的趋势，对竞赛的种类和次数都出台了严格的规定。中考加分越来越少，希望通过竞赛而升入理想大学的机会和可能在逐渐减少。

一般来说，有实力取得良好竞赛成绩的同学比例很小。一些竞赛成绩好的学校几乎都是本省最好的中学，有专门的老师指导，专门用于竞赛学习花费的时间较长，这样才能取得好成绩。

要认清自己的学习实力，在完成正常的学业后，是否有时间进行竞赛学习，是否有能力学习学科竞赛知识。不要盲目进入学科竞赛这个区域。

不是人人都能活得低调，可以低调的基础是随时都能高调。

亲爱的同学们，在小学你已经学习了 6 年的语文，初中语文仍然学习字词句，仍然做阅读、写作文。你是否觉得重复无趣呢？其实好多同学上了初中却感觉到小学时轻松一背就能得高分的语文学科的"优势"没有了！背会的诗词还给了老师，阅读理解不到位，作文也觉得无事可写……如何更好地衔接小学语文和初中语文？步入初中前语文学习要提前做好哪些准备？初中语文学习有哪些具体实用的方法？下面我从诵读积累、记叙文阅读和写作三方面谈谈自己的一些认识和做法：

我们先来看看义务教育《语文课程标准》中对九年一贯制课程整体设计中识字与写字、阅读、写作数量的规定：

语文老师的好建议

□ 钱朝霞

初中那些事儿

谁的青春期不冲动，带着憧憬过初中。

学段	汉字量	背诵	课外阅读	写作
小学				
一至二年级	1600字	50篇	5万字	写话
三至四年级	2500字	50篇	40万字	16次/年
五至六年级	3000字	60篇	100万字	16次/年
初中				
七至九年级	3500字	80篇	总量260万字，每学年读两三部名著	14次/年，其他练笔不少于1万字

从上面表格中可见小学语文五至六年级与初中语文七至九年级在识字、背诵优秀诗文数量及课内写作篇数上差别并不大，只有课外阅读和其他练笔数量初中要求得多一些，这就是小学语文和初中语文衔接的着力点——拓展课外阅读，加强练笔！"书到用时方恨少"，多读多写，日积月累，在大量的语文实践中培养语感，获得语文素养。具体做法如下：

一、温故知新，天天"六个一"：一字一词一成语一古诗一点评一摘抄

初一新生学习热情高涨，读书还保持着小学生的习惯——声音洪亮，语调激昂，抑扬顿挫，这是难能可贵的，必须让它发扬光大冒火花儿，大力倡导古诗文的诵读，把新课标规定的小学生、初中生必背古诗240首用一学年的时间一一落实到位，每节早读课都是学生背诵的时间，每天写一套"六个一"巩固诵读，强化积累。每天由一位同学课前诵读一首诗，三位同学品评，全班跟诵并默写名句，日有所得，天天积累，养成习惯。一边温习小学背会的古诗词，一边赏析感悟诗境，在温故中知新，在积累中运用。

这一环节如果在中小学衔接班集中训练将事半功倍，这也是小升初语文衔接的着力点之一。贵在持之以恒地积累，以求由量变到质变

谁的青春期不冲动，带着憧憬过初中。

的提升。

如："六个一"示例一：

1. 按笔顺练一个字：声 shēng

2. 组两个词：一声、声音

3. 写一个成语：声势浩大

4. 默写一首古诗：爆竹声中一岁除，春风送暖入屠苏。千门万户曈曈日，总把新桃换旧符。（王安石《元日》）

5. 一句话点评：这首诗描写春节除旧迎新的景象。

6. 诗意摘抄：一片爆竹声送走了旧的一年，饮着醇美的屠苏酒感受到了春天的气息。初升的太阳照耀着千家万户，家家门上的桃符都换成了新的。

随着积累的诗词增多，"六个一"的内容也在提档：初一第二学期，字词成语要求加解词、造句，点评中运用名言，摘抄换为现代美文或自创；初二第一学期字词成语造句改为仿句；初二第二学期，重在仿写；初三把自创部

分改为命题作文……

就这样"六个一"在初中三年中，在变与不变的螺旋式提高中逐步将积累运用于阅读写作实践中。

如："六个一"示例二：

1. 春

2. 春晖、报春

3. 春和景明：春风和煦，阳光明媚。

4. 默写：《游子吟》孟郊

慈母手中线，游子身上衣。

临行密密缝，意恐迟迟归。

谁言寸草心，报得三春晖。

5. 点评：这是一首母爱的颂歌，淳朴素淡的语言中，充满了对母亲的感激之情。

6. 摘抄：曾东《唐诗素描游子吟》

早读课的琅琅书声是语文的特色，天天"六个一"又将诵读与积累落到实处。用诵读将语文课"语文化"，从而进一步"化"出新课标要求的"有语文素养"的人。读今古美文，做

什么都没有发生过的样子。你可以的，我们都可以，人都是这般活下来的。——亦舒《叹息桥》

少年君子。

诵读用默写检测效果，用诵读比赛激发热情，学生的背诵热情在群体竞争的氛围中激活，唱诵、合诵、配乐朗诵、表演课本剧……将我们民族的瑰宝在学生记忆的黄金季节集中记诵，充分感受汉语言文字韵律节奏的美与诗人的人文情怀，沐浴中华文化的阳光雨露。让古诗文的灵魂进入学生的精神世界，怦然心动之时，必然提升思维品质，进入创新的境界。

二、心有灵犀一点通——语言仿写"对对碰"：对词、对句、对文段、对思路、对结构……

学语文最头痛的就是一遍一遍地默写字词，重复记忆没兴趣，效率低，怎样才能省时高效地记忆字词呢？从古人对对子中得到了启示，让学生进行字词句"对对碰"训练，具体方法如下：

1. 对字词、成语

身——心；身无彩凤双飞翼，心有灵犀一点通

山——水；仁者乐山，智者乐水（仁者——智者）

2. 对成语（短语）

高居榜首——遥遥领先；名列前茅——名落孙山

丝丝缕缕的温馨——点点滴滴的关怀——平平淡淡的幸福——真真切切的感受

3. 对句子

走出去的是精英，留下来的是精华。（对词义、对句式）

横眉冷对千夫指，俯首甘为孺子牛。（对描写、对修辞、对句式）

溪水急着要流向海洋，浪潮却渴望重回土地。（对意象，对哲理，对句式）

学生练习：

原句：历史已有记载，他是敦煌石窟的罪人。

对句：成绩已经证明，他（刘翔）是中国人民的骄傲。

原句：其人性中哪怕还有萤火虫般的善，也会被煽亮。

对句：你学习中哪怕还有星火般的进取心，也会被点燃。

原句：无饥寒之虞亦无爆发之欲——

对句：无中举之心亦无落榜之虞

无进取之心亦无执着之念……

原句：于是，我有了这样的猜想：拉萨的天空之所以这么湛蓝，就是因为有这座独特的圣殿，如果少了它，拉萨的天空就会冷得像结了冰，寂寞得像一所空房子。《拉萨的天空》

对句：我的生活之所以这么快乐，就是因为有许多真诚的朋友，如果少了他们，我的生活就会无助得像一个迷路的孩子，空虚得像一张白纸。（修天竹）

就这样由字词到成语、句子一路对下去，对内容、对结构、对修辞、对描写……渐渐养成一种思维定式，见词句就碰，写生字词语不是三遍五遍地简单重复，而是一串串"对对碰"。碰出来的火花不就是作文的语言亮点吗？

学习《陋室铭》自然"碰出了"《教师铭》——《教室铭》——《学生铭》——《宿舍铭》

可以调素琴，阅金经——可以学知识，学做人

无丝竹之乱耳，无案牍之劳形——无闹市之嘈杂，有书声之悦耳

"他山之石，可以攻玉"，由对词对句逐步到对文段，仿写名作经典段落，站在巨人肩上，提升自我境界。

4. 论证结构对对碰

成长是快乐的——快乐源于亲情——快乐源于友情——快乐源于集体（并列式）

成长是快乐的——学习的快乐——合作的快乐——沟通的快乐——理解的快乐

成长是快乐的——倾诉不快乐的种种表现——寻找不快乐的原因——创造成长中的快乐（首先—其次—再次层层递进）

A. 作业多得像野草，写来写去不见少——唉，郁闷！

B. 老妈唠叨老爸烦，在家的日子实在难——嗨，无聊！

C. 球场个个是高手，回到班里就发愁——哼，不爽！

5. 论题对对碰

谈骨气——谈志气——谈谦虚——谈毅力——谈竞争——谈友谊……

6. 论点对对碰

我们中国人是有骨气的——富贵不能淫，贫贱不能移，威武不能屈。

我们中国人是有志气的——志不强者智不达，言不信者行不果。

我们中国人是很守信的——人而无信，不知其可也。

我们中国人是有毅力的——锲而舍之，朽木不折；锲而不舍，金石可镂。

7. 对文段

我去内蒙古大草原之前，以为它只是个放大的草坪罢了，但到了那里，一切都使我震惊，草原无边无际，如浩浩荡荡的大军，但没有那般杀气；如炽热难忍的大漠，但没有那么死气沉沉；如波涛汹涌的大海，但没有那么咄咄逼人。只有那翠绿得无边无际的草原和湛蓝的天空，还有那肥肥的绵羊如一团团棉球一样点缀在草原上。这一切组成了一组超越人类梦想而又最简洁的景象，这种感觉只有身临其境才能感觉得到，因为把它化为一张照片或一幅图只会让人产生无限美好的幻想，而不是身临其境的感觉。在这里，你永远与喧闹嘈杂乌烟瘴气的城市隔绝，永远不会看到一架飞机或一座楼房等任何与城市有关的东西出现来打扰你的心情，因为草原的那头还是草原，城市的嘈杂声不会传来，污浊的空气不会传来，工作与学习的压力不会跟来。你感觉到的只有平静的草原，清新的空气，放松的心情以及对草原无尽的爱与幻想。这时，我读懂了"天苍苍，野茫茫，风吹草低见牛羊"的和谐，恬淡，这是人与自然的和谐之美，这是草原辽远博大的精魂。（徐翔宇仿余秋雨《都江堰》写水片段）

这样的仿写还是"描红"之作，古人谓：

"学文有三偷，浅者偷其字，中者偷其意，高者偷其气。"对于初学写作的中学生，仿写就像书法绘画者初学时的"描红"，是语言表达的"临帖"，作文创新的基石，"盖学文既久，自然纯熟"。

三、阅读理解，提升思维品质

小学语文的阅读主要以记叙文为主；初一也以记叙文为主，初二语文说明文、议论文一起加入，初三三大文体的阅读训练同步进行，题材均来自课外，只有文言文阅读是课内的。所以，阅读能力的培养就成了关键。以记叙文阅读为例来看：

首先把相关的知识点归类，精心概括为六个字"找事""找情""找法"，寻找的过程，即是学生与文本对话的阅读体验过程。"找事"训练概括分析能力；"找情"，能把握作者的情感、文章的中心；"找法"即鉴赏评价能力的体现。试图以这六字为纲，一步步登上记叙文阅读的阶梯。具体流程如下：

一读题目，推重点

二读全文，知内容

三读各段，理思路

四读首尾，抓关键

五读全文，明主题

六读题干，解试题

比如，《月是故乡明》

1.见题目设疑：写的事与月有什么关系？作者情感如何？用了什么手法？

找事：所叙之事与月有关，是写故乡的事情。

找情："明"，明亮，可见作者对故乡的怀念、赞美之情。

找法：托物言志，借物抒情。

2.逐段概括，整体把握全文思路。

圈画关键词（动词、形容词），理清句间关系，找到中心句、修辞句、描写句、升华句。

3.理清情感线索，结构顺序，明确中心。

4.读题干，圈要点，回扣原文答题点，全面准确解答试题。

比如，《母亲》阅读第④段，理解画线语句的含义。（4分）

画线句：母亲这个词，原来是我们人生中的一件易碎品，一定要轻拿轻放啊！

答案要点：①母亲随时可能离开我们；②要珍惜和母亲在一起的日子。

评分标准：共4分。共2个要点，每点2分。

答题规律：扣住"法""特""容""情"四字来答。

法——修辞方法：把母亲比喻为易碎品。

特——母亲的特点：母亲年事已高，随时会离开我们（就像人生中的易碎品）。

容——内容：要珍惜和母亲在一起的日子。

情——感情：一定要轻拿轻放啊！（用感叹句强化珍惜之情）

每道阅读题都是一条"鱼"，答题方法应该是"捕鱼之术"，"条条大路通罗马"而非"自古华山一条道"，不能死记硬"套"。把"找法"变为"入套"。为了更透彻地理解文意，读懂文章，我试着搭建"积累——阅读——作文"之桥：如"母爱"专题阅读，首先是"六个一"中积累有关母爱的诗文，师生一起品读赏析，然后把洪烛的《母亲》、张抗抗的《苏醒中的母亲》及《姥姥的蚊帐》比较阅读，寻找几位母亲的共性与个性，把握情感特征。最后设置"亲情作文"专题训练，写出对亲人的真切体验与亲身感受。

金克木先生在《文化厄言》中说："不会读，书如干草。会读，书如甘草，现代化说法是如同口香糖越嚼越有滋味。"文字、声音和想象营造起的温馨阅读是一种对心灵的滋养，不仅有阳光般的温暖，更有一份心灵的关爱。

读雨果的《两个强盗闯进了圆明园》一文时，我们深入揣摩作者的心理，一个学生说，雨果真了不起！他竟能盛赞中国的圆明园，指责自己的国家的过失（一层）；另一个学生说他有一颗公平、公正的博爱之心，他认为美好的东西属于全人类，谁都无权毁灭（二层）；这时朱旭同学站了起来，"我觉得我能理解雨果，他没有到过中国，没有见过圆明园，却把圆明园描写得富丽堂皇，几乎是人间仙境，因为这时的圆明园已经不是一个具体的物象，而是他心目中神圣的伊甸园——一切可望而不可即的美好事物的化身，盛赞圆明园就是追寻至真、至善、至美！"（三层）。三个层次的理解由浅入深地体现了学生解读文本的思维过程。实现由读到写的思维跨越。其实，立足课堂，每一篇阅读都是仿写对对碰的模板——

课文词句对对碰，由浅入深，阶梯上升难度。如：

第一梯度——对词：词性相同或相对，排列整齐即可。

第二梯度——对句：句式相同，修辞想象，主题有别。例如：

原句：于是，我有了这样的猜想：拉萨的天空之所以这么湛蓝，就是因为有这座独特的圣殿，如果少了它，拉萨的天空就会冷得像结了冰，寂寞得像一所空房子。《拉萨的天空》

对句：我的生活之所以这么快乐，就是因为有许多真诚的朋友，如果少了他们，我的生活就会无助得像一个迷路的孩子，空虚得像一张白纸。（修天竹）

就这样用对对碰的思维品读——感悟——表达，对积累语言，提升文采产生积极的影响。

四、文如其人，表达独特感受

"文如其人"说的正是学生用作文表达自己的"独特感受""真切体验"，作文写出的是对生活体验的再认识，是提炼结晶而后形成的"立意"，源于生活却又高于生活，"立意决高下，谋篇定输赢"，作文的过程也是提升思想认识，学会做人的过程。作文与做人是相辅相成的，既是生活实践的"动情点"的再现，又是思维品质的提升。真与美是作文的至臻之境，也是做人的至善之举。

立意决高下

教师节孙剑缘同学来看望我时说："老师，我中考语文也算对得起您了，因为我作文是满分！不是要写少年风采吗？我开头用梁启超的《少年中国说》先声夺人，结尾用毛泽东的《沁园春·长沙》收束有力，中间写的是咱们班拓展训练中的集体团结，所以得了满分……"

"少年智则国智，

少年强则国强"立意就是高于少年学习好，跑步好等平庸的题材，"恰同学少年，风华正茂""指点江山，激扬文字"……就是最亮丽的少年风采！应该说站在了巨人肩上，立意能不高吗？而他的成功恰是三年读书积累，作文训练的成果，如何提升学生作文的立意呢？我以作文修改之例略谈一二：

作文高手李润嘉有一段时间自身认识滑入了低谷——写的作文平平庸庸，让你不忍卒读。一次月考，题为《_____真的_____》，她的题目定为《金老师真的很"鲜艳"》，选了老师每次上课都穿不同颜色的T恤衫，红色让我听课有精神、黄色使我安心、绿色让我恬静、黑色给我幽默、阅卷老师只给了她39分，她泪水涟涟地拿着卷子来找我，我问她：你认为老师最"鲜艳"的"亮点"是什么？教得好呗！那你为什么不细写他上课的情形呢？我想用赤橙黄绿青蓝紫七色光来写出他的风采。想法很好，只是写衣服颜色能体现你的想法吗？他最让你感动的是什么？你收获最大的又是什么？理出头绪再动笔不迟，于是我们一起列提纲：金老师有激情，金老师教书有方，金老师责任心强……

二稿、三稿之后，《金老师真的很阳光》成为全年级传诵的范文。

金老师真的很阳光

李润嘉

遇见了金老师，我不再害怕黑暗，因为有他的地方就有阳光。他的一举一动，一言一行，都在给我们信心和希望。

初三，卷子与难题交织成纠结进行曲，让我整天垂头丧气，像霜打的茄子般没精打采。在金老师的第一节课上，他微笑着对我们说：

"不要怕前方的艰难，逆风的方向更适合勇敢者飞翔！"突然，我的心像被什么触动了，那层冰封的外壳渐渐破裂，一股希望的火焰燃烧起来，即使前途并不顺利。但只要我们有勇敢的翅膀，就可以展翅飞翔！我抬起头，迎着金老师阳光般充满希望的眼光，重重地点头。

金老师，感谢我身边有你如阳光，鼓励我，告诉我：逆风的方向，更适合飞翔！

接着，他一转身，在黑板上行云流水一般写起来。那各色粉笔如羽扇遥指千军阵，收放自如。红色、白色、黄色粉笔在黑板上织就一幅行军路线图。而我们，面对着大段的阅读题，一片云里雾里，完全摸不着头脑。如同前方飞奔来千军万马，我们却不知道如何逃出。突然，那路线图映入我眼帘，指引着我"左拐""前进"，一道道看似哪个选项都对的难题，就在金老师板书的指引下迎刃而解。

金老师，感谢我身边有你如阳光，指引我，教会我：在狂风暴雨中，如何扬帆起航！

我翻开刚发下来的作文本，简直是一片红色的海洋，鲜红的小字整齐地排列在字里行间，一个个书写和语法错误被毫不留情地圈出来，戴上红色的枷锁。几乎每一句话都有红笔添补，大片的红色宣告着我作文的惨败。心中盈满愧疚和不甘。我下定决心让那红色消失，下次作文仔细写好，终于，看到那红色如潮水般退去，"Very good"在阳光下闪闪发光，才心满意足。

金老师，感谢我身边有你如阳光，要求我，教会我：跌倒了，要重新爬起来，冲向前方！

在成长的路上，我迎着那缕明亮的阳光，带着信心与力量，努力飞翔！

有了这一次的波折，她的抗打击能力提高了，尤其是对作文的"立意决高下，谋篇定输赢"

有了更深刻的认识。中考时她硬是把自己写春联的题材转到了少年风采上，春联凝聚着中华传统文化色彩，我在弘扬传统文化，体现过年风俗，渲染喜庆的"年味"，我想这就是她的"独特感受""真切体验"吧！能把这一份真情抒发，肯定是人人赞赏的好作文，中考116分的成绩足以证明她的成功。

古人云"意犹帅也"，立意高远是好作文之帅，统领千军万马，无往不胜，教会学生提升立意是修改作文成功的制胜法宝，所谓"好作文是改出来的"，其实首先就是提升了立意，就是把学生的思想认识提升、深化。写军训题材只是诉苦喊累决不如昂扬上进，体现集体的团结，友情的扶持；写亲情只是写出爸妈如何如何爱我，为我付出也不够，得提升到我自己的变化如感恩、分享、成长等。立意高远其实就是思想认识的深刻与否。

谋篇定输赢

黄子天是位很有个性的学生，他对我主张的作文多角度、多方位表现主题的"三明志"不太认同，总想用一件小事敲定作文乾坤，结果写出来的作文头重脚轻，铺垫一大堆好容易入题一个回合就升华主题，同学课下讲一次题我就学习成绩提高了，友情如何可贵；父母背我去一次医院就学会了感恩等等，立意虽高但太单薄，总觉得有些空飘飘。"文似看山不喜平"，于是我教他学着一波三折，让一件小事动起来，向前走，只要有了发展变化就成功了。谋篇定输赢——如何谋？提炼生活！拓展训练他作为领袖，因小组一人失误导致全军覆没而受罚，他认了，也忍了，一下一下咬牙含泪做那40个俯卧撑时心情是悲壮的，有项羽失败

时英雄般的感慨，没想到的是全组、全班、甚至邻班、全年级的同学一个个赶上前来为他助阵，陪他受罚，那齐刷刷的一片做俯卧撑的队伍感动了同学、老师、家长，主持人也深受感动，情不自禁地让他谈谈"感言"，其中他发自肺腑的那句：我们八班不缺少能力，却少团结，不过今天我们做到了！此情此景换来全场群情振奋，掌声雷动……

这是多么感人的一幕，如果平平叙述一件事太可惜了！我建议他写成一个场面描写，点面结合加情境氛围的渲染会感人至深。谋篇不仅仅是分几段，更重要的是体现你的构思板块，思想流程，也是源于生活又高于生活的提炼集中。可喜的是黄子天的故事在初三最后一次春游中有了续集——五一假前一天学校组织初三年级青龙湖之游，同样是体现竞争的拓展训练方式，同样是黄子天所在的小组，在过一道数学题难关时有位同学做过此题，第一时间幸运通过，他的作文立意随之升华：这仅仅是幸运吗？不，机会是留给有准备的人的！三年的磨合，心灵相通，默契配合，向上的激情未变，

所谓不幸福，就是不知自己要什么却又拼命去追求；所谓失败，就是做错了却又不能从中吸取教训。——赫罗尔德·哈伯德

争先的心志永存，这群风华正茂的男孩，指点江山，激扬文字，这就是青春的风采，这就是成长的足迹！

中考结束后他告诉我中考作文就是写的这两次拓展，由意识到团结和责任的重要到展示少年风采一步步升华的，语文116分足以证明这一步走得很精彩，谋篇定输赢，从自己生活中选择素材，提升认识就是每位学生作文的发展进步历史。作文就是做人的语言再现形式，性格即命运，心智成熟，思想认识提高了，真实生活中的点点滴滴才能在作文中鲜活地表现出来。立意决高下，谋篇定输赢，都源于学生自己的生活积累，情感体验，如何调动这些宝藏？那就要捕捉每一处细节亮点，描摹放大，绽放异彩。

描写显真情

今年中考作文题目《少年风采》恰巧与我考前最后一次作文题目《共享》异曲同工，也许是最后写的印象最深，也许是最后一次春游夺了冠士气旺盛，考完一问，大家不约而同写的都是青龙湖之游或拓展训练、军训、运动会等集体活动，在活动中动情，在活动中成长，在活动中认识到团结和责任。百年潞园文化的博大精深——一砖一瓦是文化，一草一木能育人。亲身体验中触动的真情实感，一经语言表达，就是思维的升华，认识的提高。作文就是做人！文如其人，是因为思维成熟了才有语言的展示，当然，语言生动与否也与描写水平直接相关。房梓博是偏理科的学生，语言直白，谈不上文采，他描写拓展训练就是三言两语简单的叙述：在一次闯关游戏中，每个组有三道题，答对去下一关，我自信满满地参加比赛，

试答了几个答案，全部错误，这时同组的同学向考官详细讲解了答案，我们这才去了下一关卡，之后几关同样如此。我们已经顺利完成了任务。

我让他详细描述之后几关的比赛细节，其中有全组同学蒙上眼睛用身体拼出一个直角三角形，有数学智力游戏，有物理实验，等等。我觉得突出拼三角形这一细节为妙，于是问他："当你睁开眼睛的那一刻，看到全组人用身体拼出的这一个完美的直角三角形，内心能不激动吗？为什么不写出你的高兴，你的兴奋呢？"指点他添加了细节描写和抒情议论——

这一关要求我们全组同学蒙上眼睛拼出一个直角三角形，这是团队配合的一关，三年的朝夕相伴，三年的默契配合，我们已经心有灵犀，互相给了一个手势，戴上眼罩，在组长的安排下无声地挪动着身体，井然有序。睁开眼睛的一刹那，一个完美的直角三角形呈现在眼前，这是集体的杰作，这是胜利的呐喊！心灵的默契、团结的结晶，凝聚出这座友情的丰碑，成功的塑像……

"恰同学少年，风华正茂"，写出你的激情，写出你的感动；展现你青春的靓丽，少年的风采！文如其人，青春的色彩浑然天成，飞扬的激情不可遏制，独特的个性之花，在原生态生活的背景下尽情绽放，真实的生活体验，描摹出诗意的光华。你是鲜艳，是爱，是暖，你是人间的四月天！

写作就是描摹生活的美好，作文就是做人！在这竞争激烈的生活中，作文可以让我们诗意地栖居在纷繁复杂的社会中；作文可以让我们深刻地认识现实，提升思维；作文可以让我们趋善避恶，扬长避短。"指点江山，激扬文字"。发现生活的美好，做人的本真！🍃

初中那些事儿

谁的青春期不冲动，带着憧憬过初中。

初中那些事儿

谁的青春期不冲动，带着憧憬过初中。

在小学的学习中，同学们经历了数学的启蒙学习，初步体会到了数学的学习乐趣和学习方法。现在到了初中，数学的学习无论深度上还是广度上都和小学的学习有很大的不同。

数学是一门基础学科、工具学科。对于我们广大中学生来说，数学水平的高低，直接影响到物理、化学等学科的学习成绩，初中数学成绩对于高中数学成绩有着至关重要的影响，数学的重要地位由此可见，因此学好初中数学非常重要，初中的数学学习有其独特的学习方法。

第一方面：养成良好的学习习惯

做到课前仔细预习，课上认真听讲，课后及时复习。

第一点：预习

预习课文时，要准备一张纸、一支笔，将课本中的关键词语、产生的疑问和需要思考的问题随手记下，对定义、公理、公式、法则等，可以在纸上进行简单的

数学老师「现身说法」

□ 陈永强

复述。重点知识可在课本上批、画、圈、点。这样做，不但有助于理解课文，还能帮助我们在课堂上集中精力听讲，有重点地听讲。

第二点：上好课

做好"听、想、记、问"四个方面

1. 听——课上最主要的信息来源

"听"是直接用感官去接受知识，而初一同学往往对课程增多、课堂学习量加大不适应，顾此失彼，精力分散，使听课效果下降。因此应在听课的过程中注意做到：

（1）听每节课的学习要求；

（2）听知识的引入和形成过程；

（3）听懂教学中的重点、难点（尤其是预习中不理解的或有疑问的知识点）；

（4）听例题关键部分的提示及应用的数学思想方法；

（5）听好课后小结。

2. 想——就是思考

思考的方法。"思"指同学

的思维。数学是思维的体操，学习离不开思维，数学更离不开思维活动，善于思考则学得活，效率高；不善于思考则学得死，效果差。可见，科学的思维方法是掌握好知识的前提。七年级学生的思维往往还停留在小学的思维中，思维狭窄。因此在学习中要做到：

（1）敢于思考、勤于思考、随读随思、随听随思。在看书、听讲、练习时要多思考；

（2）善于思考，会抓住问题的关键、知识的重点进行思考；

（3）反思，要善于从回顾解题策略、方法的优劣进行分析、归纳、总结。

3. 记——笔记

很大一部分学生认为数学没有笔记可记，有记笔记的学生也是记得不够合理。通常是教师在黑板上所写的都记下来，用"记"代替"听"和"思"。

有的笔记虽然记得很全，但收效甚微。因此，学生做笔记时应做到以下几点：

（1）在"听""思"中有选择地记录；

（2）记学习内容的要点，记自己有疑问的疑点，记书中没有的知识及教师补充的知识点；

（3）记解题思路、思想方法；

（4）记课堂小结，并使学生明确笔记是为补充"听""思"的不足，是为最后复习准备的，好的笔记能使复习达到事半功倍的效果。

4. 问——疑则有进

问的方法。孔子曰："敏而好学，不耻下问。"爱因斯坦说过："提出问题比解决问题更重要。"问能解惑，问能知新，任何学科的学习无不是从问题开始的。但七年级同学往往不善于问，不懂得如何问。因此，同学在平时学习中应掌握问问题的一些方法，主要有：

（1）追问法，即在某个问题得到回答后，顺其思路对问题紧追不舍，刨根到底继续发问；

（2）反问法，根据教材和教师所讲的内容，从相反的方向把问题提出来；

（3）类比提问法，据某些相似的概念、定理、性质等的相互关系，通过比较和类推提出问题；

（4）联系实际提问法，结合某些知识点，通过对实际生活中一些现象的观察和分析提出问题。

第三点：课后复习

课后复习是课堂学习的延伸，既可解决在预习和课堂中仍然没有解决的问题，又能使知识系统化，加深和巩固对课堂学习内容的理解和记忆。一节课后，必须先阅读课本，然后再做作业；一个单元后，应全面阅读课本，把本单元的内容前后联系起来，进行综合概括，写出知识小结，进行查缺补漏。

第二方面：扎实的基础很重要

第一点：概念是数学的基石，要深刻理解概念。

首先，怎样才算理解？标准是"准确""简单"和"全面"。

"准确"就是要抓住事物的本质；

"简单"就是深入浅出、言简意赅；

"全面"则是既见树木，又见森林，不重

初中那些事儿

谁的青春期不冲动，带着憧憬过初中。

初中那些事儿

谁的青春期不冲动，带着憧憬过初中。

不漏。

数学的定义、定理、概念、公式、法则是数学知识体系的框架，是解题的基础，是推理的依据。如何学好数学概念呢？要真正理解其精髓，一般说来必须抓好以下几步：

第一步：弄清来龙去脉

任何新知识都不会是无本之木，它总是在旧有的知识基础上发展概括而来的。因此，在学习新的定义、定理、公式、法则时，要弄清楚知识产生的来龙去脉，这对加深对知识本身的理解有着十分重要的意义。

第二步：逐字逐句分层推敲

数学语言具有精练、抽象、严密的特点。因此，我们在学习定义、定理、法则时，必须要完整、准确地理解其表述的内容，这就必须对其文字的表述进行逐一仔细的推敲。例如，教材中是这样定义相反数的概念的："像6与–6这样，只有符号不同的两个数，我们就说其中一个是另一个的相反数。"如果去掉其中"像6与–6这样"这句话，就容易使我们的理解发生偏差，如–（+2）与+（–2）这两个数也是符合"只有符号不同"的条件的，算不算相反数呢？显然不能算。在初中的数学学习中，这种描述性概念比较多。对于描述性概念，一定要把握好概念的整体，不要离开描述的实例，断章取义，以致产生误解或者歧义。

第三步：注意限制条件

公式中的限制条件是概念和公式，本质特征不可分割的部分，但往往容易被同学们所忽略，应在学习中引起高度的重视。同时分析限制条件，往往又能帮助我们更加深刻地理解概念或公式的本质特征。如对垂线、平行的概念的理解，有的同学往往只把铅垂向下视为垂直，只把水平放置的两条直线视为平行。这种以生活经验的影响代替对概念的认识，缩小了概念的内涵。同样是一种非本质因素的干扰，在学习中应尽量自觉予以排除。

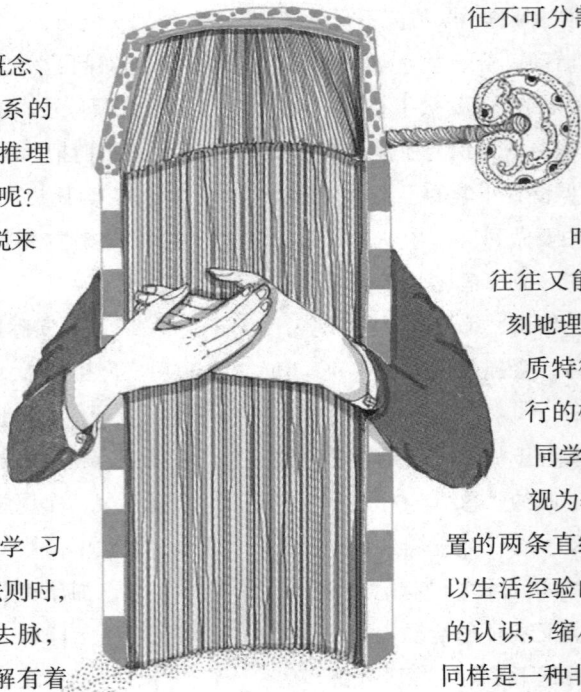

第四步：通过联系、对比进行辨析

在数学知识中，有不少是由同一基本概念和方法引申出来的综述及其相关知识或看来相同、实质不同的知识。学习这类知识的主要方法是用"找联系、抓对比"来进行练习。如"直线、射线、线段"这些概念，它们既有联系，又有区别。

第二点：细读例题——充分吸收"榜样"的力量

我们学的概念、定理，一般较抽象，要把它们具体化，就需要把它们运用在题目中，由于我们刚接触到这些知识，运用起来还不够熟练，这时，例题就帮了我们大忙，我们可以在看例题的过程中，将头脑中已有的概念具体化，使对知识的理解更深刻，更透彻，由于老师补充的例题十分有限，所以我们还应自己找一些来看，看例题，还要注意以下几点：

光有勇气是不够的，尽管我们都需要勇气，在机关枪面前，这个形意拳、八卦掌、太极拳是一样的。——马云

1. 不能只看皮毛，不看内涵。

我们看例题，就是要真正掌握其方法，建立起更宽的解题思路，如果看一道就是一道，只记题目不记方法，看例题也就失去了它本来的意义，每看一道题目，就应理清它的思路，掌握它的思维方法，再遇到类似的题目或同类型的题目，心中就有了大概的印象，做起来也就容易了，不过要强调一点，除非有十分的把握，否则不要凭借主观臆断，那样会犯经验主义错误，走进死胡同的。

2. 要把想和看结合起来。

我们看例题，在读了题目以后，可以自己先大概想一下如何做，再对照解答，看自己的思路有哪点比解答更好，促使自己有所提高，或者自己的思路和解答不同，也要找出原因，总结经验。

3. 各难度层次的例题都照顾到。

看例题要循序渐进，这同后面的"做练习"一样，但看比做有一个显著的好处：例题有现成的解答，思路清晰，只需我们循着它的思路走，就会得出结论，所以我们可以看一些技巧性较强、难度较大，自己很难解决，而又不超出所学内容的例题，例如中等难度的竞赛试题。这样可以丰富知识，拓宽思路，这对提高综合运用知识的能力很有帮助。

第三点：该记的记，该背的背，不要以为理解了就行

有的同学认为，数学不像英语、历史、地理，要背单词、背年代、背地名，数学靠的是智慧、技巧和推理。我说你只讲对了一半。数学同样离不开记忆。试想一下，小学的加、减、乘、除运算要不是背熟了"乘法口诀表"，你能顺利地进行运算吗？尽管你理解了乘法是相同加数的和的运算，但你在做9x9时用9个9去相加得出81就太不合算了。而用"九九八十一"得出就方便多了。同时，数学中还有大量的规定需要记忆，比如规定"$a \neq 0$"等。因此，我觉得数学更像游戏，它有许多游戏规则（数学中的定义、法则、公式、定理等），谁记住了这些游戏规则，谁就能顺利地做游戏；谁违反了这些游戏规则，谁就被判错罚下。因此，数学的定义、法则、公式、定理等一定要熟记，有些最好能背诵，朗朗上口。比如大家熟悉的"整式乘法三个公式"，我看在座的有的背得出，有的就背不出。在这里，我向背不出的同学敲一敲警钟，如果背不出这三个公式，将会对今后的学习造成很大的麻烦，因为今后的学习将会频繁地用到这三个公式，特别是初二即将学的因式分解，其中相当重要的三个因式分解公式就是由这三个乘法公式推出来的，二者是相反方向的变形。

对数学的定义、法则、公式、定理等，理解的要记住，暂时不理解的也要记住，在记忆的基础上、在应用它们解决问题时再加深理解。

打一个比方，数学的定义、法则、公式、定理就像

初中那些事儿

谁的青春期不冲动，带着憧憬过初中。

木匠手中的斧头、锯子、墨斗、刨子等，没有这些工具，木匠是打不出家具的；有了这些工具，再加上娴熟的手艺和智慧，就可以打出各式各样精美的家具。同样，记不住数学的定义、法则、公式、定理就很难解数学题。而记住了这些再配以一定的方法、技巧和敏捷的思维，就能在解数学题，甚至是解数学难题时得心应手。

第三方面：重视数学能力

第一点：特别重视数学运算

运算是学好数学的基本功。初中阶段是培养数学运算能力的黄金时期，初中代数的主要内容都和运算有关，如有理数的运算、整式的运算、因式分解、分式的运算、根式的运算和解方程。初中运算能力不过关，会直接影响高中数学的学习：从目前的数学评价来说，运算准确还是一个很重要的方面，运算屡屡出错会打击同学学习数学的信心，从个性品质上说，运算能力差的同学往往粗枝大叶、不求甚解、眼高手低，从而阻碍了数学思维的进一步发展。从学生试卷的自我分析上看，会做而做错的题不在少数，且出错之处大部分是运算错误，并且是一些极其简单的小运算，错误虽小，但决不可等闲视之，决不能让一句"马虎"掩盖了其背后的真正原因。认真分析运算出错的具体原因，是提高运算能力的有效手段之一。在面对复杂运算的时候，常常要注意以下两点：

1.情绪稳定，算理明确，过程合理，速度均匀，结果准确。

2.要自信，争取一次做对；慢一点儿，想清楚再写；少心算，少跳步，草稿纸上也要写清楚。

第二点：提炼数学思想

1."方程"的思想

数学是研究事物的空间形式和数量关系的，初中最重要的数量关系是等量关系；其次是不等量关系。最常见的等量关系就是"方程"。比如等速运动中，路程、速度和时间三者之间就有一种等量关系，可以建立一个相关等式：速度 × 时间 = 路程，在这样的等式中，一般会有已知量，也有未知量，像这样含有未知量的等式就是"方程"，而通过方程里的已知量求出未知量的过程就是解方程。我们在小学就已

经接触过简易方程，而初一则比较系统地学习解一元一次方程，并总结出解一元一次方程的五个步骤。如果学会并掌握了这五个步骤，任何一个一元一次方程都能顺利地解出来。初二、初三我们还将学习解一元二次方程、二元二次方程组、简单的三角方程；到了高中我们还将学习指数方程、对数方程、线性方程组、参数

方程、极坐标方程等。解这些方程的思维几乎一致，都是通过一定的方法将它们转化成一元一次方程或一元二次方程的形式，然后用大家熟悉的解一元一次方程的五个步骤或者解一元二次方程的求根公式加以解决。物理中的能量守恒，化学中的化学平衡式，现实中的大量实际应用，都需要建立方程，通过解方程来求出结果。因此，同学们一定要将解一元一次方程和解一元二次方程学好，进而学好其他形式的方程。

所谓的"方程"思想就是对于数学问题，特别是现实当中碰到的未知量和已知量的错综复杂的关系，善于用"方程"的观点去构建有关的方程，进而用解方程的方法去解决它。

2. "数形结合"的思想

大千世界，"数"与"形"无处不在。任何事物，剥去它的质的方面，只剩下形状和大小这两个属性，就交给数学去研究了。初中数学的两个分支——代数和几何，代数是研究"数"的，几何是研究"形"的。但是，研究代数要借助"形"，研究几何要借助"数"，"数形结合"是一种趋势，越学下去，"数"与"形"越密不可分，到了高中，就出现了专门用代数方法去研究几何问题的一门课，叫作"解析几何"。在初三，建立平面直角坐标系后，研究函数的问题就离不开图像了。往往借助图像能使问题明朗化，比较容易找到问题的关键所在，从而解决问题。在今后的数学学习中，要重视"数形结合"的思维训练，任何一道题，只要与"形"沾得上一点儿边，就应该根据题意画出草图来分析一番，这样做，不但直观，而且全面，整体性强，容易找出切入点，对解题大有益处。尝到甜头的人慢慢会养成一种"数形结合"的好习惯。

3. "对应"的思想

"对应"的思想由来已久，比如我们将一支铅笔、一本书、一栋房子对应一个抽象的数"1"，将两只眼睛、一对耳环、双胞胎对应一个抽象的数"2"；随着学习的深入，我们还将"对应"扩展到对应一种形式，对应一种关系等。比如我们在计算或化简中，将对应公式的左边，x 对应 a，y 对应 b，再利用公式的右边直接得出原式的结果。这就是运用"对应"的思想和方法来解题。初二、初三我们还将看到数轴上的点与实数之间的一一对应，直角坐标平面上的点与一对有序实数之间的一一对应，函数与其图像之间的对应。"对应"的思想在今后的学习中将会发挥越来越大的作用。

第四方面：数学是"练"出来的——多做练习

要想学好数学，必须多做练习，但有的同学多做练习能学好，有的同学做了很多练习仍旧学不好，究其因，是"多做练习"是否得法的问题，我们所说的"多做练习"，不是搞"题

初中那些事儿

谁的青春期不冲动，带着憧憬过初中。

初中那些事儿

谁的青春期不冲动，带着憧憬过初中。

海战术"。后者只做不思，不能起到巩固概念，拓宽思路的作用，而且有"副作用"：把已学过的知识搅得一塌糊涂，理不出头绪，浪费时间又收获不大，我们所说的"多做练习"，是要大家在做了一道新颖的题目之后，多想一想：它究竟用到了哪些知识，是否可以多解，其结论是否还可以加强、推广等等，还要真正掌握方法，切实做到以下五点，才能使"多做练习"真正发挥它的作用。

第一点：保证质量

学数学没有捷径可走，保证做题的数量和质量是学好数学的必经之路。如何保证数量呢？

1. 选准一本与教材同步的辅导书或练习册。

2. 做完一节的全部练习后，对照答案进行批改。

3. 选择有思考价值的题，与同学、老师交流，并把心得记在自习本上。

4. 每天保证 1 个小时左右的练习时间。

第二点：必须熟悉各种基本题型并掌握其解法

课本上的每一道练习题，都是针对一个知识点出的，是最基本的题目，必须熟练掌握；课外的习题，也有许多基本题型，其运用方法较多，针对性也强，应该能够迅速做出。综合题只是若干个基本题的有机结合，基本题掌握了，不愁解不了它们。

第三点：在解题过程中有意识地注重题目所体现出的思维方法

数学是思维的世界，有着众多思维的技巧，所以每道题在命题、解题过程中，都会反映出一定的思维方法，如果我们有意识地注重这些思维方法，时间长了头脑中便形成了对每一类

题型的"通用"解法，即正确的思维定式，这时再解这一类的题目时就易如反掌了；同时，掌握了更多的思维方法，为做综合题奠定了一定的基础。

第四点：适当加一些综合题

综合题，由于用到的知识点较多，颇受命题人青睐。做综合题也是检验自己学习成效的有力工具，通过做综合题，可以知道自己的不足所在，弥补不足，使自己的数学水平不断提高。

第五点：回顾旧题

"温故而知新"，把一些比较"经典"的题重做几遍，把做错的题当作一面"镜子"进行自我反思，也是一种高效率的、针对性较强的学习方法（建立一本错题集）。

最后，我们将以上总结一下，给出学好数学的几个建议：

1. 勤预习；

2. 勤记数学笔记；

3. 准备数学纠错本；

4. 记忆数学规律和数学小结论；

5. 多做数学课外题，加大自学力度；

6. 反复巩固，克服前学后忘；

7. 学会总结归类；

①从数学思想分类

②从解题方法归类

③从知识应用上分类

8. 上课认真听讲；

9. 及时背有关概念；

10. 养成良好的学习习惯。

①错题、难题、好题及时做标记

②备好、用好自己的"纠错本"和"精华本"

预祝同学们取得好的数学成绩！

　　第一和第二通常是对手，但倒数第一和倒数第二基本都是朋友。——各有各的活法

英语老师的『金点子』

□孙月芬

谁的青春期不冲动，带着憧憬过初中。

带着好奇与神秘，你接触了初中英语，随着学习的深入，你的问题和困惑也随之而来。大家依下面的问题对号入座，在英语学习中你存在什么问题？

1. 英语基础较好，但受整个英语学习环境的影响，英语听、说、读、写能力提高缓慢。

2. 基础可以，但对英语学习不感兴趣，导致实际英语成绩较差。

3. 英语基础偏差，单词听、说、读、写困难。

4. 在简单的音标、语法、时态等方面错误连篇，而会话和写作方面就更不堪设想。

5. 从根本上放弃了学习。

到了我们该解决问题的时候了。那么初中阶段如何学好英语，提高英语水平呢？学习方法自然就重要了。其实方法本身无所谓好与坏，关键就看它能否完美地与个人相结合，提高学习效率，如果一套方法能够激发你的学习兴趣，提高学习效率的话，以后要做的就是坚持下去。可能我们都见过类似的情况：有的人整日埋头书案，学得很辛苦，但成绩仍不理想；有的人则懂得"有张有弛"，学得很轻松，而且名列前茅。如果你是后者，相信你已经找到了良好的学习方法与你个人的最佳结合点了，只要持之以恒即可；而前者已经具备了一定的毅力，关键就在于提高自己的学习效率了。学好英语的另一个关键是提高英语学习的兴趣。爱因斯坦说过"兴趣是最好的老师"。兴趣是产生学习的动力。那如何产生学习的兴趣呢？当然你必须要学会英语，懂得英语，会在生活实践中运用你所学习的英语知识。你懂得越多你的兴趣就会越浓。首先，你必须有足够的词汇量，有扎实的语法知识等基础，你还得培养自己的语言综合运用能力。

具体做法如下：

一、词汇

词汇是学好英语的关键，没有足够的词汇就无从谈起听、说、读、写。词汇量的大小决定一个学生英语水平的高低。因此在初中阶段除要掌握《大纲》要求的词汇外，还要扩充 500 个左右的词汇。在学习词汇的过程中，要掌握词的拼读规则，根据规则记忆单词；同时还要根据构词法知识记忆和扩充单词，通过语境理解和记忆单词也是一个最佳学习单词的好方法。目前，在中考试题中，词汇在语境中的

初中那些事儿

谁的青春期不冲动，带着憧憬过初中。

运用考查比重越来越大。在进入学习英语的初级阶段时，掌握语音知识是学好英语单词的基础，读准英语音素是拼读音标的前提。因此一定要熟练掌握48个音素，要做到会拼读、拼写。要注意训练自己听音、辨音和模仿的能力。课堂上，专心听老师的发音和有声材料，争取当堂学会。对于那些比较拗口的单词、短语或句子，课下一定要挤时间反复模仿，直到读准、读熟为止。再次，熟练掌握读音规则，培养自己根据读音规则把字母（或字母组合）与读音建立起联系的能力。

说到记忆单词，这可是同学们普遍感到头痛的事，大家试试下列方式。

1.按读音记忆单词。实际上在你看单词时就要顺便看一眼音标，掌握字母及字母组合的读音规律。将所有符合规则的单词归类记忆。

（1）按开、闭音节记忆，掌握元音字母的读音。name:make, cake, plane; hat:cat, map, sad; she:these, Chinese, Japanese; bed:next, step, let; like:side, nice, kite; big:ship, hit, kill; nose:note, close, hole; dog:hot, stop, got; use:huge, student; bus:cup, rubber, dust 等。

（2）按字母组合记忆。掌握元音字母组合和辅音字母组合的读音，如 ee 字母组合读 /i:/,bee,meet,see,keep 等；ch 字母组合读 /tʃ/,chair,China,chance 等；

2.分音节记忆。单词不论长短，如果从第一个字母背到最后一个字母，是很难记忆的。如：development，共 11 个字母组成，可以把它"大卸八块"，分音节记忆就会很容易 de-ve-lop-ment。

3.音、形、义结合法。背单词将它的音、形、义结合起来，记忆牢固，速度也快，读准它的音，看好它的形，明白它的义，尤其是一词多义，记忆时要提高分辨率。如，orange 是个兼类词，作可数名词意思是"橘子"；作形容词意思是"橘色的"；作不可数名词意思是"橘汁"。可读音只有一个，词形一样。这样有意识地去分辨

如果一个人先从自己内心开始奋斗，他就是一个有价值的人。——白朗宁

记忆就容易多了。

4.联想记忆来记单词。它主要包括以下几种形式：

（1）构词联想记忆：利用同根词（词形转换）联想记忆，注意词性。英语单词中有许多词具有一词多性的特点，如 ride 既可作动词用，又可作名词用。另一些词具有同一个词根，如单词 care 既具备名词性质又具备动词性质，它可以派生 careful（形容词，细心的），carefully（副词，细心地），careless（形容词，粗心的），carelessly（副词，粗心地），carefulness（名词，细心），carelessness（名词，粗心）。对于这些词，我们应重点记忆。再如 south → southern，noise → noisy → noisily 等。利用合成词联想记忆，如学到 peanut 这个词就想到它是由 pea 和 nut 这两个词组合的；notebook 是由 note 与 book 合成的。

（2）归类联想记忆：把所学的单词按照不同的范畴分门别类，将所学单词合理归类。

1）词性归类。如：代词 she，her,hers,herself,he,him,his,himself…动词 drive,teach,train,work…名词 driver,teacher,trainer,worker…；形容词 sad,happy…；副词 sadly,happily…；介词 in,on,at,in front of,in the front of 等。

2）范畴归类。如：食品类 chicken,rice,dumpling,noodle,candy…服装类 trousers,shirt,skirt,sweater,shoes…交通类 traffic,bus,taxi,subway,plane…运动类 baseball,basketball,race,highjump…月份 January,February,March,April…星期 Monday,Tuesday,Wednesday,Thursday,Friday,Saturday,Sunday 和节日等，比如学习 festival 一词时，就联想到 the Spring Festival,the Dragon Festival,Mid-autumn Festival,National Day,Teachers'Day，New Year's Day,Christmas Day,Children's -Day，Women's

Day,May Day 等一系列的节日名词。

（3）对比联想记忆：

1）同义词：如 see ／ watch / look / notice（看）;hear ／ listen（听）;study ／ learn（学习），big ／ large ／ great（大的）;good ／ fine ／ well ／ nice（好的）;like ／ love ／ enjoy（喜欢）等。

2）反义词：如 long（长）→ short（短），big（大）→ small（小），dear（昂贵）→ cheap（便宜），hot（热）→cold（冷），slow（慢）→ quick ／ fast（快），fat（胖）→ thin（瘦），south（南）→ north（北）等。

3）同音词：如 by（乘）→ buy（买），sea（海洋）→ see（看见），son（儿子）→ sun（太阳），too（也）→ two（二），for（为）→ four（四），right（正确）→ write（写），blue（蓝色的）→ blew（blow 的过去式），whether（是否）→ weather（天气）等。

（4）搭配联想记忆：以一个单词为中心搭配不同的词而构成新的短语。这种语言现象非常多，如能经常使用此法则会牢固地记住所学的短语。

1）含有 give 的短语有 :give sb sth 捐赠 ,give away 泄露 ,give in 屈服 ,give up 放弃。

2）含有 get 的短语有：get on 上车，get off 下车，get to 到达，get ready for 为……做准备，get up 起床，get on with 与人相处，get down 下来，get dressed 穿衣服，get back 取回；回来，get out of 从……出来 ,get lost 迷路。

3）含 go 的短语有：go swimming 去游泳，go on 继续；持续 ,go on with 继续做某事，go to school 去上学，go to bed 上床睡觉，go home 回家，go out for a walk 出去散步，go away 走开，go down 降落，go back 回去。

4）含 come 的短语有：come in 进来，come in to 进来，come down 下来，come over 过来，come from 来自，come back 回来，come round

前来（过来），come on 快，加油，come out（花）开；出来，come along 赶快，快一点儿。

5）含 have 的短语有：have to 不得不，have an idea 有了主意，have a rest 休息，have breakfast 吃早饭，have a look 看一看，have a good time 玩得愉快，had better 最好。

6）含 look 的短语有：look at 看，look after 照看；照顾，look the same 看起来很像，look like 看起来像，look for 寻找，look up（在词典、参考书中）查找，look over（医生）检查，look around（round）环顾四周。

7）含 make 的短语有：make room for 为……让地方，make sentences with 用……造句，make a face 做鬼脸，be made in 在…制造，be made of 由…制成，make tea 沏茶，make friends with 与……交朋友，make up 编出，make a mistake 出差错，make sure 确保，确信，make a noise 吵闹。

8）含 take 的短语有：take your time 不急、慢慢来，take medicine 吃药、服药，take a walk 散步，take exercise 运动，take turns 轮流、替换，take care of 照料、照顾，take out of 带走、拿出，take off 脱掉，take a message for 给……捎个信。

9）含 turn 的短语有：turn on 打开（灯等），turn off 关上，turn up（把收音机等）开大一些，turn down（把收音机等）开小一些，turn white 变白，turn left 向左拐。

只要你多留心，有意识地注意归纳总结，记忆单词和短语不是一件难事。总之，对于那些新近学的单词，要不厌其烦地靠读、写、背等各种途径反复记忆。重复到一定的次数，就会成为长时间的记忆，也就不会遗忘了。

5. 记忆单词还要靠勤奋，抓住零散时间进行记忆。记忆单词时，除了以上方法外还要做到"五到"：

（1）脑到——背单词时肯定要想着，不能开小差。

（2）眼到——仔细观察单词的写法。

（3）口到——口里要念着单词。

（4）耳到——听着自己的读音。

（5）手到——用手在书桌上或纸上写几遍这个单词。不要偷懒，一定要边写边比画。背单词时，把各个器官动用起来，相信自己一定能记住更多的单词。有的同学认为单词的识记很麻烦，如果你能经常有意识地这样做，时间久了，就会养成习惯。以后每遇到一个词就会不知不觉地去联想。

一位外语专家曾经说过这样一句话："千个单词至少在你眼前出现二十次才能牢记。"同学们想想看，你所学的单词总共在眼前出现过多少次？这下你也许找到记不住单词的原因了吧？

二、语法

语法是学好英语的基础，它是掌握英语的工具。在你掌握了一定的词汇量后，了解一些

一个人在政治、真诚、智慧三样东西中，往往只可能拥有两样。

语法知识是非常必要的。语法包括词性、句法、时态、语态等。词性有名词、动词、代词、形容词、副词、连词、介词和数词等；句法有宾语从句、定语从句、状语从句等；时态学习是我们学生最为头痛的一个语法项目。因为中国人在语言的表达中只有时间的变化，而没有时态的概念，但英语中语言所表述的事情处在不同的时间，要用不同的时态，而且时态的关键表述在句子的谓语动词上。有时背起规则来很容易，但在句子的使用中却常常出现错误。《大纲》中要求掌握的六个基本时态：一般现在时、一般过去时、现在进行时、过去进行时、现在将来时、现在完成时。理解各种时态的概念，掌握在句中的结构和提示时态的时间状语，同时还要理解其他的两种时态——过去将来时、过去完成时。对于语法要学用结合，在一定的语境中体会学习。

三、听力

中考听力试题占有很大比重。我们当然要调整学习策略，但听力更重要的一点是在听的过程中可以逐步增强语感，培养敏锐的语感有助于增强辨析力和判断力，是英语学习过程中十分重要的一环。

1. 影响听力理解的三个致命因素

（1）语言基础知识不扎实造成理解困难

对单词、词组掌握不牢固，以及词汇量的大小、词汇的类别直接影响着听力理解。

（2）自身存在语音问题，造成理解障碍

长期不注意长元音、短元音、失去爆破、连续和省音等现象。如：sleep at night。读不准单词发音，特别是发音相近的词：bad—bed，sheep—ship，beat—bit，much—march，quite—quiet，kitchen—chicken。

（3）语速的变化导致的问题

语速较慢，听力材料与你的语言水平相当，你的听力一般不会出现问题，但语速趋于正常，即使所听语言材料低于你的语言水平，有时你也会感到吃力呢。原因往往是在听到一段语言信息后，习惯用中文逐字逐句翻译出来，而不能直接将语言信息转化成一个情景或一幅画，因而影响了反应速度、理解程度和记忆效果。如果注重情景，平时常做一些看图说话的训练，对于克服听英语时母语的干扰，形成使用英语思维的习惯是大有益处的。

2. 如何训练听力理解

（1）营造一个"练耳朵"的语言环境

最方便、最有效、最经济的恐怕还得数我们所学过的课本音频了。具体做法是：每天早上一睁眼，打开有声设备，边刷牙、洗脸、吃早饭，边听直到离家上学。晚上睡觉前再听10分钟。平时尽可能多听英文歌曲，看英文电影，利用一切可以利用的机会，不断地使耳朵得到刺激，一直坚持下来。对英语整体水平的提高是非常有益的。

（2）"精听"和"泛听"相结合。

"精"指的是质，"泛"指的是量，只有两者有机结合才能产生学习的质量。"精听"指的是对录音材料要逐字、逐句、逐段地尽量听清楚。"泛听"指的是听的量大、听的范围广、听的形式多和听的口音杂。

听的量大指的是训练量大，以老师的经历，初三学生要练就好听力必须经过三个台阶。每100个小时左右为一个台阶，每上一个新台阶都会感到听力有了质的变化，这就叫从量变到质变。要想不经过这三个台阶而一蹴而就，是不现实的。

听的范围广指的是听力材料范围广，不能只局限于听课文，要知道，偏"听"则暗，兼"听"则明。可以听故事、新闻、演讲、歌曲，只要有利于提高听力能力的材料都可以拿来听。

听的形式多指的是要听各种各样的声音来源，如电影、电视，甚至广告、地铁、公共汽车报站等，要做有心之人，一切为我所听。

听的口音杂指的是要听不同地方的不同人士的不同口音。只有了解熟悉不同的口音才能达到正确理解、顺利交流的目的。

（3）大声朗读

除了多听之外，还要多大声朗读，尽量模仿原声带中的语音、语调、连读等技能。出声会对耳朵和大脑有刺激，有刺激就会引起生理的变化，朗读到一定时候，就会发现我们的舌头不再僵硬了。

（4）阅读促进听力

大量地阅读小说、杂志、网络文章、新闻报道等自己感兴趣的内容。阅读是积累词汇的最有效的方法之一。通过阅读来进一步提高自己，尤其是增加对文化背景知识的了解，将反过来促进听力的进一步提高。要知道，你对某些知识了解得越多，你的英文听力就越容易，所以善于积累各种知识，对语言学习也是相当有裨益的。

四、阅读理解

阅读是作者与读者双方共同参与的语言交际活动。阅读的目的是理解作者用文字表达的思想。因此，理解能力是阅读能力的重要因素，其程度可由浅入深分为三个层次：表层理解——懂得文章字面的信息；深层理解——清楚地理解作者的言外之意；评价性理解——对作者表达的内容说出自己的看法。

1. 训练查读和略读能力

查读（Scanning）：是一种快速阅读的方法，目的是不求理解全部内容，只求快速寻找材料中特定的信息。阅读节目单、电话号码簿或产品目录时，都需要运用这种技巧。

略读（Skimming）：也是一种快速阅读的方法，快速浏览全文，领会文章大意，发现作者的观点和意图，掌握篇章结构进而抓住文中的中心思想。

2. 训练找关键词能力

（1）and, or, besides, that is, for example 等词，预示文章前后内容或相似或互为补充，或用来推测生词的意思。

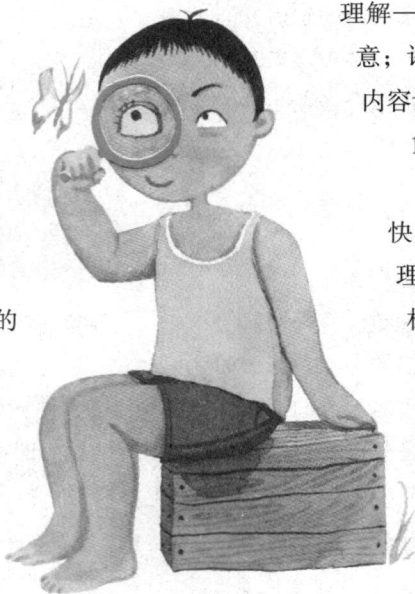

只有你爬到山顶了，这座山才会支撑着你。——于丹

（2）利用文中出现频率比较高的词或词组来帮助确定文章的主旨和基调。

（3）连词 but,however,yet,although,thought 等词是暗示作者的观点和态度。此处可适当放慢速度，因为前后左右的信息很可能预示着问题的答案。

3.训练分析长句能力

长句中通常含并列、复合、倒装等结构，要分清主干，先找出句子的主谓宾，再找修饰语。如：

（1）Environment clubs ask students to bring their lunches in bags that can be used again.

这句话主干是：Environment clubs ask students to bring their lunches in bags。"that can be used again" 是定语从句，修饰 bags。

全句可翻译为：环保俱乐部要求学生用可再次利用的袋子来带午饭。

（2）I didn't quite understand how they got the books back so quickly until I picked up a book Grandma had left one day.

本句的主干是 I didn't quite understand…until I picked up a book…（直到我捡到一本书……我才明白……）"how they got the books back so quickly" 是宾语从句，作 understand 的宾语。"（that）Grandma had left one day" 是定语从句，修饰 a book。

整句可翻译为：直到有一天我捡到一本奶奶落下的一本书，我才明白他们是如何这么快地把书还回来的。

4.训练猜测词义

一篇文章中通常有 5% 左右的生词，它们往往是阅读中的"拦路虎"。查词典当然是排除词义障碍的一种方法，但是，频繁地查阅词典既影响阅读速度又容易破坏阅读的思路和连贯性。况且，一词多义是英语词汇的特点之一，在不同的情况下，词的含义变化很大。因此，应该学会猜测生词的方法。

（1）根据构词法猜词，首先要熟悉基本的构词法及其规律，其次要掌握一定的词根和词缀。如 :un-,im-,mis-,-less,-ness 等。

如 :When the little boy finished, his father was speechless.（speech+less 说不出话的）

If some athletes use drugs,it is unfair to the others.（un+fair 不公平的）

（2）根据释义猜词，释义常由定语从句或由 is,or,that is（to say）,in other words,be known as 等词汇或破折号来表示。

如：What he thought was only mirage,that is,a dream or wish that cannot come true.（mirage,梦想）

It will bevery hard but also very brittle——that is,it will break easily.（brittle 脆的）

（3）根据同畴或同义词关系猜

初中那些事儿

谁的青春期不冲动，带着憧憬过初中。

词,and,or,such as,like,for example 等是关键信息。

如：When I was traveling in Australia,I bought coats,skirts,trousers,and other kinds of garments。They are all made of wool.（garments 衣服）

Doctors suggest that everyone should exercise everyday,especially those who spend hours doing sedentary activities like reading,typing or sewing.（sedentary 坐着做的，案头的）

（4）根据对比和转折关系，表转折关系的词常有 but,while,however,instead of,rather than,unlike,yet,though 等。

如：He is very generous,but his brother is mean（mean 吝啬）

He had been getting better but during the night his condition deteriorated.（deteriorated 恶化）

（5）根据因果关系猜词，常用关联词 because, as a result,so,so…that,such…that 等表

示前因后果。

如：The watch is so accurate that it will never lose a second in more than 100 years.（accurate 精确的）

All his attempts to unlock the car futile,because he was using the wrong key.（futile 徒劳的）

五、完形填空

1.通览全文，掌握大意

（1）由于完形填空属障碍性阅读，所以抓住文章的首句（段）和尾句（段），对把握文章的主旨和大意很有帮助，因为文章的首句是观察全文的"窗口"，尾句是文章的总结、结论或点睛之笔，会带给我们有益的启示，因此首先看一下文章的首句和尾句，使自己心中大概有个印象。

（2）做题时，先越过空当，通读全文，

人的大部分痛苦和不快并不是因为你的境遇，而是因为你的态度。——刘晓庆

理顺题意，明了作者意向、态度。找出信息词，这是做好完形填空题的关键。因为完形填空的特点是着眼于整体理解。我们如果把短文比作环环相扣的链条，那么由于空格的设置，"链条"从第二句起有些地方就脱节了。有时我们习惯于提笔就填或边读边填，急于求成，然而，欲速则不达。我们应该依据首句给的启示，通过逻辑思维，借助短文中关键词所提供的信息，越过空当，尽快把全文读完，建立语言的整体感，帮助我们了解短文大意。然后去通读全文，不失为一个窍门。特别要注意的是：通览的目的是粗略理解大意，因此通览时，要采取快、粗、跳的方法。快，指的是用较短的时间读一遍，使思路连贯，一泻而下，切不可在个别的词、句子上停留较长的时间，使思路中断。粗，指的是了解大概意思，切记不可一开始就将宝贵的时间消磨在个别字句意思的推敲上。跳，指的是跨过一个个空格，一看到底，而不是把四个选项中的任何一个或分别纳入短文空白中一起读，这样，只能是事倍功半。

2. 先易后难，完成各项

通览全文后，对文章有了整体印象，在此基础上，可以根据全文大意，展开逻辑思维，分析这一空格处在句中的地位，前后的关系和它所起的作用，确定最佳答案。遇到困难，暂放一边，先易后难，这是解题之道。采用"迂回战术"，在题号前标上记号后，大胆地跳过去，继续往下读，随着情节的展开和前后文的照应、对比，你会豁然开朗，一下子找出上文空格的正确答案。或者在做完较容易的题目之后再回过头来思考那些难题，同时

把已确定的答案代入短文，帮助理解。这样，也许难题就不难了。一组供选择的答案中，从局部看，可能选择任何一个都正确，但从整体和作者要表达的情感、态度、语气看只有一个最贴切。这就必须要仔细阅读，从文章的整体，内在的联系完成答案的推断选择。

3. 读懂作者对人物或事件的态度。由表及里地准确把握字里行间的意思（read between the lines，特别注意描写环境气氛的语言，还要结合有关英语国家的文化传统，风俗习惯等背景知识来准确把握作者态度。）

六、写作

应坚持每周写一篇小短文，除了用简单句外，尝试用复合句。用好恰当的连接词，注意句与句之间的逻辑关系以及短文的流畅性。也可以参阅一些优秀的作文，看看别人怎样写的，与自己比较，找出自己的不足。熟背每个单元的重点文章，培养语感，对写作大有裨益。

滴水穿石的恒心和毅力是学习任何学科都必不可少的，英语更是如此，作为一门语言更加需要我们在平时的点滴积累中逐渐提高学习能力。所以，千里之行，始于足下，每天的点滴积累对于英语学习自然是至关重要的。每天清晨，迎着微风，在朝阳灿烂的光辉中用美妙的英文开始自己崭新的一天，是一件何其幸福与快乐的事情啊！

初中那些事儿

谁的青春期不冲动，带着憧憬过初中。

当我们活在当下的那一刻，才能斩断过去的忧愁和未来的恐惧；
当我们斩断过去的忧愁和未来的恐惧，才可以得到真正的自由。——林清玄

谁的青春期不冲动，带着憧憬过初中。

物理老师谈方法
□赵永川

也许，你刚步入初二，仍似懂非懂地踌躇在物理世界的大门口；也许，你已经学过一年物理，却还为概念、公式、计算、推导、比较、归纳而犯愁；也许，对于有些物理题目，你一做就错，老师一讲就懂，可是再做还是错。千万别着急，只要你掌握了学习物理的方法，问题就迎刃而解了。

第一方面：
扎实知识基础，培养学科能力

1.细读书，多设问，培养自学能力

教材的阅读，主要包括课前阅读、课堂阅读和课后阅读。

（1）课前阅读，有的放矢。根据课本内容的不同，结合课文中提出的问题，边读边想，多问几个为什么。如阅读"功"这一节，可列出如下提纲：①物理学上"做功"的含义是什么？它和日常生活中常说的"做工"有什么不同？

②做功必须具备哪两个必要因素？有哪几种情况不做功？

③做功的多少与哪些因素有关？怎样计算做功的多少？

④功的单位是什么？通过阅读，对新课内容有一个粗略的了解，弄清知识点，找出重点、难点，做出标记，以便在课堂上听教师讲解时突破，攻克难点。

（2）课堂阅读，就是在进行新课的过程中阅读，对于那些重点知识（概念、规律等）要边读边记。对于关键的字、词、句、段落要用符号标记，只有抓住关键，才能深刻理解，也才能准确掌握所学的知识。如阅读"重力的方向"时关键是"竖直"。阅读"牛顿第一运动定律"的课文时，抓住"没有受到外力作用"和"总保持"。精读细抠，明确概念、规律的内涵和外延。在阅读时，若遇疑难，要反复推敲，为什么这样说，能不能那样说？为什么？弄清其原因究竟。

（3）课后阅读，结合课堂笔记，在阅读的基础上勤总结、归纳。新课结束或学完一章后，结合课堂笔记去阅读，及时复习归纳，把每节或每章的知识按"树结构"或以图表形式归纳，使零碎的知识逐步系统化、条理化。通过归纳，可以把学过

人的大部分痛苦和不快并不是因为你的境遇，而是因为你的态度。——刘晓庆

谁的青春期不冲动，带着憧憬过初中。

的知识串成线，连成网，结成体。以便加深理解，使知识得到升华。

2. 多思考，细比较，培养自己的思维能力

孔子说过"学贵有疑，小疑则小进，大疑则大进"。疑是学习的开端，思维的动力。在物理学习中，要结合教材中的"想想议议"，多动脑积极思维，多质疑，多解疑，才能真正弄清物理概念、规律的内涵和外延，并提高表述能力。如在学习"物体的浮沉条件"时，可先通过教师的演示实验，认识到浸在液体里的物体不论是上浮的还是下沉的都受到浮力，接着思考以下几个思考题：

（1）既然浸在水中的物体都受到浮力作用，为什么铁在水中下沉？木块能浮在水面上呢？

（2）把同样重的铁块和木块同时放在水里又会怎样呢？

（3）用钢铁制造的轮船为什么又会浮在水面呢？然后通过对放在液体中的物体进行受力分析，抓住比较重力和浮力的大小的关系，

根据二力合成的知识，得出物体的浮沉条件。对教材上的各种结论，不仅要善于从正面提出问题，还要善于反向思考。如"一切物体在没有受到外力作用的时候，总保持匀速直线运动状态或静止状态"。而保持匀速直线运动状态或静止状态的物体是不是都没有受到外力作用呢？通过反向思考，有助于弄清结论成立的前提，并能提高分析问题、解决问题的能力。物理知识本身有许多相似的地方，但又有区别。如某些现象相似，但实质不一；某些物理量的测量方法相似，但所用的器材不同；等等。所以在学习中一定要积极思维，运用分析、比较的方法，找出异同和联系，掌握知识的本质。例如，蒸发和沸腾的异同点就可列表比较。质量和重力、压力和重力有什么区别和联系等，都可以列表比较。通过比较，加深对物理概念和规律的理解，同时培养自己的科学思维能力。

3. 善记忆，会记忆，提高记忆效益

为了使学到的知识牢固地铭记，必须加强记忆。如图表记忆、顺口溜记忆、理解记忆、

类比记忆、系统记忆、形象记忆等，这些巧记、妙记，都能缩短记忆周期，使知识信息贮存得牢固。如果能做到科学记忆，就可以在头脑中建立起一个"智慧的仓库"。在新的学习活动中，当需要某些知识时，则可随时取用，从而保证了新知识的学习和思考的迅速进行。

（1）理解透彻，记得牢。理解是提高记忆质量的前提。对初中物理中一些易混淆的概念，如"额定功率""实际功率""比热"等，一定要在理解的基础上记忆，否则更易发生混乱。

（2）语言简练，记得快。可将一些重要知识编成顺口溜，以帮助记忆。如二力平衡的条件可编成"一物一线等值反向"；光的反射定律可编为"三线同面，法线居中，哪来哪去，角度不变"；电路识别可编为"简单电路四元件，源器线加电键，逐个顺次是串联，电路分叉属并联"。同学们可以自己总结，自编一些顺口溜，便于记忆。

（3）反复强化，记得准。对有些知识，需反复强化记忆。即凡涉及该内容时就不断强化刚形成的条件联系，并及时运用、巩固，以加强记忆。

第二方面：
弄清学好物理知识的关键

1. 三个基本是基础

基本概念要清楚，基本规律要熟悉，基本方法要熟练。关于基本概念，举一个例子。比如速度，它是表示物体在单位时间里通过的路程：$v=s/t$。关于基本规律，比如说平均速度的计算公式也是 $v=s/t$。它适用于任何情况，例如一个百米运动员他在通过一半路程时的速度是 10m/s，到达终点时的速度是 8m/s，跑完整个 100

米所用的时间是 12.5 秒，问该运动员在百米赛跑过程中的平均速度是多少？按平均速度的计算公式平均速度 $v=100/12.5=8m/s$。再说一下基本方法，研究初中物理问题有时也要注意选取"对象"，例如，在用欧姆定律解题时，就要明确欧姆定律用到整个电路即整体上，还是用到某个电阻即单独的某一个电阻上。

2. 物理过程要清晰

要对物理过程一清二楚，物理过程弄不清必然存在解题的隐患。题目不论难易都要尽量画图，有的画草图就可以了，有的要画精确图，要动用圆规、三角板、量角器等，以显示几何关系。画图能够变抽象思维为形象思维，更精确地掌握物理过程。有了图就能做状态分析和动态分析，状态分析是固定的、死的、间断的，而动态分析是活的、连续的，特别是在解关于电路方面的题目，不画电路图是较难弄清电阻是串联还是并联的。

3. 知识需要结构化

要重视知识结构，要系统地掌握好知识结构，这样才能把零散的知识系统起来。大到整

个物理的知识结构，小到力学的知识结构，甚至具体到章节。

4. 必要的练习是保障

练习是掌握知识，巩固知识的重要途径之一。练习包括课堂练习、作业练习、实验操作练习、单元练习及综合练习等，在练习时要注意处理好以下几点：

（1）遵循由易到难循序渐进的原则，有计划有目的地进行不同程度、不同方式的适量练习。既要有知识覆盖面，又要有适当的知识梯度。

（2）进行科学的思维活动，不断探索解题的方法、思路和技巧，以便举一反三、触类旁通。如解题时要认真审题，抓住关键的词句和物理过程仔细分析，同时应反思解题过程，勇于修正错误，不断提高解题能力和思维效率。

第三方面：
课堂是学习的主渠道

1. 认真听讲是根本

上课要认真听讲，不走神或尽量少走神。要跟上甚至超前老师的思路。不要自以为是，要虚心向老师学习。不要以为老师讲得简单而放弃听讲，如果真出现这种情况可以当成复习、巩固。尽量与老师保持一致、同步，不能自搞一套，否则就等于完全自学了。入门以后，有了一定的基础，则允许有自己一定的活动空间，也就是说允许有一些自己的东西，学得越多，自己的东西越多。

2. 做好笔记是辅助

当然，上课以听讲为主，还要有一个笔记本，有些东西要记下来。知识结构，好的解题方法，好的例题，听不太懂的地方等都要记下来。课后还要整理笔记，一方面是为了"消化好"，另一方面还要对笔记做好补充。笔记本不只是记上课老师讲的，还要做一些读书摘记，自己在作业中发现的好题、好的解法也要记在笔记本上，就是同学们常说的"好题本"。辛辛苦苦建立起来的笔记本要进行编号，以后要经常看，要能做到爱不释手，终生保存。

3. 物理需要良好的观察能力

观察是学习物理获得感性认识的源泉，也是学习物理学的重要手段。初中阶段主要观察物理现象和过程，观察实验仪器和装置及操作过程，观察物理图表、教师板书等。

（1）观察要有主次。如在观察水的沸腾时，要围绕下列问题观察：沸腾前气泡发生的位置、气泡大小、多少，温度计的读数怎样变化？沸腾时观察气泡的变化，温度计的读数是否有变化？停止沸腾时，温度是否变化？……

（2）观察要有步骤。复杂的物理现象，应按照一定的步骤，一步步地仔细观察。如在"研究液体的压强"实验中，可按以下步骤进行：①首先要观察所使用的压强计，用手指挤压压强计盘上的橡皮膜，观察金属盒上的橡皮膜受到压强时，U形管两边液面出现的高度差，压强越大，液面的高度差也越大。②将水倒入烧杯中，将压强计的金属盒放入水中，观察U形管两边液面是否出现高度差，报据观察判断水的内部是否存在压强。③改变橡皮膜所对方向，再观察U形管两边的液面，根据观察判断水是否向各个方向都有压强，其大小有什么关系。④保持金属盒所在的深度不变，使橡皮膜朝上、朝下、朝各个侧面，比较同一深度，水向各个方向的压强有什么关系。⑤将金属

初中那些事儿

谁的青春期不冲动，带着憧憬过初中。

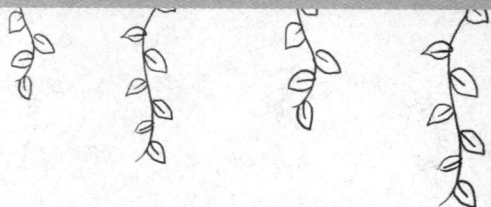

盒放入不同深度，水的压强随深度增加怎样改变。⑥观察在同一深度清水的压强和盐水的压强是否相同。

（3）观察时要思考。如在引入"牛顿第一运动定律"前做有关演示时，当观察了同一高度处的小车从斜面上分别经过毛巾、棉布、木板表面时运动的距离越来越大后，要认真思考：小车在不同的水平面上运动的距离大小跟什么有关？当小车在水平面上运动时受摩擦力很小时，运动的距离很大吗？当小车在光滑的平面上（无阻力）运动时，运动的距离将有多远？经过观察、思考、推理后，加深对定律的理解。

4. 实验是学好物理的重要途径

提高实验技能。实验是研究物理的基本方法，它对激发学习物理的兴趣，培养观察分析能力，提高实验技能，起着非常重要的作用。实验应包括演示实验、学生实验、边学边实验和小实验。演示实验起着潜移默化的示范作用，通过演示实验可以通过分析物理现象，获得丰富的感性认识，从而更好地理解、掌握物理概念和规律。在学生实验中，要接触实验器材，了解实验目的和原理，严格按使用规则和程序亲自操作，做必要的记录，根据实验内容得出结论，做到手、眼、脑并用。通过实验，自己去"发现"规律，学到探索物理知识的方法。

第四方面：
非智力因素对物理学习也有影响

1. 抓紧时间，抓住时机

时间是宝贵的，没有了时间就什么也来不及做了，所以要注意充分利用时间，而利用时间是一门非常高超的艺术。比方说，可以利用"回忆"的学习方法以节省时间，睡觉前、等车时、走在路上等这些时间，我们可以把当天讲的课一节一节地回忆，这样重复地再学一次，能达到强化的目的。物理题有的比较难，有的题可能是在散步时想到它的解法的。学习物理的人脑子里会经常有几道做不出来的题贮存着，念念不忘，不知何时会有所突破，找到问题的答案。

2. 要独立做题

首先要独立地（指不依赖他人），保质保量地做一些题。题目要有一定的数量，不能太少，更要有一定的质量，就是说要有一定的难度。任何人学习数理化不经过这一关是学不好的。独立解题，可能有时慢一些，有时要走弯路，有时甚至解不出来，但这些都是正常的，是任何一个初学者走向成功的必由之路。

3. 多做学习交流

要虚心向别人学习，向同学们学习，向周围的人学习，看人家是怎样学习的，经常与他们进行"学术上"的交流，互教互学，共同提高，千万不能自以为是。也不能保守，有了好方法要告诉别人，这样别人有了好方法也会告诉你。在学习方面要有几个好朋友。

4. 保存、利用好学习资料

学习资料要保存好，做好分类工作，还要做好记号。学习资料的分类包括练习题、试卷、实验报告等。做记号是指，比方说对练习题，一般题不做记号，好题、有价值的题、易错的题，分别做不同的记号，以备今后阅读，做记号可以节省不少时间。

另外，物理的计算要依靠数学，对学物理来说数学太重要了。没有数学这个计算工具，物理学是寸步难行的。大学里物理系的数学课与物理课是并重的。要学好数学，利用好数学这个强有力的工具。

厌倦，就是一个人吃完盘子里的食物后对盘子的感情。

亲爱的同学们，我们将要学一门新的基础自然科学——化学。

化学老师对你说

□ 程少山

一、为什么要学化学

1. 化学就在我们身边

化学是一门自然科学，化学对工农业生产、国防和科学技术现代化具有重要的作用，人们的衣、食、住、行样样离不开化学。在穿衣方面，化学纤维不仅满足人们对衣着多样化的需求，而且为登山、潜水、极地探险、航天等特殊环境的需求提供了有力的保障。粮食生产的贡献，面对全球人口增长、人均耕地面积下降的现状，化学肥料和化学农药的发明、生产和应用，保证了粮食产量持续增长，化学将致力于对光合作用的探索和模拟，为粮食生产的工业化做出更大贡献。药物的研制同样离不开化学，青霉素在问世之初即拯救了成千上万"二战"将士的生命。化学的发展，使一些曾被视为顽症的疾病，如天花、结核、疟疾等都有了特效的专用药。当前，用于攻克世界难题如癌症、艾滋病等的新药正在不断涌现。

2. 消除污染，保护环境

随着环境问题的日益严重，人们开始认识到应该大力发展绿色化学。绿色化学强调从源头上减少和消除工业生产对环境的污染，提高资源和能源的利用率，减少废弃物排放量，改善环境质量。同学们，我们只有努力学好化学知识，才能充分掌握化学的"习性"，用它为人类造福，让天空更加湛蓝，空气更加洁净，湖水更加清澈，让生活更加美好！

3. 化学是科学教育的重要部分

化学是中学阶段的一门必修课，它是古往今来无数中外化学家的化学科学研究和实践的成就，它编入了一些化学基本概念、基础理论、元素化合物知识、化学反应的基本类型、无机物的分类及相互间的关系等知识；它充满了唯物辩证法原理和内容，它介绍了许多科学家的优秀品质和他们对事业实事求是的科学态度、严谨的学风。

4. 化学发展史的教育意义

古代化学时期的炼丹术和炼金术、陶瓷、玻璃、酿造、染色、造纸、炼铜、炼铁、火药等活动，形成零散的化学知识；从 17 世纪到 19 世纪末，涌现出波义耳、道尔顿、阿伏伽德罗、舍勒、拉瓦锡、门捷列夫等优秀的科学家，学习他们严谨的科学精神，宝贵的实事求是的态度。从分子、原子微粒的角度来认识物质，化学

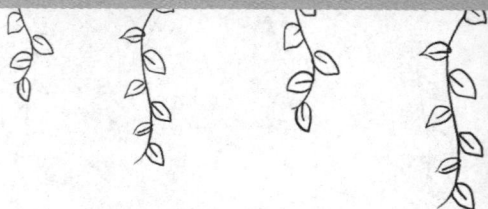

才成为一门学科，至今，化学已经发展出无机化学、有机化学、分析化学、材料化学、高分子化学、环境化学等分支学科。从开始用火的原始社会，到广泛应用各种人造物质的现代社会，人类都在享用化学成果。因此，化学是"一门中心的、实用的和创造性的科学"。

二、化学是什么

1. 化学研究的对象

化学研究的对象是物质。整个世界都是物质的，那么，化学研究的就是整个世界。自然科学中的物理，核心词是"物体"；生物，核心词是"生命体"；化学的核心词是"物质"，既注重物体外部的规律，又注重生命体活性的本能，既关注宏观表征的，又关注微观本质的。化学的基本特点是在分子水平上研究物质的结构、组成、性质和变化。强调了"在分子水平上"，这是化学不同于物理学、生命科学和地理学的基本特点。正是这个特点使化学处于所有自然科学的中心地位。

2. 化学的核心理论

化学核心理论体现在认识物质的最基本的观念，它们是：

（1）元素观

世界是物质的，物质由一百多种元素组成，通常我们看到的千变万化只是化学元素的重新排列组合，在化学变化中，元素种类不变，元素质量守恒。

（2）微粒观

物质都是由肉眼看不见的、客观存在的分子、原子、离子等基本微粒构成的；微粒本身是质量体积都很小的、有能量的，彼此间有间隔的，在永不停息地运动；微粒间存在着相互作用，物质的变化是微粒间相互作用的结果。

（3）分类观

分类是一种科学的思维方法，是人们认识事物的一种重要手段。分类所依据的标准不同，分类的结果就不一样，通过分类观，可以更好地认识同类物质的本质，可以从多个角度，比如元素组成、微粒构成、微粒间作用、物质性质等进行分类，深入认识化学物质及化学反应。

另外，初中化学还涉及守恒观、能量观、实验观、转化观等，不再赘述。

3. 化学的研究领域

化学学习的三大领域包括：（1）可观察现象的宏观世界；（2）分子、原子和离子微粒构成的微观世界；（3）化学式、化学方程式和各种符号构成的符号世界。

4. 化学的思维方法

从宏观与微观两个角度认识物质及其运动的特殊视角是化学不同于其他科学最特别的思维方式。建立对微观世界的想象力是化学学习不同于其他课程的特点，也是其他课程不能代替的。微观决定了宏观物质的性质，宏观物质的性质归咎于微观结构。

5. 化学的学科特色

化学最突出的特色是学科实验。化学学科有自己的一套科学语言，元素符号、离子符号、化合价符号；化学式、化学方程式；原子结构示意图、离子结构示意图等。针对大量宏观事实，微观理论相对应形成，且可使用特定的概念和原理。另外，化学科学与社会联系比较密切，从生活到化学，从化学到生活。

三、化学学什么

初中化学内容包括5个一级主题，每个一

　没有不可治愈的伤痛，没有不能结束的沉沦，所有失去的，会以另一种方式归来。

级主题由若干个二级主题（单元或章节）构成。任意一个主题都不是孤立的，每个主题与其他主题相互渗透，相辅相成，交叉成体，相互支撑，通过交替的、对宏微观认识，呈现出螺旋式上升的初中化学知识体系。

1.身边的化学物质

身边的物质包括空气、氧气、水、碳、二氧化碳、溶液、金属、酸碱盐等，从最熟悉的水、空气、氧气入手，侧重单一物质、纯净物的研究；以含有相同元素的碳及其化合物，过渡到一类

物质的研究；最终研究酸类、碱类、碳酸盐类。依据物质的元素组成进行物质分类的积累，并在积累的过程中，总结化学基本概念、原理，建立分类观，形成分类观，真正体现出物以类聚，人以群分；应用分类观，由单一物质到一类物质的研究；发展分类观，总结出结构决定性质，结构相同性质相似，最终达到举一反三，触类旁通。形成以元素为核心的分类研究的方法。

及时总结提升，形成知识网。下面以身边的化学物质——水为例，建构自己的知识体系。（1）事实性知识：水的气液固三态变化；水通电分解；氢气点燃生成水；水的净化。（2）概念性知识：水是纯净物、氧化物、化合物；水由水分子构成，水由氢氧两种元素组成；化学变化中分子可以分，原子不可以分；反应前后，元素种类质量不变，原子种类、数目、质量不变；（3）技能性知识：电解水的实验方法、现象、检验、结论；过滤、沉淀、絮凝剂、吸附、消毒、煮沸、蒸馏；区分软水、硬水；等等。（4）观念性知识：微观原子、宏观元素守恒，物质分类标准、方法，水分子通电分成原子，原子重新组成新分子，微粒观建立等。及时进行总结梳理，打破原来笔记本中的罗列式笔记，运用思维导图，或者是自制简图的方式，点、线、面、体，体会知识间的相互依存、交叉、支撑，形成自己的知识体系。

2.构成物质的奥秘

类比思维突破建立微粒观的难点。

初三化学难点有三：第一，新建的，学从未听说的知识点，教学中无从下手，凭空建立难度大，效果差。第二，模糊的，错误的，日常概念转化为科学概念。第三，微观的，抽象的，无法体验的微观概念原理，迁移思辨科学本质，

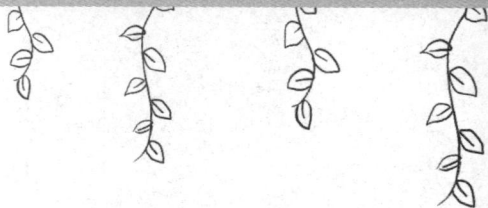

构建微观模型，形成知识体系。此时，通过生动实例或模型，形象类比本质，将所谓"神秘"科学知识转变为一个有趣的生动的过程，使学习的内容充满幽默和趣味。实例类比方法旨在形成类比思维的习惯，理性思辨后学生能做出科学规范的表述。

例如分子原子教学，"分子很小"探究活动中，特别想知道分子小的程度。"一滴水中有 16 万 7 千亿亿个水分子。"引用实例辅助想象：假如是 16 万 7 千亿亿个米粒呢？如果 10 亿人来数一滴水里的水分子，每人每分钟数 100 个，日夜不停，需要 3 万年才能数完。起到启发思维，通过实例真正认识到分子大小，惊奇有趣，带有感情地发自内心地体验分子很小（到目前为止最小的东西）。"分子在不断运动"的探究活动中，日常生活中的"香味""臭味"本质到底是什么？带有"香味""臭味"的分子运动到你的感觉器官，被你捕捉到了。酒精、汽油存放不盖瓶盖的后果。湿衣服能晾干，通风、阳光下干得快是为什么？由分子构成的物质，分子总在不停地运动。温度越高，分子运动越快。熟悉的实例帮助形成分子运动的微观事实。"微粒之间有空隙"探究活动中，让酒精和水充分混合后，观察液面的位置，发现混合后，酒精和水的总体积小于混合前的总体积，感到很疑惑。于是可以作这样的类比：满满一碗黄豆粒，加入细沙，再倒入半碗水，也不会溢出，是由于颗粒间有空隙。从而类比出构成物质的分子间有空隙。通过出操时密集队形和散开队形的变化，类比气、液、固三态变化，这样的物理变化的本质是分子不变，分子间隔改变。发生在身边的、生动有趣的实例

太阳不因照在粪堆上而暗淡。

帮助完成从熟悉到陌生，从宏观到微观，从形象思维到抽象思维的过渡。

又如"相同质量的 Na、Mg、Al 三种金属单质，含有原子个数最多的是，含有原子个数最少的是？"举例：假如玉米粒和红薯块都取1000 克，请问是玉米粒多还是红薯块多？学生的答案是肯定的："当然是玉米粒多了"。"为什么？""因为玉米每一粒的质量小，总质量又相同，所以粒数就多；而红薯块每一块的质量大，在总质量相同的情况下，块数自然就少了。"那么，我们可以把一粒或一块的质量联想成"玉米原子"或"红薯原子"的原子质量，或是相对原子质量。它们的总质量相同，则原子质量大的铝原子个数就要少些，原子质量小的钠原子个数就要多些。这道题理解了，会做了，但是，不等于类似的问题全能够解决，要引导学生分析解决问题的方法，比如这道题中微观的原子可不可以换成分子呢？原子的个数＝总质量／（相对）原子质量；分子的个数＝总质量／（相对）分子质量；推广到宏观的苹果：苹果的个数＝总质量／（平均）一个苹果的质量；苹果的筐数＝总质量／（平均）每筐苹果的质量。再提升解决类似事物关系的本质：总质量除以"单个"的质量就等于个数。

3. 科学探究

要重视化学实验。化学是一门以实验为基础的学科，实验是获取知识的重要途径。课本大多数概念和元素化合物的知识都是通过实验求得和论证的。通过实验有助于形成概念，理解和巩固化学知识。摒弃三种错误意识，只是好玩，看别人做，没成功就轻易放弃。要自己动手，亲自做实验。实验中要勤于思考、多问、多想，分析实验发生的现象，从而来提高自己

的分析问题、解决问题的能力及独立实验动手能力和创新能力。

设计实验方案是科学探究的重要组成部分，在设计实验时，重点突出两种科学方法：简单的实验设计可采用对比法，像温度越高分子运动越快，石蕊试液遇酸碱溶液变色等；复杂的、变量多的实验，像燃烧条件，金属生锈、二氧化碳和水反应、金属活动性比较等，通常采用控制变量法，实验设计更科学，结论更准确，说服力强。

设计多种实验方案，灵活运用化学知识，有些实验无现象，比如，酸碱中和反应，二氧化碳和氢氧化钠反应等，历届的学生都表现出极高的积极性，而且奇思妙想，优秀设计层出不穷，自制的装置，巧妙地应用矿泉水瓶，真有点小"科学家"的风范。亲爱的同学，你是不是已经盼望着这一时刻了呢？

4. 化学与社会发展

化学学科本来就来源于社会，形成于生活，是广大劳动人民智慧的结晶，坚持理论联系实际，运用化学知识解决生活中的实际问题，真正做到学有所用，学以致用，并在实际生活中丰富、校正、发展化学知识。只要充满信心，勤奋学习，总结掌握适合自己的行之有效的学习方法，就一定能把化学这门课学好。

四、如何学好化学

1. 稳定的兴趣

孔子曰："知之者，不如好之者；好之者，不如乐之者。"兴趣在学习过程中作用非常重要，兴趣分为直接兴趣、间接兴趣和稳定兴趣。在化学学习中，神奇的实验现象，即在意料之

谁的青春期不冲动，带着憧憬过初中。

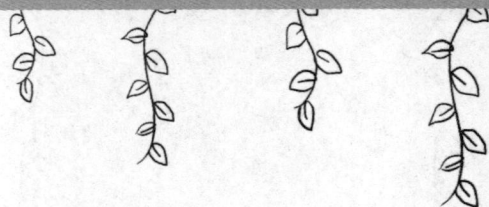

中的现象，却有意料之外的感受，盼望实验，渴望自己做实验，愿意参与、主动积极自发地形成直接兴趣。随着化学知识的深入，由宏观现象，分析微观本质，由具体物质发展到抽象的符号表达，知其然，还要知其所以然，自身信息加工能力、分析水平、思维能力发展也要随之发展，转为由学习化学的目的、任务或者是结果引起的自身变化的间接兴趣。感受直接兴趣和间接兴趣，并使之巩固、升华，形成稳定兴趣。

2. 端正的态度

化学学科知识点既多又分散，并且大量的知识需要识记。因此，我们不能把以前学数学、物理的方法照搬来学化学，而要根据学科的特点取舍、创新。要么不做，做就做好，是一种态度。成功是始终如一的坚持。失败只有一种，那就是放弃努力。

3. 良好的习惯

预习，把握一节的整体内容，形成一个初步整体印象，初步了解将要学习课程的基本内容和思路，巩固原有的相关知识和概念。同时找到教材的重点，画出自己不懂的地方，带着问题听讲，既能提高听讲效率，又使自己学习主动性加强。

听讲，在课堂上进行听课的时候，不仅要注意"听"，而且要勤于思考，学会思考，使思维处于高度活跃状态，力争从不同角度去分析和理解所学知识。只有积极思考，才能使自己真正获得知识，实现由感性到理性的飞跃。

笔记，听课的过程中，做一些笔记是必要的，要学会巧妙完整地记笔记的方法，课上一定要养成"先听后记"的习惯，将听到的内容加以思考整理，本节的基本内容记录全，重点、难点记录准，易错、易混或对自己有方记录细。

思考，独立地思考，独特的思考。瓦特看到水开了，思考出了第一台蒸汽机；牛顿看到苹果落下来了，思考出了万有引力定律。生命因思考而精彩。

作业，独立完成作业，巩固和消化所学知识即学懂会用的体现。通过做题能巩固所学的知识，加深对概念、规律的理解和深化、活化知识；能学习解题方法，发展思维，将知识转化为解决问题的能力。

4. 科学的方法

重复，自悟，反思。"书读百遍，其义自见"，是感受的过程，是"领悟"。当把读书提升到悟书的境界，才能读百遍书，有百遍的效果。否则，永远只能在表面文字中徘徊。正所谓"书读百遍，所悟各异"。

5. 参加化学课外活动

利用课余时间，积极报名参加课外化学兴趣小组活动，做一些有趣的化学实验，读化学课外读物，看科普电影、录像片，参观工厂，参加化学晚会的筹备、演出，收集整理化学谜语，出化学墙报等，这些活动都会使学生感到化学知识是那样丰富多彩，使学生对化学的学习产生浓厚的兴趣和渴求，促使学生努力学好化学。

亲爱的同学们，你将进入一个五彩斑斓的化学世界。化学将引领你在科学的海洋中畅游，享受知识带给你的乐趣。

开阔你的视野，增进你对科学、技术与社会之间相互关系的理解，还将激发你的想象力、创造力和动手实践能力，培养你对科学的热爱。

"我从来没被谁知道，所以也没被谁忘记。在别人的回忆中生活，并不是我的目的。"——顾城

一年之计在于春，一日之计在于晨。因此，做什么事都得有一个计划，然后才能有序地去执行完成。学习也是一样，要想学习好，就得有一个好的科学的学习计划，那么做学习计划要注意哪些事情呢？这里我为大家总结了几个方面，以便让你科学地制订好学习计划。

梳理问题要全面

学习计划自然要多考虑学习的具体安排，但学习毕竟只是生活的一部分内容，不可能除了课内学习以外，将课余的一切时间仍然全部安排于学习。但其他活动，无论是好的方面还是坏的方面，都会给学习造成影响。因此，在制订学习计划时，必须将学习与其他各项活动统筹安排，除了学习、吃饭和睡觉等内容不可或缺外，应该把娱乐和锻炼也考虑在内，另外也别忘了给自己留一点儿与朋友和家人聊天的时间。总之，要使一天的活动富有变化，各有固定的时间和步骤。过一种健康、有规律的生活，这是有效学习的基础。

计划要从实际出发，不可夸大

计划反映的目标是理想，是一种可能性，其出发点应当是自己的实际情况。制订计划就是要解决当前的实际与未来理想之间的矛盾，将可能转化为现实。因此，计划既不能高于现实，又不能高不可攀。不少同学在制订计划时劲头很足，但往往忽略了自己的实际情况，结果实行起来感到困难重重，甚至因要求过高而无法实施，使计划成为一纸空文。

计划要有重点性

制订计划要突出重点，不要平均使用力量。学习时间是有限的，但学习内容却是无限的，所以学习必须有重点。

计划要有灵活性

计划安排一般要具体明确地要求和量化指标，以便于执行和检查；同时也不能过于呆板，以防没有任何灵活变通。一方面要紧凑，不浪费时间；另一方面不能好高骛远，排得过满、过紧，而要留有余地，排出机动时间，保持一定的弹性和保险系数，以便于应付突发情况。

不过，虽说计划要有灵活性，但原则上必须采取不能变的态度。因为要想养成习惯，原则上就不能有例外的事情。如果总有例外，那是不可能养成习惯的。正确的态度是：先定出不超过实际的计划，计划一旦订立，就尽量不变更。

计划要有科学性

脑体结合，文理交替，这是学习内容在计划安排上的一个基本准则。"心之官则思"，思维要靠大脑，学习是个艰苦的过程。要使大脑神经细胞正常工作，就必须保证脑细胞的新陈代谢。所以在安排计划时，不要长时间地从事单

如何制订合理的学习计划

□王启健

初中那些事儿

谁的青春期不冲动，带着憧憬过初中。

衡量生活质量的两个标准，一个是和家人相处的时间，另一个是和自然相处的时间。

初中那些事儿

谁的青春期不冲动，带着憧憬过初中。

一的活动，而应该像学校的课程安排一样，学习一段时间后应适当休息；比较长时间学习以后，应当去锻炼或娱乐一会儿，然后回来学习。计划中对学习科目的安排，要注意文理科交替，相近的学习内容不要集中在一起学习。同时，要掌握自己的生物节律。计划中的学习和娱乐活动时间，应根据自己一天的智力活动节律合理地设计与安排。只有这样，才能大大提高计划学习的效率。

计划要有层次性

长计划是明确学习目标，有个大致的安排；短安排则是具体的行动计划。科学研究表明：将目标和任务明细化，有利于目标的实现和任务的完成。这就是长计划要和短安排相结合的原因。

不同的科目要有不同的计划，不能统一实行。

各门学科都具有自身的特点、规律，只有根据自身的情况"因科制宜"，制订不同学科的学习计划，才能各个击破。有些同学面对众多学科了无头绪，碰碰这科，又摸摸那科，分不清主次轻重，更不会根据自己各学科的强弱情况来及时调整学习计划，从而使学习陷入无效和无序状态。

到了6月份，似乎时间变得怎么都不够用，连空气里都涌动着摸不着的紧张，原因无他——考试来啦！你有没有这样的感觉，临近考试，有些科目让你信心满满，有些科目却让你心有余悸——没办法，偏科啊。你知道为什么会偏科吗？怎样才能解决这个问题呢？看看我们有着二十多年教学经验的老师如何给你支招。

别不把偏科当回事儿

当这一学期课程全部结束，开始复习的时候，赵沈翔老师就发现自己班上有几位同学有个怪习惯——似乎他们一直在做某几个学科的练习题，而这个恰恰是他们所擅长的，对于平时有些薄弱的学科，似乎从来不加理会，就拿班上的体育委员金波同学来说，他数学和英语特别出色，只要一到自习课，他都在做这方面的习题，而对于他不太擅长的语文尤其是古文，一如既往地被忽视。对于这种情况，赵老师指出这就是"人为"偏科。

之前很多家长都认为，偏科多半发生在成绩一般甚至稍差的同学身上，但他指出，其实很多看似总成绩在中游的学生，往往就是因为一门或几门科目"瘸腿"严重，让自己

优势学科打下的"基础"荡然无存。

偏科的危害可不仅仅只体现在分数上，赵老师指出，知识是一个整体，只有各科均衡发展才能表现出学生应有的学习能力，而中学阶段又是基础教育，只有学好各门功课，才能适应将来升学和就业的需要。"抛开中高考来说，过分偏科尤其是某些科目薄弱都会对同学们今后适应社会、融入

偏科，

伤不起

□ 赵维莉

给自己的嘴巴安上一把锁，不要试图讲出全部的想法。培养低调和富有感染力的言谈。说话的方式比内容更为重要。

工作有影响,现在是一个全科时代,不管做什么工作,都需要多方面的知识,没有丰富的科学知识,就不能适应工作的需要。"

学习兴趣是偏科主因

那么同学们为什么会偏科呢?赵老师总结说,学习兴趣与学习基础是主要原因之一,"就像我之前提到的金波同学,他的数学和英语基础不错,对新知识也比较容易掌握,所以他就喜欢学;而对语文来说,可能基础相对薄弱,学起来他觉得吃力,当然就越学越觉得没劲,甚至对这个科目也没有信心,久而久之就造成了偏科。"

而同学们的学习兴趣往往有时和任课老师也有很大的关系,如果老师的教学方法生动形象,受学生的欢迎,同学们对这类课程就有兴趣、愿意学。相反,学生就可能采取应付的态度。这样的偏科,可以称之为被动偏科,往往同学们因为不喜欢任课老师使得自己某科目基础薄弱,时间长了,被动就变主动了。

当然同学们的偏科有时还存在"势利眼"的现象,就是说对于将来中高考中占主要地位的科目,认真学,其他的科目就"随心所欲"了,比如说理科生会不重视历史、政治,

文科生对物理、化学嗤之以鼻,这样的做法体现出同学们的目光短浅。"实际上,所有科目之间相辅相成,知识之间也是相通的,同学们可以看看那些大家、大师们的研究,往往都是融会多科目的。"赵老师总结说。

尽早纠正是关键

认识到偏科对今后学习乃至工作的影响,也了解了为什么我们会偏科,接下来咱们就得说说如何要在已经走偏的路上"走回来"。对此,赵老师也一再强调,当同学们发现在自己出现偏科现象时一定要尽早进行自我纠正,不要等到越来越偏时再下手那就晚了。

首先,偏科最早是出现在同学们的学习态度发生转变的时候,"有时候有的学科可能会突然变难,容易让同学产生畏学态度,这时同学们就需要警惕了,不要因为一时的小困难就轻易放弃,要及时提醒自己,把偏科'扼杀'在萌芽时期。"赵老师指出,家长也要多多关注孩子的学习情绪,发现某一时期孩子突然对某学科失去兴趣时,就要及时做好他们的情绪疏导。

其次,有时候同学们会偏科,对某些科目不重视是受

了外界的影响,先入为主地认为某科目"无用"。赵老师指出这是因为有时候我们并没有真正了解所学科目,"要知道学校开设的各种课程,都是有目的、有意义的,都是为了同学们将来更好发展所必要的基础科目,所以同学们发现自己无法领会某学科时,不妨多与任课老师多加交流,树立自己的信心,借此来端正自己的学习态度。"

再次,当同学们在所有科目都很平均,其中某一科目特别突出时,同学们也不要得意,不妨把学好这门科目的学习经验应用到其他科目上去,你会发现自己的成绩会提高一大截。

最后,赵老师要告诫各位同学,学好各门功课,不仅是为了掌握多学科知识,更重要的是培养自己的综合应用能力,开发智力。中学生的大脑和神经系统接近成熟、完善,是能力发展的关键时期,而这一时期的各门功课都有它自身的系统性和逻辑体系,并体现出特定的思维方式。不同的学科在培养能力和开发智力中,从不同的角度起作用。缺少了任何课程的学习,都不能形成完整的知识结构,都会影响我们将来在学业和事业上的发展。所以,偏科问题一定要得到足够的重视。

初中那些事儿

谁的青春期不冲动,带着憧憬过初中。

初中那些事儿

谁的青春期不冲动，带着憧憬过初中。

偏科的几种表现及处理方法

对于假性或暂时性的偏科，第一种表现是一科突出，其他平平。对这种情况，通过优势科目，树立信心，告诉自己有学习好其他科目的能力，进而逐渐提高对其他科目的兴趣，并逐渐加大对其他科目的学习投入。

第二种表现是文科或理科突出，另一方面较弱。这就要针对较弱的科目加强学习方法和学习兴趣的研究。对于文科，首先从语文入手，给自己安排一些阅读时间，培养对语文的兴趣，进而喜欢写作。读得多了，知识面就宽，写作时才有话可说。对于数学不好的学生要把补充基础作为重点，牢牢掌握基础知识，在确保自己对简单的题目完全掌握后，逐步提高难度。

第三种表现是一科较弱，其他都较强。这相对容易解决。要注意不能盲目对自己的弱势学科进行补习，特别是大班的补习，针对性不强，可能效果并不佳。重要的是对于弱势学科，养成良好的学习习惯，培养兴趣。可以针对这一科目制订可行的计划，不要急于求成。用一年的时间逐步提高。

另外，对已偏科的初三学生，这时候的偏科，往往是顽固性的或实质性的。由于有中考的淘汰限制，优势科目再想得到更高分，难上加难，而如果能在弱势科目中，增强知识的理解，往往产生事半功倍的效果。正所谓越是落后的就越是潜力巨大的。对于弱势学科，一定要加强基础，保证自己会的题型的得分率。要加强应试能力的训练，找准考点及得分技巧。特别是对弱势科目的最薄弱环节的突破，往往带来单科成绩的突飞猛进，进而提高整体成绩。

发达国家不是一个穷人都有汽车的地方，而是富人坐公交车的地方。——哥伦比亚首都波哥大市市长古斯塔沃·佩特罗·厄雷哥

补课不如『补趣』

□ 杨思卓

谁的青春期不冲动，带着憧憬过初中。

爱尔兰一家爆破公司接到一个 8 岁小姑娘打来的电话，问公司能不能把她所在的学校给炸了。接线员开玩笑说当然可以。小姑娘接下来非常认真地对接线员说："你们准备炸学校的时候，可以保证所有老师都在里面吗？"接线员问小姑娘为什么。小姑娘说："没有人喜欢这些老师！他们在周五给我额外的功课，还有一堆杂七杂八的东西。"小姑娘稚嫩的声音顿时爆红网络。许多人听了那个爱尔兰小姑娘的话，就跟接线员一样，忍不住爆笑起来，觉得孩子很可爱。

但是，如果孩子 18 岁了也这样想，那就可怕了。在孩子们中间，这种情绪已经不是个别现象。一部《炸学校》的动画短片在网络上流传甚广。"太阳当空照，花儿对我笑，小鸟说早早早，你为什么背上炸药包？我去炸学校……'轰隆'一声学校炸没了！"短片迅速走红，"炸学校"的儿歌竟然成了不少同学的"心声"。你是不是要反思一下，自己为什么会有这么可怕的想法？为什么不喜欢学校？

或许从这位爱尔兰小姑娘的话中可以找到答案——"额外的功课""一堆杂七杂八的东西"，看来同学们不喜欢的，是学校、家长强加于你们的那些学习内容。

没有人天生厌恶学习。学习是生命延续的天然动力，相信每位同学都有这样的动力。在美国，有一个孩子爱丽丝，刚满 4 岁，父亲就把她送到一个朋友那学游泳，那是一位著名的游泳教练，教出过很多优秀的游泳运动员。可是，过了几天，那位游泳教练却告诉父亲，说是孩子有恐水症，一把她放到水里她就拼命地哭闹，不肯游水，恐怕一生都无法学会游泳。父亲一听，只好算了。父亲把孩子送到幼儿园去了，一天，他提早了半个小时去接孩子，老师说她还在和小朋友做游戏。父亲惊奇地发现，孩子"扑通"一声跳进游泳池，和其他小朋友一起在水里游了起来，还变换了两种不同的姿势！父亲感到非常惊讶。孩子是怎么做到的？原来，班上有一个小家伙会游泳，每次在水里游得相当开心，其他的小孩子看了觉得很有趣，也都跟着模仿起来，几天时间，就全都学会了游泳。看吧，连游泳教练都教不了的孩子，自己却学会了游泳，这就是学习的魔力。

世人总是为三样东西烦恼：曾拥有的，如今挺胸凸肚的，以及想要拥有的。

初中那些事儿

谁的青春期不冲动，带着憧憬过初中。

同学们，你们有没有过这样的经历，在自己厌烦学习的时候，家长心里就着急，妈妈帮你补一补，爸爸给你灌一灌。自己灌不了就请人灌，报这个培训班，报那个补课班，课余时间就变成了"不是在补课，就是在补课的路上"。其实研究一下那些主动自发学习的同学，就不难发现还有另外的捷径，那就是"书山有路趣为径，学海无涯乐作舟"。补课真的不如补趣。不是反对补习，而是让你记住先后顺序。

好奇第一，奖赏第二。有一部美国电影，说是有一本书，情节引人入胜，悬念丛生，人们读到后面，发现结局部分给撕掉了，正好奇到底结局怎么样了，这个时候，魔鬼就出现了，他说，那个结局就在我手里，你要是想看，需要付出代价，就是要拿你的灵魂来交换。这个代价够大的，人们愿意吗？结果80%的人愿意用自己的灵魂来换取那个诱人的结局。这就是人类的好奇心啊。有心理学家曾经对3000名小学生进行了一项"学习的理由"的调查，结果发现学习成绩中低水平的学生，他们的理由绝大多数都是外在动机，比如父母的夸奖、好成绩会有好奖赏……而那些学习成绩优秀的孩子，他们的理由多是"我喜欢学习""我对学习好奇心很强"……

现在就跳动一下你的好奇心吧。你也许知道，美国最先进的火星探测器于2011年10月飞上太空。可是你知道它为什么叫作"好奇"号吗？你知道这个名字出自一位12岁的华裔小女生马天琪吗？5年前她随父母移民到美国，2009年6月，美国太空总署为火星探测器命名举办了作文比赛，马天琪就在这场比赛中赢得了冠军。在作文中，她讲述了命名探测器为"好奇"的理由：

"好奇心是人类永不熄灭的火焰，它燃烧着每一个人的心，让我早上爬起来，想象着新的一天将会有什么样的惊喜降临到我的生活。好奇心具有如此大的力量，以至于没有它，就不可能有今天的我们。当我还小的时候，曾好奇地问自己，为什么天是蓝的？为什么星星会眨眼睛？为什么会有我？又怎样活到现在？……好奇心让我们每一天充满热情，让我们成为科学家和探索者，带着自己的渴求探索周围的世界。"

言语不多，却深深地打动了太空总署的科学家，最后马天琪的中英文签名都书写在了"好奇"号探测器上。

对同学们来说，读书生涯是一场10年的马拉松，不唤醒学习的好奇心，就跟不唤醒奔跑的快感一样，仅仅靠毅

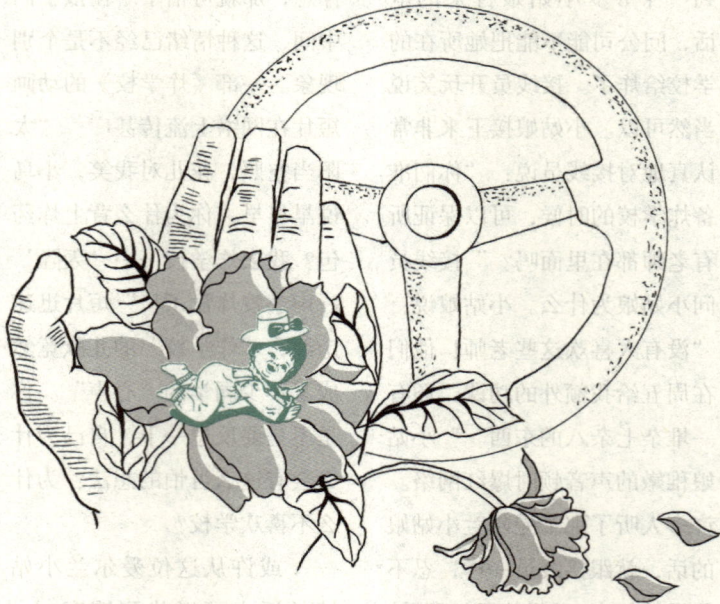

一根链条，最脆弱的一环决定其强度；一只木桶，最短的一片决定其容量；一个人，性格最差的一面决定其发展。

力来跑完这么漫长的里程，不仅是对正处在青春期的你，就是对成人来说也是苛求。志向、毅力加好奇心，将会成为三驾马车。志向解决方向性问题、毅力解决稳定性问题、好奇解决趣味性问题，有了好奇心，学习就会变成一件乐事。

曾经有位老师，她不是教小提琴教得最好的，或者说，在所有小提琴老师里面，她的水平还算中下的。但是，她教出来的学生成绩都特别好。这就跟很多的家长朋友文化水平并不高，但是教出来的孩子特别地爱学习是一样的，为什么会是这样呢？

我们发现，别人教小提琴是这样：同学，你过来，这弓法，这指法，我来教你，来拉3（咪）、7（唏），拉4（发）、5（嗦），每天要拉一百遍。所以，小孩子拉来拉去，说，我特别讨厌小提琴，一见到小提琴就恶心。为什么会这样？没了乐趣。这位老师是怎样教的？小孩子来的时候，她告诉小孩子，你就站在旁边看，不许碰小提琴。可小孩子哪能那么老实，一会儿就拿起小提琴来捅弓。放下，观摩别人是怎么拉的。老师禁止了。来了好几天了，老师都不让拉，所以

孩子憋得慌，兴趣就高，说，老师，让我们拉一拉吧？老师说，行吧，就15分钟。15分钟到了，孩子正在兴头上，老师又不让拉了。而且，其他的老师告诉孩子，回家一定要做作业，要练习。这个老师不同，她告诉孩子们，晚上回家不要做作业，你只要躺在床上的时候想象拉小提琴就好了。你能听到那个声音，你能看到拉小提琴的自己就行了。

第二天，老师叫几个人一起拉，发现有一个小孩子拉得特别好，说，你拉得特别好，是不是昨晚回家偷着自己练了？这个孩子本来就是自己回去偷着练的，但是，老师说不让回去练，他就说，我没练。老师又问，你真没练？真的没练。真的没练那你就是天才啊，

拉得这么好！孩子可高兴了，我是天才了。于是怎么样？所有的孩子回家都偷着练，自己偷着练比叫他回去练更有效。结果，这个班的小孩子学习兴趣特别高，考级质量也特别高。

你为什么不喜欢做功课？因为做功课本身就是一项工作，当你把作业当成了工作，乐趣就没了。道理就是这样，别人逼你用功，用功就是惩罚，自己执意要学，学习就是乐趣。乐趣的增长要大于知识的增长。大到多少为宜？据统计，做企业辅导的经验值是100比80，乐趣增长100，知识增长80，始终把握这样一个度，叫作学习兴趣的增长超过学习成绩的增长，学习者才会快乐，这个老师教小提琴的方法很值得同学们认真去体会。🌰

真情和假意，只要学着把它看成香槟里飘飞的小气泡，也就不必太认真。伤感过去，会微笑宽容。毕竟，太甜的东西，都不可能是货真价实的。——张小娴

感觉学习不在状态

找准『病因』是关键

□ 若 非

当你觉得你的生活充满惰性，学习充满困难，并因此感到苦恼的时候，不妨了解一下你的大脑是怎么想的，试试用"普瑞马法则"来处理问题。

什么是普瑞马法则

在一般的学习和生活中，我们都可能有这样的经验，就是本来你有很好的计划去做某件事情，但过了好久你发现还是没有做；或者觉得有力气使不出来；或者总觉得生活是灰色和抑郁的；等等。这类情况反映在生活中，就是生活好像总是被一种惰性缠绕，你明明知道这样是不好的，但又不知道从何处入手来改变。

以心理学操作性反射的原则为基础，对于人类的行为方式进行观察后，心理学家提出这样一种改进方式，以纠正惰性生活方式，从而带来整个良性改变。这就是普瑞马法则。

你如果有兴趣坚持尝试以下方式，你会发现你整个人会很不同了，如果能继续坚持，那惰性生活方式就会永远不敢再接近你，而你将收获到意想不到的结果和成绩。

首先，用一天到两天时间给自己做一个行为记录，把你每天要做的事情记下来，包括记录你所有的生活活动。这样，即使粗粗地记，也会有几十件。然后把其中一些吃饭穿衣等必须完成的事情剔除。此后，你把剩余下来的几十件事情按照你的兴趣排列，把你最不喜欢做的事情放在第一位，把你最喜欢做的事情放在最后一位。

然后，你就可以在以后的一周时间里行动了。每天早晨起来，从你最不喜欢的事情开始做起，并且坚持做完第一件事情，再做第二件事情……一直做到最后一件你喜欢的事情。在整个过程中，你开始会稍觉得困难，但你只要花很少的力气稍稍坚持，你就能顺利进行下去。

这种方式是一种强化作用的方式——先处理困难的事情，再处理不那么困难的事情，那是一种对于前面行动的强化，然后继续，强化的效果会越来越大，一直大到你觉得你有力量来完成任何事情。

认识大脑的工作规律

当你学习有惰性，学不进去的时候，不妨看看大脑是怎么想的。

1.大脑喜欢色彩。平时使用高质量的有色笔或使用有色纸，颜色能帮助记忆。

2. 大脑集中精力最多只有 25 分钟。所以学习 20 到 30 分钟后就应该休息 10 分钟，效果会更好。

3. 大脑需要休息，才能学得快，记得牢。如果你感到很累，先拿出 20 分钟小睡一会儿再继续学习。

4. 大脑像发动机，它需要燃料。你必须给它补充"优质燃料"。垃圾食品、劣质食品、不仅损害身体，还削弱智力。

5. 大脑是一个电气化学活动的海洋。电和化学物质在水里能更好地流动，如果你脱水，就无法集中精力。专家建议，日常生活要多喝水，保持身体必需的水分，可以交换着喝矿泉水、果汁和咖啡等。

6. 大脑喜欢问题。当你在学习或读书过程中提出问题的时候，大脑会自动搜索答案，从而提高你的学习效率。从这个角度说，一个好的问题胜过一个答案。

7. 大脑和身体有它们各自的节奏周期。一天中大脑思维最敏捷的时间有几段，如果你能在大脑功能最活跃的时候学习，就能节省很多时间，会取得很好的学习效果。

8. 大脑和身体经常交流。

如果身体很懒散，大脑就会认为你正在做的事情一点儿都不重要，大脑也就不会重视你所做的事情。所以，在学习的时候，你应该端坐、身体稍微前倾，让大脑保持警觉。

9. 气味影响大脑。香料对保持头脑清醒有一定功效。薄荷、柠檬和桂皮都值得一试。

10. 大脑需要氧气。经常到户外走走，运动身体，保持大脑清醒。

11. 大脑需要空间。尽量在一个宽敞的地方学习，这对你的大脑有好处。

12. 大脑喜欢整洁的空间。最近的研究显示，在一个整洁、有条有理的家庭长大的孩子在学业上的表现更好。因为接受了外部环境的训练安排后，大脑学会了组织内部知道的技巧，你的记忆力会更好。

13. 压力影响记忆。当你受到压力时，体内就会产生皮质醇，它会杀死海马状突起里的脑细胞，而这种大脑侧面脑室壁上的隆起物在处理长期和短期记忆上起主要作用。

14. 大脑并不知道你不能做哪些事情，所以需要你告诉它。用自言自语的方式对大脑说话，但是不要提供消极信息，用积极的话代替它。

15. 大脑如同肌肉。无论

在哪个年龄段，大脑都是可以训练和加强的。不要整天待在家里无所事事，这只能使大脑老化的速度加快。

16. 大脑需要重复。每一次回顾记忆间隔的时间越短，记忆的效果越好，因为多次看同一事物能加深印象，但只看一次却往往容易忘记。

17. 大脑的理解速度比你的阅读速度快。用铅笔或手指辅助阅读吗？不，用眼睛。使用这种方法的时候，需要你的眼睛更快地移动。

18. 大脑需要运动，站着学习办公效率更高。

19. 大脑会归类，也会联系。如果你正在学习某种东西，不妨问问自己：它让我想起了什么？这样做能帮助你记忆，因为大脑能把你以前知道的知识和新知识联系起来。

20. 大脑喜欢开玩笑。开心和学习效率成正比，心情越好，学到的知识就越多，所以，让自己快乐起来吧！

以上的科学论断表明，我们的大脑是存在巨大的开放潜能的，而且我们自己也能够很容易做到。因此，当你感到自己学习没有动力或者力不从心的时候，我们要做的就是给自己施加压力，并且有计划地激发大脑的潜能。🖐

初中那些事儿

谁的青春期不冲动，带着憧憬过初中。

初中那些事儿

谁的青春期不冲动，带着憧憬过初中。

"尖子生"是这样炼成的 □章剑和

大家都想成为尖子生，但实际情况常常是，大部分同学学习中上游，说好不好，说差不差，拔不了尖，看着班里的尖子生，只能投以羡慕的眼光。

尖子生的共性

其实绝大多数同学的智商差别不大，为什么有的同学成绩突出，而有的表现平平？教育学家把其归咎为非智力因素的差异，也就是常说的生活、学习环境、学习习惯和方法等因素的差异。仔细观察，尖子生大多具有以下几个共同特点：

强烈的学习动机。真正的尖子生，不是被家长或老师逼出来的，而是自己对未来有

目标、有志向、有自主学习的动力。另外，对所学知识和探索未知世界有着浓厚的兴趣。如果没有这些作为基础，就会演变成为学习而学习或者为父母而学习。

坚强的意志。苏轼曾说："古之成大事者，不唯有超世之才，亦有坚忍不拔之志。"意志坚强的学生不逃避问题，不回避困难。他们能够不断地对自己进行积极的心理暗示，提升信心。正确对待外界压力，变压力为动力。

专心致志。专注于你所要做的事情是成功的第一大要素。尤其是青少年，只有善于克制自己，把精力投入到学习中，完成自己的职责，才有成

功的希望。18世纪最伟大的德国数学家高斯，从小学习刻苦。白天在学校，除上课专心听讲之外，他还尽量利用课外时间钻研数学，阅读了很多大数学家的著作。晚上，为了节省灯油，父亲要求小高斯天一黑就上床睡觉，但高斯太喜欢读书，他把一个大萝卜挖去心，塞进一块油脂，插上一根灯芯，做成一盏小油灯。他一个人躲在顶楼，就着微弱的灯光，专心致志地看书学习，直到深夜才睡。

习惯决定成败

成与败，就是好习惯与坏习惯在后面作坚强的支撑。尖子生们的好习惯成就了他们

一个孩子的错误有时比他的优点更加可爱；一个成人的爱好有时比他的专业更出成绩。

的好成绩。

学玩并举，先学后玩。学习和玩要对同学们来讲缺一不可，但是学生应该习惯把学习放在玩的前面，学时心无旁骛，玩时酣畅淋漓。

随处学习，见缝插针。时间对每一个人都是公平的，开发"边角余料"的零碎时间特别关键。每天在洗漱整理的时间听英语，路上听新闻、背单词、记公式，这就是尖子生比别人时间多的原因。别小看这些零碎时间，日积月累就很可观。有个精明的大学生很善于利用零碎时间。他读大一就开始背英文字典，在食堂排队打饭、上厕所、坐公车等，坚持每天背几十个英文单词。到大四时，他懂得的单词比同班同学多好几倍。他参加托福考试（美国英语能力考试），竟以645分的高分被美国哈佛大学录取。

讲究计划，井井有条。长远计划、学期计划、周计划、日计划，实施起来有条不紊。学习用具分类摆放，书桌上、书包里井井有条，这些看似不起眼的小事，恰恰是成为尖子生的秘诀之一。

作业规范。这体现的是一种认真、冷静、严谨的态度，更可以激发学习潜能。

喜爱阅读。博览群书，边读边想，边想边问。

合理安排，专时专用。在正确的时候做正确的事。课堂上听讲记笔记，绝不想课外的内容；做作业时专心致志，不想动画片情节；玩时完全放松，不必顾虑还有任务没有完成。只要合理利用时间，效果自然不错。

习惯性的反思。《礼记》云："知不足，然后能自反也。"学习上的反思贯穿于听课、做作业、考试等各个阶段。想想老师为什么着重讲这个内容，想想题目考的是什么内容，想想没做对的题错在哪里……通过这样的反思，达到举一反三的效果。一位以686分的成绩考入清华大学自动化系的同学，在介绍学习经验时说："有人说数学成绩好的人聪明，这不尽然。数学学习上的聪明是长期积累的结果。如果平时基础知识掌握牢固，勤做习题，同时又对各类题目做过总结，特别对犯的错误认真反思，那做题时又对又快，聪明也就成了一种自然。"

学习独立自主。尖子生们一般享有更多的自主时间，他们不喜欢等、靠、喂，更倾向于独立思考、自主学习。课堂之外涉猎其他领域，开发智能、激发想象、整合知识，使大脑中的感性知识和理性知识对应和谐，统一灵活，达到举一反三、触类旁通、融会贯通的境界。

富有创造性。尖子生们勤于动脑，对学习过程中的各种问题不满足于知其一，喜欢从与问题相关的各个方面去积极思考，寻根究底。对解答各种学习问题不仅满足于"会"，而且追求"熟"和"巧"，喜欢用新颖的或者异常的方法解答问题。🌰

初中那些事儿

谁的青春期不冲动，带着憧憬过初中。

初中那些事儿

谁的青春期不冲动，带着憧憬过初中。

"圆桌教学法"
的秘密

□周一妍

埃克塞特学院是Facebook创办人扎克伯格的高中母校。

出生在纽约一个犹太人家庭的马克·扎克伯格在纽约读完一年高中后，转学到菲利普斯埃克塞特学院。他在一张椭圆形木桌上，跟其他11名学生阅读艰涩难懂的长诗《埃涅伊德》。"世界无所边界，伟大没有尽头。"老师不发一言，他已领悟到这是特洛伊勇士埃涅阿斯对建立自己城邦帝国的欲望和追寻。

据《纽约时报》报道，埃克塞特每年平均在每个学生身上花费约64000美元，而2010全年学费约为40000美元，家庭年收入75000美元以下的学生免学费和生活费，学费收入仅够学校全年开支的30%。出手如此阔绰，是因为有高达近10亿美元的校友捐款做后盾。根据2012年的统计数据，学校拥有总计9.69亿美元校友捐款，名列美国私立高中之首。

"圆桌教学法"的诞生

走在埃克塞特校园，透过教室窄窄的玻璃窗，可以看到一张张醒目的椭圆形木桌，学生称之为"哈克尼斯圆桌"。

"哈克尼斯圆桌"得名，是因为1930年美国石油大亨爱德华·哈克尼斯决定向埃克塞特学院捐款时提出了一个附加要求：学校必须创造并实践一种变革性教学法。

深入交流后，哈克尼斯透露心愿："我脑海中的课堂是学生围坐在一张桌子前，老师与他们交流，通过一种类似开会的方式引导他们，鼓励每个学生发言，这会是教学法的真正革命。"

第一张课桌被制作成圆形，哈克尼斯并不满意，他觉得桌子中间部分大家伸手都够不着，太过浪费；于是第二张桌子被制作成类似橄榄球形状的椭圆形，哈克尼斯在偏尖的一头坐下，仍不满意，他感觉最两端的两名学生太过"孤立"，需要转头90度才能看到旁边两位同学的眼睛。"如果你不能看到和你对话的人的

真正的闲暇并不是什么也不做，而是能够自由地做自己感兴趣的事情。——萧伯纳

眼睛，这样的讨论有什么意义？"他建议将桌子设计成偏胖的椭圆形，可问题又来了，这样的桌子太大无法直接进入教室。于是，学校就请木匠现场制作，将"圆桌"固定在教室里，成为教室不可分割的一部分。

去年秋季，女孩董初琳考入埃克塞特高中。

她本身是一个很善于跟人打交道的女孩，但在"圆桌课堂"，她突然发现自己开不了口，变得有些焦虑，害怕犯错。

这样的情况持续了大约两个星期。有一天，董初琳脑海里闪过一个念头，抛开一切束缚，把想说的全部说出来。那堂课，她突然感觉真正成为"圆桌课堂"的一员。那天之后，她越说越多，"好像有一

种超越自我的感觉"。

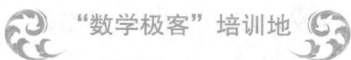

"数学极客"培训地

在埃克塞特学院的校友名录上，其中一位是 2008 年好莱坞电影《决胜 21 点》里"赌圣"原型马恺文，依靠强大的计量分析神算能力，他和同伴前往拉斯维加斯，一晚上赢走 90 多万美元，被各大赌场列入黑名单。

另一位是 2007 年考入哈佛的华裔女孩龚逸然，在埃克塞特读高中时，她参加过 5 次奥数比赛，获得 1 金 2 银的好成绩。进入哈佛大学后她选修了"MATH 55"，所有的作业、测试、考试均得满分，震惊哈佛。

在埃克塞特，记者找到了教过马恺文、龚逸然的数学

老师冯祖明。2002 年，马克·扎克伯格申请哈佛时，还特意请他写过一封推荐信。

一堂数学课上，石小渔拿到冯祖明布置的一道题，刚准备拿笔解题，却被老师连环炮式的三个问题难住了：

"你说，老师为什么要出这道题目？"

"这道题目背后意味着什么？"

"它的模型可以解决哪些实际问题？"

石小渔有些发愣，在中国，他感觉自己就像是一台解题机器，有信心攻克数学难题的堡垒，却从未想过数学难题背后意味着什么。在美国的数学课堂，他第一次感觉数学有意思，他的思维也开始活跃起来。❀

初中那些事儿

谁的青春期不冲动，带着憧憬过初中。

初中那些事儿

谁的青春期不冲动，带着憧憬过初中。

这才是赢在起跑线

□ 薛涌

青春期，有的孩子发育快一点儿，有的孩子慢一点儿，这造成了学习成绩的起伏，甚至决定了这些孩子上什么样的大学。但是我们这些年过半百的人，现在回首过去，发现当年许多争得要死要活的东西并不那么重要。最能决定一生成败的，还是青春期到大学期间打造的人格。

我十四五岁的时候，真可谓什么都不行。功课不好不说，还特别体弱多病。在上初一时，我一辈子还没有见过一个比我矮的同龄男生，后来发育了，不过也才 1.67 米。而且我过分瘦弱，大学时同学拿我开玩笑，说我戴着眼镜正好 100 斤，摘了眼镜就不到了。在那年月，这样的身材，在班上受欺负，受嘲笑。我自己一度也很自卑，觉得自己天生就不如人，怎么努力都没用。

但是，快 40 年过去了，现在的我怎么样呢？在 52 岁生日前夕，我在自己的微博上传了一段视频，身上悬挂着 20 多公斤的重量，做了 8 个引体向上。能这样负重做 8 个的，估计在中国一般高中的男生中也不多。

为什么我能做到？关键是对自己有信心，持之以恒。我就是在十四五岁的时候，决心改变自己的生活，刻苦锻炼的。因为先天条件太差，头几年几乎看不到效果。我一度绝望。我的老友、现北大社会学教授郑也夫曾开我玩笑："你怎么练也赶不上那些不练的。"不过我不服输。我对郑也夫说"肌肉是我最弱的地方。我就要看看，努力后我在自己最弱的领域能走多远。一旦发现我在最弱的地方也不输人，那么在生活和事业上我还有什么可怕的？"

快 40 年下来，其实我也没有进行什么不可思议的努力，就是坚持自律，保持健身习惯。我不管举重还是跑步，都敢挑战高中生、大学生，而且比他们大部分人的体能都好得多。我还是新英格兰第二大城市伍斯特半程马拉松的"超级大师总冠军"。有网友报告说，我的成绩（1 小时 29 分多）跟 2012 年广州马拉松半程男子专业组第 8 名差不多。

人生是场马拉松，青春期算是起跑。作为马拉松迷，我看了那么多著名的比赛，还没有一次看到起跑时领先的人最后拿了冠军的。最后拿冠军的，往往开始都特别淡定，跟在别人后面，调整自己的身体。以我的经验看，青春期最重要的就是培养自己的品性和习惯，这比具体学到什么东西还重要。

年轻人如果仅仅关心自己的成绩、升学，而忘掉了人格塑造，那么在成长上就是舍本逐末。🌾

得到爱最快的方式，是付出爱；失去爱最快的方式是把爱抓得太紧；留住爱最好的方式是给爱插上翅膀，让它飞翔。

王羲之的三堂书法课

□ 蒋勋

卫夫人，东晋女书法家。王羲之少年时曾拜在其门下，学习书法。她教授王羲之三堂书法课，更是三堂人生课。

"点"：高峰坠石

卫夫人的《笔阵图》里，她把一个字拆开，拆开以后有一个元素，大概是中国书法里面最基本的元素——点。

卫夫人并教王羲之写这个"点"，练习这个"点"，感觉这个"点"。她要童年的王羲之看毛笔蘸墨以后接触纸面所留下的痕迹，顺便还注解了四个字：高峰坠石。她要这个学习书法的小孩去感觉悬崖上有块石头坠落，体会那个"点"。

《兰亭序》是王羲之最有名的作品，许多人都说里面"之"字的"点"，每个都不一样。我不知道卫夫人让王羲之练了多久，时间是否长达几个月或是几年，才继续发展到第二课。然而这个关于"点"的基本功，似乎对这位大书法家影响深远。

"一"：千里阵云

卫夫人的第二课是带领王羲之认识汉字的另一个元素，就是"一"。认识"一"的课，是在广阔的大地上开始的。卫夫人把王羲之带到户外，在广阔的平原上站着，凝视地平线的开阔，凝视辽阔的地平线上排列开的云层缓缓向两边扩张。卫夫人在孩子耳边轻轻说："千里阵云。"

"千里阵云"是毛笔、水墨与吸水性强的纸绢的关系。在写水平线条时，形成水与墨在纸上交互律动的关系，是对沉静的大地上云层的静静流动有了记忆，有了对生命广阔、安静、伸张的领悟，以后书写"一"的时候，也才能有天地对话的向往。这是王羲之的第二课。

"竖"：万岁枯藤

卫夫人给王羲之的第三堂书法课是"竖"。

卫夫人教王羲之看"万岁枯藤"，在登山时攀缘一枝老藤。孩子借着藤的力量，把身体吊上去，悬荡在空中。可以感觉到一枝藤的强韧——拉扯不开的顽固的力量。

卫夫人通过"万岁枯藤"，使他在漫长的生命路途上有了强韧力量的体会，也才有了书法上的境界。书法的美，一直是与生命相通的。

"高峰坠石"理解了重量与速度；"千里阵云"学习了开阔的胸怀；"万岁枯藤"知道了强韧的坚持。

卫夫人是书法老师，也是生命的老师。🍃

看一名偏科生如何破茧成蝶

□樊未晨

王羽熙有绘画天赋，3岁开始学画，很快就画得"有模有样"。但他对数字极不敏感，上高一时，王羽熙在一次满分为150分的数学测验中仅得了3分：只答对了一道选择题。

王羽熙六年级那年的寒假，父母给人大附中的刘彭芝校长打了一个电话。到了学校，刘校长让他现场画一幅画，他画了一幅老虎。因为这一次现场考核，王羽熙顺利地进入了人大附中。

初中毕业时，因为理科成绩较差，王羽熙到了其他学校，但他不快乐。后来他妈妈拿着他的《西游记》的漫画书稿再一次找到了刘校长，刘校长认为像他这样的孩子更需要一个宽松、宽容的学习环境。

就这样，王羽熙又回到了人大附中。一个偏科生能两次进入人大附中，确实挺幸运，但是只有幸运是不够的，还要有真本事。

当别的孩子在玩的时候，王羽熙通常只做两件事：看《西游记》和画画。他对《西游记》的痴迷近乎狂热，他的第一套漫画书就是由《西游记》改编的。因为画画，他的手握笔的地方和与纸张经常接触的地方都有着厚厚的老茧。

每个人小时候都有梦想，在王羽熙看来，成功在于不懈的坚持，梦想在任何时候都不能动摇。

虽然王羽熙认为，作为学生应该经历自己必须经历的考验，同时要尽力做好。但对

他这样一个偏科严重的孩子来说，高考前夕的压力还是可想而知的。那时，连一向支持他画画的妈妈也开始给他加压，不允许他画画了，让他把腾出来的时间用来学数学。

好在王羽熙不是一个轻言放弃的人。在他自己的努力下，在老师和同学的帮助下，王羽熙的高考数学成绩突破了个位数：33分。这对他来说已经是很不错的成绩了。

而后王羽熙考上了大学，在大学里他的才华展现得淋漓尽致。3年前，大学还没毕业的他，参加了北京奥运会开幕式的部分动画制作；还是3年前，他作为唯一的学生代表参加了法国电影节。

现在25岁的王羽熙，是一家广告公司的股东。他有一个自己的5年计划：用一两年的时间体验当老板的滋味，再之后的两三年里潜心增进绘画技艺，到他30岁的时候，进入迪斯尼那样世界顶尖的动漫公司。🌰

给自己的父母、哥们、闺蜜、室友发一条短信告别，告诉他们，要找你，请在23：30～24：00来找。然后关机，与电脑锁在一起。

准备工作

开始学习前一定要把该准备的东西备好，在忘带东西时，人们大脑往往会不断出现"残缺感"的暗示，加上学习

教你开启学霸模式 □佚 名

过程产生的疲惫感会让人无功而返。

建议带上一个书包。

注意：书包里只带规定时间内要学习、复习或是需要使用的书本用具等。不要有侥幸心理，认为可能再多翻翻哪本书于是就又随手塞进去。

一般情况下推荐：教材书目（一次最多不能超过3科）+文具（笔、词典等）+空白笔记本+附属工具（如听课程录音需要的MP3等）+一瓶水+纸巾。

把桌面收拾整洁。不要让无关用品进入视线，以免造成干扰。他人垒高的书本等可以暂且置放在地下，一个空旷整洁的桌面会让学习的心情好很多。

开始学习前按顺序把需要学习的材料按从上到下的顺序叠好，放在左上方。完成一项后再放到右上方，能看见的成果展示会加强学习的动力。

模式开启

准备工作完成后，可以正式开始学习。

首先，定一个学霸学习时间，建议3小时，期间分为两段，中间有休息时间。

其次，穿一身宽松些的衣服，洗个澡是必备的，学习时满面油光或是因到处痒抓来抓去会使结果悲剧。

然后，一个人找好地方，开始学习。建议时间段有：早上8点半到11点半、下午3点半到6点半、晚上7点到10点，一般一天能有1到2次学习就差不多了。

人的惯性就是会通过最简单的方式寻求闲适感，尤其是身心略显疲惫时，往往表现为：一个动作能拿到的东西，大脑就不会产生犹豫或是考虑行为。也就是说，当手机放在裤兜里或是桌子上时，一旦觉得学不进去了，会因为手机的存在，桌上的进入视线。裤兜的进入知觉，直接会通过一个动作实现，便不会产生犹豫感，造成手机毁了一代又一代学霸。而放到寝室里时，会因为多个步骤使这个行为进入思维判定，阻止其发生的可能性便会有所提升。

学习的时候，坐姿不要太懒散，最为关键的是用干净的白色草稿纸把复习过程中需要记住的内容抄下，认真写。

过度的紧张，一点儿碰不得惹不起，可能源于不自信。
外表过度的自尊，源于内心难言的自卑，因而强行拔高自己的力量，显露的可能恰恰是弱者的心态。——林达

初中那些事儿

谁的青春期不冲动，带着憧憬过初中。

实在看不进书时，可以抄笔记或讲义。好记性不如烂笔头。

人若在学习时能够同时动用各个部位，一方面会使自己的注意力更集中；另一方面强化学习内容，提升学习效果。并且做到一面白纸排版清楚，不要密密麻麻。快满时换另一张。张数越多带来的成就感就越大。

等学完一科后，建议起身到空旷处舒展舒展身子，哼哼几句，或是念念课文，可以避免产生玩手机的冲动。

完成所有的学习任务后，收拾完东西，去吃饭。

路上拿着抄得满满当当的笔记本过过目，心中的成就感就够美一天了。到达寝室，打开手机、电脑，用30分钟时间回复短信，顺道过滤掉那些对你完全不关心的人，省得自己每天都在想念！

看完这篇文章之后，立刻关机、睡觉、养足精神，明天开启学霸模式！

中考状元的*10*个秘密

□佚 名

1．重视基础，注意听课。不放过疑问。

2．建立各科错题本，经常通过自己做错的题反省自己做错的经过。

3．读英语不怕别人笑话，要大声朗读，并经常用英文写笔记，锻炼英文写作能力。

4．可以订一些适合中学生读的报刊，通过多读多看多练，提高写作能力。

5．数学复习应避免题海战术，最好能将课本上的知识分章节梳理清楚，选作典型题，类型题，把注意力放在提高准确率上，另外还可以把从前做过的错题集中处理一下，通过改正错误，填补自己的知识漏洞。

6．英语学习保持语感是最好的突击方式，另外可以做一些题型，查缺补漏，将自己掌握不太牢的语法点、知识点着重领会，记忆。

7．语文能力是长时间学习积累的结果，最后阶段死记硬背的方法对提高成绩没有太大帮助，语文试卷中的阅读题是一个公认难点，很多同学在答题后自我感觉良好，但最后成绩却不尽人意，这是其解题思路与出题者意图的偏差造成的。对待阅读的技巧是要先领会作者的写作观点和文章的中心思想，学会用文章中的观点破解问题，这需要同学们在平时做题时多注意培养自己的分析能力。另外，作文也很重要，写作文切记不要跑题，并在此基础上积累一些精彩的语句，提高自己的文采，以博高分。老师曾建议，中考之前头脑里至少要装有50篇范文。

8．理化综合复习重点应着重突出基础题和类型题，对付难题不止重结果，分析解法才是最重要的一环，分析解题思路的脉络，掌握并灵活运用理化题的解题方法是获得高分的基本保障。

9．淡化考试，不要过分关注，过分提醒，像平常一样作息、生活，到临考试适当玩乐、游戏有助于减缓压力。

10．考完一门不要和同学对答案，立刻投入到下一门的准备中去。

或多或少，任何人都一开始按自己的模式活着。
别人的若与自己的差别太大，未免气恼；而若一模一样，又不由悲哀。如此而已。——村上春树

什么是青春

□张小娴

一个16岁的男孩子问我，什么是青春。

这个问题多傻啊！他现在拥有的不就是青春吗？

青春是胆子既大，胆子也小。

你会大着胆子谈一场没有结果的恋爱，爱一个所有人都认为你不该爱的人。

你却又没有胆量向你喜欢的人表白，只敢躲在远处卑微地暗恋他。

你会大着胆子开快车，日后回首当时，才庆幸自己没有死掉。

你却又没有胆量拦住你暗恋的那个女孩子，不让她坐上另一个男人的跑车。你只能寒碜地站在那儿，眼巴巴看着那辆名贵跑车载走了你的梦中情人。

你会大着胆子背起书包，跟好朋友浪迹天涯，不知道什么是危险。

你却始终没有胆量告诉身边那个好朋友，你一直喜欢她。你压根儿就不相信男人和女人可以成为知己。你是为了跟她成为恋人才接近她的。

这样的你虽然很差劲，不过，她那么迷人，你怎舍得只跟她做朋友？

青春是身影既高大，身影也渺小。

年纪比你大的人都告诉你，你手上拥有一大把可以浪掷的青春，于是，你骄傲地认为30岁已经很老，到了40岁真的不该再活下去。你会残忍地对一个想追求你的男人说："你差一点就老得可以当我的爸爸了。"

然而，青春也是你的弱点。

谁会知道你的看法？

你拥有吹弹可破的皮肤和没有赘肉的身体，却没有金钱和权力。这两样东西，通常也不会跟青春痘一起到来。

初中那些事儿

谁的青春期不冲动，带着憧憬过初中。

花季？ 雨季？

进入青春期后，很多同学都发现，自己的身体正在悄悄地发生着一些变化：身高增加了几厘米，甚至更多，体型也变"胖"了，告别了孩童时代的身材；男生的嗓音逐渐变得浑厚、低沉，胡须也在不经意之间冒了出来；女生脸部的皮肤变得细腻、粉嫩，隆起的胸部塑造出曼妙的身姿，

"老朋友"也在每个月按时驾到……这一切的变化表示着：你开始长大啦！

可是，有的同学对自己的身体发育感觉到困惑、烦恼，甚至自卑。如果不能正确地面对身体的变化，很可能影响学习和生活。

14岁的女孩苏茜对于自己日渐丰满的胸部十分难为

情，尤其在男同学面前，不敢抬头，不敢直视对方，不敢挺胸，连说话也小声小气、支支吾吾，好像做了亏心事一样。她设法掩饰隆起的胸部，走路时也含胸低头，平时活泼开朗的她开始不愿意参加集体活动，原因是怕听到别人议论自己的胸部……

13岁的男孩小莫正处在

时间真是一服霸道的良药。得不到才会念想，送上门去他未必真的会要。
功名利禄在手，就偶尔嗟叹往昔，有些人，要的也仅仅是念想而已。——《致我们终将逝去的青春》

变声期。他是学校合唱团的成员，以前能够唱得很准确的变化音在这期间变得不容易把握，曾经清亮的嗓音现在变得沙哑，这让他时常处在焦虑和自卑的情绪中，不想开口说话，就连在课堂上有了疑问都不愿意向老师求助……

实际上，青春期是由儿童向成人的过渡阶段，处在青春发育期的孩子，在神经内分泌系统影响下，体格生长加速，出现第二次生长突增，身体大小和形状发生明显变化，男女差别变得显著，生殖系统开始迅速发育。这是个值得庆祝的过程，因为你已经摆脱了懵懂的儿童时代，迈向成年人的世界。这个阶段的青少年就像春播后的田野，焕发着勃勃生机。因此，你不必为日渐变化的身体感觉到羞愧、苦恼和焦虑，因为你正处在一生中最美好的时光，别让本应该灿烂绽放的"花季"变成了恼人的"雨季"。

相信很多同学都经历过这样一个时期：对于身体的变化感觉到非常不解，但是又羞于启齿，不愿意对家长和老师开口，只能默默地在心里任由这种疑惑发酵。其实，对于青春期的孩子，家长和老师都给予充分的关注，要相信他们都

是你最坚强的后盾，能够在你需要的时候陪在你身边。从另一个角度讲，家长和老师都是从青春期走过的"过来人"，他们理解你的情绪、解答你心中的疑虑，所以，为什么不对这些你最值得信任的人敞开心扉呢？

现代是一个信息发达的时代。有关于青春期身体发育

的知识不但可以在教科书上查到，还可以通过一些正规的网站获取。针对青春期孩子的困惑，教育部门想出各种办法，采用最贴心的方式给他们帮助：济南市一所学校以"爸爸妈妈大课堂"为主题课，请家长来为孩子们解答疑惑。在"家长老师"的精心安排下，孩子们在轻松活泼的氛围下学到了不少生理知识。

上海市闸北区是全市各区县最早开展学生青春期教育的区县之一，并于2004年上半年与市计划生育科学研究所联合开办了沪上第一个青春期生殖健康教育专业网站——"青春飞扬"网站。该网站成立以来，通过"青春秀场""心语情扉""生命警示""专家在线咨询"等栏目，向青少年学生介绍青春期生理、心理、道德等方面知识，解答有关"如何化解烦躁不安的心理情绪""如何预防艾滋病""男女学生交往如何把握尺度"等学生在青春期常见问题。同时，闸北区青少年还可以通过手机、电脑上的QQ聊天软件在该区教育局"青春飞扬"网站上的"QQ机器人"栏目找到答案。

除此之外，多培养自己的兴趣爱好，多参加一些课外活动，也不失为一种缓解苦闷、解除困惑的好方法。将注意力转移到自己感兴趣的事情上，例如观看体育比赛，到电影院看看大片，去美术馆欣赏美术作品，在春暖花开的季节出去游山玩水，和小伙伴一起玩玩桌面游戏，或许你会发现一个欢乐的世界，在那里，苦恼一扫而光了！ ❁

世俗意义上的成功和财富，并不能给我带来安全感。大部分时候，我更看重生命本身，它才是真的，它饱满像果实。——柴静

写给花样美少女的悄悄话

"花苞"待放，让你"乳"此美丽 □天 涯

丰满高耸的胸部是体现女性美的特征，尤其对于青春期少女来说，胸前那含苞待放的"蓓蕾"让身体形态变得凹凸有致，曼妙而玲珑。

现在中国正常女孩乳房开始发育的平均年龄是9.2岁。乳房是由脂肪、乳腺、神经、动脉、静脉及淋巴所组成。发育时，一般是乳头开始长大，出现乳核，随着它的慢慢增大，继而乳腺增多，脂肪堆积，整个乳房渐渐凸起。乳头和乳晕的颜色也变得越来越深了。

刚刚步入青春期的女孩十分关心乳房的发育，她们都有着自己的烦恼：发育过早的少女，无法接受这突如其来的身体变化——当别的女孩子胸前还是"一马平川"的时候，她们的大胸脯就已经成为同学们关注的目标，或许还会遭到非议和嘲笑，这使她们尴尬不已；与发育过早的女孩相反，

信仰就像一座房屋，可以有很多楼层、很多房间。当然，怀疑在每一层都占了几间。——《少年派的奇幻漂流》

也有一些女孩为缓慢发育的胸部担忧。在发现自己的胸部不如同龄人的丰满之后，她们会有这样的疑虑："我的胸部发育正常吗？""胸部太小会不会影响长大后生宝宝呢？"

我国青春期女孩胸部发育成熟的年龄在14岁~18岁之间，有先发育的"排头兵"也有晚发育的"后进分子"。而乳房的发育情况，与遗传因素、营养状况和运动锻炼有着紧密的关系。早熟的女孩大多身体分布较多脂肪，乳房也填充着较多的脂肪，因此看起来比同龄女生要丰满些；发育较晚的女孩一般身材偏瘦，乳房填充的脂肪也较少；身材适中、发育年龄也介于前面两者之间的女孩，其乳房发育也大小适中。所以，"排头兵"们不必懊恼，等待大部分女孩都发育成熟时，你也就不会如此引人注目了。而对于"落后分子"们来说也不要懊恼，在确定自己发育正常的前提下，慢慢等待，随着时间的推移，奇妙的发育规律一定会把你从"太平公主"变成一位身材玲珑的美少女。

乳房的发育过程

第一期（1岁~9岁）：青春期前，乳房尚未发育。

第二期（10岁~11岁）：乳房发育初期，乳头下的乳房胚芽开始生长，呈明显的圆丘形隆起。

第三期（12岁~13岁）：乳房变圆，形如成人状，但仍较小。

第四期（14岁~15岁）：乳房迅速增大，乳头乳晕向前突出，形如小球。若还与13岁时差不多就要找找原因了。

第五期（16岁~18岁）：形成正常成人的乳房，乳头乳晕的小球与乳房的圆形融成一体。

（资料来自百度百科）

作为女性的最显著的性别标志之一，乳房除了让女性的体态显得婀娜多姿之外，还担负起了哺育下一代的功能使命。同时，乳房也是身体里最容易发生病变的器官。近年来，由于环境污染、学习、工作压力过大，食品安全问题增加，使女性罹患乳腺疾病的风险也逐渐增加。因此，养成定期进行乳房自检的习惯非常重要。处在青春期的少女应该每个月检查一次乳房，最佳的时机是在月经过后。

第一步：站于镜前，裸露上身，全身放松，观察自己的乳房的皮肤、乳头是否有凹陷、红肿或皮肤损害。

第二步：对着镜子，双手放在腰两侧，观察乳头是否对称。

第三步：用手指顺时针方向按压乳房，检查其中有没有硬块，轻挤乳头，看下有没有分泌物出现。一侧检查完，再检查另一侧。

第四步：平躺在床上，举起一侧手臂，用另一只手检查下举起手臂的腋下有没有肿块。做完一侧，再检查另一侧。

除了要经常做乳房自检，选择一个适合自己的文胸也非常重要。

对于处在青春期前期，胸部尚未发育好的少女来说，不要选择那种有厚海绵垫和钢托的文胸，因为它适合成年女性，而少女的胸部尚在发育中，需要留给它们足够的空间才行。背心围是个不错的选择。

当青春期的少女长到十六七岁时，乳房发育基本定型之后，便可以佩戴文胸了。

无论背心围还是文胸，都要选择纯棉面料的，而且在睡觉的时候要将它们摘下。🌸

初中那些事儿

谁的青春期不冲动，带着憧憬过初中。

心理人生宅就是：早上不起床，起床就上网，上网到天黑，天黑不上床。
——"宅男宅女"们可是越来越多了，网络上对他们做出幽默的调侃

初中那些事儿

谁的青春期不冲动，带着憧憬过初中。

"大姨妈"驾到，要以"礼"相待

□ 远 方

月经，俗称"例假""来事""月事"，也有很多少女亲切地称呼"她"为"大姨妈"。

"大姨妈"的形成与卵巢和子宫内膜的周期变化有关。女孩步入青春期后，卵巢每隔一个周期便会排出卵子（通常是一颗卵子），如果排出的卵子没有受精（与男性的精子结合），雌激素和孕激素就会下降，子宫内膜逐渐萎缩、脱落、出血，这就是"大姨妈"。

从本次月经来到的第一天到下次月经来到的第一天称为一个月经周期。绝大部分人的月经周期在 28 天 ~ 35 天之间，但是也有少数人的周期在 20 天以内或者长达 45 天。不过，只要是月经有规律，都属于正常现象。月经一般会持续 3 天 ~ 5 天，通常来说，经量会在第 3 天达到顶峰，而后逐渐减少。

女孩的第 1 次月经称为月经初潮。大部分女孩的初潮年纪在 13 岁前后。其中，城市女孩比农村女孩的初潮年龄要早一些。早在初潮出现之前，女孩的乳房已经开始发育，身高突然增长，有的人还长出了腋毛和阴毛。

在"大姨妈"驾到的日子里，你也许会感觉到小腹坠胀、注意力不集中、心情烦躁、贪睡或者乳房疼痛等，因此，有些女孩子非常讨厌"大姨妈"，甚至给"她"取了一个不怎么好听的称呼——倒霉。可事实上，"大姨妈"不但不会让女孩"倒霉"，反而还带来很多好处呢！

第一，当你的身体在发生一些变化的时候，"大姨妈"会及时提醒你。如果出现月经不调、经量过多或者过少、在月经期腹痛难忍的情况，或许是你的身体出了问题，请马上就医。一些女性常见疾病，比如多囊卵巢综合征、子宫内膜异位症等疾病，都可以根据月经的情况做出初步的诊断。而在你成年并且已经结婚之后，如果月经推迟了 10 天，那么你很有可能是怀孕了。

第二，"她"会增强你肌体的造血功能，使你的循环系统和造血系统得到了锻炼，而这是男性所没有的。一旦遇到意外失血的情况，你的身体能够很快地制造出新鲜的血液来弥补亏空。

第三，避免铁元素过量时引起的代谢失调。治疗铁元素过量的方法之一便是定期排放适量的血液。"大姨妈"来时的失血正好可以消耗过量的铁元素，防止疾病的发生。

由此可见，"大姨妈"对女性的好处多多，要把"她"当成自己最亲密的朋友或者家人，在"大姨妈"驾到以后，要好好招待"她"：

保持经期卫生

有人认为经期不能洗澡，这是错误的观点。经期持续3天~5天，如果在这段时间不能洗澡，对于爱美，讲究卫生的女孩来说太难以忍受。经期可以洗澡，可以用清水冲洗外阴，避免经血结痂。但是要注意的是，在经期洗澡时要选择淋浴，不能坐在浴缸里，以免细菌感染。另外，在大便之后，手纸要由前向后（从阴道口向肛门方向）擦拭，这样可避免把肛门的细菌带到外阴处。

勤换卫生巾

目前，市面上一些广告宣传的吸收量大的卫生巾，让女孩产生一种错觉：一块卫生巾可以持续用很久。实际上这是错误的想法。即便是质量合格的卫生巾，当人体活动时，肛门、尿道和阴道的特殊生理结构也会让细菌在上面滋生，引发交叉感染。所以，女孩要勤换卫生巾，在流量大的时候最好每隔2~3个小时换一次，流量少时也别超过4~5个小时。在使用卫生巾之前，还要好好将手清洗干净。

适当参加运动

由于"大姨妈"会带来一系列的不适，所以很多女孩在这个时期喜欢躺在床上，不愿意参加运动。然而，在经期参加一些运动，比如散步、慢跑、打乒乓球等有利于血液循环，可以帮助经血排出更加顺畅，也能起到缓解疼痛的作用。

需要注意的是，在经期不适宜进行剧烈运动，仰卧起坐、踢足球、举重等运动会诱发或加重月经期间的全身不适，甚至引起痛经、月经失调、经血逆流。

谨防病从口入

夏季酷热难耐，各种冷饮成为消夏避暑的首选。有些女孩在月经期也"口无遮拦"，冰激凌、冰粥、冰饮等统统来者不拒，结果腹痛加剧，甚至宫寒。其实，不单单是冷饮，一些寒性的食物，如螃蟹、冬

瓜、西瓜、柚子等，也不宜在经期食用，以免造成血液不流畅的情况。

做好你的"情绪管理"

或许你会发现，自己平时是个活泼开朗的女孩，可是一到了经期，就变得易怒，斤斤计较，就爱钻牛角尖……这与激素水平的变化有关。保持心情舒畅，学会自我调节情绪，就能缓解月经带来的诸多不适。如果任坏情绪蔓延的话，不但心情不好，而且会加重痛经、乳房胀痛等症状。

拒绝性行为

在经期，女孩的抵抗力会下降。同时，宫颈在经期会张开以便经血流出，这就给了细菌一个可乘之机。如果有性交或者手淫等性行为，则大大提高了感染妇科病的风险。

初中那些事儿

谁的青春期不冲动，带着憧憬过初中。

初中那些事儿

谁的青春期不冲动，带着憧憬过初中。

14岁的小萍最近有个疑惑，那就是自己已经长成一个大姑娘了，可是不知道为什么还是会"尿裤子"。

事情是这样的，小萍发现，在两次月经中间有一天，自己的下体会在不知不觉中流出许多液体。它们清清亮亮，颜色透明，还能拉成长长的细丝。第一次发生这种情况的时候，小萍既害羞又自责，难道自己是像小朋友那样"尿裤子"了吗？从那以后，为了避免再次"尿裤子"，小萍时时刻刻关注着自己的身体感受，一有尿意就马上去厕所。本以为通过自己的刻意控制，一定能控制住。谁知道过了一段时间，小萍又一次发现了那些黏稠的液体。这可急坏了小萍，她悄悄地询问自己的好朋友小敏，小敏也说自己有类似的情况发生，这到底是怎么回事呢？两个人带着一丝疑虑，

鼓起勇气，向她们最信任的人——班主任苏晴求助。

苏老师告诉小萍和小敏，在她们的"小内内"上出现的这种分泌物，不是尿液，她们的这种现象并不是尿裤子，而是所有女性特有的现象——白带。

听了苏老师的话，小萍和小敏才如释重负。可是，又有一连串的问题出现了，什么

是白带呢？它有什么作用吗？为什么以前从来没出现过？

小萍和小敏的疑惑，你是不是也曾经有过呢？

事实上，在你发现自己的胸部日渐隆起，下体也开始

健康的"晴雨表"——"小内内"上的不明物体 □豆豆

长出茂密的"森林"的时候，白带就已经出现了。

白带的状态不是一成不变的。在月经过后的一段时间里，阴部是非常干燥的，白带较少。当时间来到两次月经中期的时候，白带分泌量开始增加，并且变得清亮，可拉成长丝。这种情况预示着你正处在排卵期。如果性交则怀孕的概率大大增加。在临近月经之前，白带开始变得浑浊，直至月经来临。这是由于在月经周期中，雌激素变化的结果导致的。那么，这种会在一个周期中不断变化，但是又循规蹈矩的白带究竟有什么作用呢？

说起来，白带的作用可不小呢。因为女性的生殖道——阴道是与外界相通的，这使得一些致病的微生物很容易入侵女性体内，而白带的出现使得阴道保持一定的湿润，对防止病菌的入侵大有好处。白带还是阴道的"健康卫士"，因为正常的白带能使女性的阴道呈酸性，抑制各类致病菌的生长。同时，白带也像月经一样，是

中国人都太迷恋于考试了，很多人得到了别人给予的高分，却在自己人生的考场上大丢分。学校的考试，考的是智力，人生的考试，考的却是耐力、包容力、爱的能力等。——伊北

女性健康的"晴雨表"。通过观察白带的状态和色泽，可以推断出身体的病变。

正常的白带无色且没有异味，如果白带粘在内裤上，干燥后会变成黄色也不必担心，这是因为在经期的前后，因为盆腔充血，导致分泌物增多，有时还略带血色和褐色。然而，当白带出现以下症状时，你就必须警惕起来：

白带呈牛奶状，黏稠，分泌量突然增大，有可能是阴道炎；

白带呈豆腐渣样，有可能是霉菌性阴道炎；

白带呈脓性，颜色是黄色或者绿色，有脓样，味道发臭，大多由感染引起，有可能是阴道炎、阴道滴虫感染；

白带灰色带有血丝，稀薄，少量到大量，味道难闻，可能是子宫颈炎或阴道中的感染发炎。

只要做好私处的清洁工作，洁身自好，青春期少女感染这些妇科疾病的概率比较小。但是如果一旦你发现上述疾病的症状，请一定要告诉家长，在家长的陪同下咨询医生，千万不能道听途说，私自采用一些所谓的"偏方"，切勿用自己的身体来做试验！

女孩，

请精心呵护你的"秘密花园"

□芬 妮

在月经来潮以后，女孩们对自己的"秘密花园"既疑惑又好奇，那里究竟有什么秘密呢？让我们一起揭开"她"神秘的面纱吧！

女性的生殖器可分为外生殖器和内生殖器两部分。本文中所提到的"秘密花园"是指外生殖器，又叫"外阴"，主要包括阴阜、阴唇、阴蒂、尿道口和阴道口。

阴阜在耻骨联合前方的隆起部，下邻两侧大阴唇。阴阜上生有阴毛，多呈梯形、倒三角形、长方形分布，具有调节局部温度和缓冲双方身体碰撞时的冲击力的作用。阴阜皮下有圆形脂肪垫组织，具有减震缓冲作用。

阴唇又分为大阴唇和小阴唇，大阴唇是阴道口两旁的脂肪垫组织，皮肤上覆盖有阴毛。小阴唇是大阴唇内侧的皮肤皱褶，有时小阴唇会突出于外，也可能是平滑的，对尿道口和阴道口都有保护作用。

阴蒂位于两片小阴唇连接的顶点，外形很小，但十分敏感。

阴蒂的下方是尿道口，而再下方则是阴道口。阴道口呈环状，部分被处女膜覆盖。有些人的处女膜显而易见，有些人的则很难用肉眼看到，而且有的处女膜只有单一开口，有的则有好几个开口。

我愿意保留下我的俗不可耐的名字，向我自己作为一种警告，设法除去一般知书识字的人咬文嚼字的积习，从柴米油盐，肥皂，水与太阳中去找寻实际的人生。——张爱玲

初中那些事儿

谁的青春期不冲动，带着憧憬过初中。

阴道口在外生殖器与内生殖器的交界处。阴道口里面有些什么呢？首先当然是阴道。阴道是一个从阴道口连接到子宫颈的管道。"她"有很多作用：通过阴道口，将月经排出体外；女性性生活的通道；分娩胎儿的通道；检查内生殖器的窗口。

由于外生殖器的构造较为复杂，皮肤、黏膜褶皱较多，再加上阴道分泌物和月经来潮，而且前有尿道口，后有肛门，是女性最脆弱，也是最容易感染细菌，罹患妇科疾病的位置。因此，为了避免妇科疾病的困扰，青春期的美少女们要捍卫自己的"秘密花园"，坚决不让疾病这个坏家伙入侵！那么，该如何为自己的私处建起一道坚固的"防火墙"呢？

首先，要保持私处的清洁。少女进入青春期后，随着月经的来潮和白带的分泌，私处非常容易"藏污纳垢"，如果没有及时清洗，很容易患上青春期阴道炎。

因此，应该每天用清水清洗外阴。有条件的可以每天洗澡，最好选择淋浴，如果泡澡则要保证水质的清洁，而且时间不宜太长。如果没有条件每天洗澡的话，可以选择用盆代替，而且专盆专用，清洗过后用来拭擦的毛巾也要做到这一点。

在清洗时最好用温开水，因为外阴部褶皱较多，再加上阴毛的"掩护"，很多位置需要你认真地清洗。先用水冲洗你的阴阜，然后用手指轻轻拨开阴唇冲洗。接着是阴道口，最后，也别忘记肛门——但是这项清洗工作要放到最后，以免交叉感染。

保持阴部的清洁，除了要每日清洗之外，还需要每日换洗内裤。内裤虽小，但是上面布满了肉眼看不见的细菌。有微生物学家对内裤进行了大量的调查研究，发现一条脏内裤平均带有 0.1 克粪便，排泄物中有甲肝病毒、轮状病毒、沙门氏菌及大肠杆菌等大量病菌。在贴身穿着的衣物中，内裤可谓少女的"好闺蜜"。如果内裤上有过多的病菌，就可能通过尿道、阴道进入体内，引发各种健康问题。所以，每天换下来的内裤要及时清洗，最适合的方式是肥皂＋手洗。洗好后要放在太阳下暴晒，接受紫外线的杀菌。另外，无论你洗得有多么干净，在阳光下杀菌有多么彻底，医生建议最好每半年换一批新内裤。

还需要注意的是，在月经期粘贴卫生巾的内裤最好做到"专裤专用"，不适宜平时穿着。因为卫生巾背面的粘胶大部分都是工业用粘胶，就像把胶布从玻璃上、纸上、布上撕下来时，上面仍会遗留下一层黏黏的胶难以去除一样，把卫生巾撕下来时，卫生巾的粘胶同样可能遗留在内裤的内侧。而工业用粘胶是不能直接接触皮肤的，特别是女性敏感处的娇嫩皮肤。

其次，要洁身自好，杜绝性乱。过早地发生性行为也是导致青春期妇科疾病发生的原因之一。由于对性知识的缺乏，不懂得保护自己，在性行为之后可能会感染阴道炎和尿路感染。而在发现怀孕、经历流产之后，也会带来一些顽固的妇科疾病，因此，少女应该自尊、自爱，洁身自好。

除此之外，爱美的女孩子应该注意，不要为了追求形体美而选择紧身裤，因为这类裤子大多弹性较差、裆部紧致，会使阴部长期处于潮湿和拥挤的状态下，对健康不利；在公共场合洗浴时应自带浴盆浴巾，并且了解性病知识，以防接触性感染；慎用容易引起阴道炎的抗生素和激素类药物……总之，美少女们要多多学习关于"秘密花园"的知识，为自己的健康做一个合格的"小卫士"。🌸

我一直以为这个世界会嘲笑很差劲的人，直到有一天自己豁出去试了之后，我才知道，他们只会嘲笑不认真的人。——刘同

女孩子都喜欢看偶像剧，小萱也不例外。最近，一部韩剧在网上非常火爆，收视率很高，小萱一直追着看。同时，她也成为剧中"欧巴"的小粉丝，不但追看了他主演的每一部电视剧，还非常关注他的日常生活：他去哪里做宣传，他又换了新发型，他代言了什么广告……小萱非常崇拜这位"欧巴"，她心目中完美的男性就应该是这个样子的。可是

小萱变得不那么开朗了，仿佛就愿意独自沉浸在自己的世界里，上课总是走神，直到月考之后，小萱发现自己的成绩下降了许多，这才从白日梦中清醒过来。

青春期的美少女们，你们也像小萱一样，对影视明星或是某个男孩子有过这样那样的幻想吗？这种美好的遐想又叫"性幻想""白日梦"，是人类最常见的现象，每一个

心智健全的人都会有。

情窦初开的青少年男女，平时对异性的向往和好感不能露骨地表达出来，于是就会情不自禁地产生一些美妙的幻想。这种现象在少女身上发生的概率更为普遍。具体表现有以下几个方面：把自己内心的感受或者幻想记录在日记中，并且在记录的时候，内心会获得一种满足感和幸福感；把自己想象成爱情小说、电影

有了性幻想不能说明你是个坏女孩

□ 梁安琪

看看同龄男生，他们都还非常青涩，一点儿都不成熟，小萱觉得，他们一点儿都比不上"欧巴"。

这天晚上，小萱追完剧，心满意足地睡去。睡梦中，她自己变成剧中的女主角，和"欧巴"一起漫步在沙滩上，感觉十分美妙。接下来的几天里，小萱常常幻想着"欧巴"与自己一起看书、一起逛街的场景，每次独处的时候，都会情不自禁地幻想"欧巴"在身边陪伴着自己……渐渐地，

中的女主角，和心仪的对象一起体验爱情的滋味，或者干脆自己在幻想中编排一些美好的片段；还有就是像案例中的小萱一样，因为崇拜明星，产生了想与之接近的想法，但是由于距离自己的生活太遥远，只能用想象来弥补……

性幻想发生的时间一般是在晚上睡觉之前，或者是在独处的时候，并常常以自慰作为结尾。如果这是偶尔发生的，那么纯属正常，但是如果深陷其中不能自拔，

那么则必须给予足够的重视，并且戒除这个坏习惯。因为大部分青少年在性自慰后常常伴有一种罪恶感，而当自慰越是频繁的时候，罪恶感越是强烈。久而久之，不但影响学习，还会影响到性格：变得自卑、孤僻。那么，究竟该如何对待性幻想呢？

第一，不要把性幻想当成洪水猛兽，谈"性"色变。更不能把它归结于思想肮脏、道德败坏的表现。有了性幻想，并不能说明你是个坏女孩。事实上，每个人的头脑中都会存在与性相关的幻想，这是对暂时不能实现的目标的一种补偿，通过这种行为能够获得一种心灵上的满足。因此，要正视这种行为，了解它的前因后果，把它当成一种正常的心理现象和生理表现。

第二，对于性幻想，要掌握好"度"——不能过分压抑，也不能肆意而为。过分压抑可能会造成性心理障碍，不利于成长，而自由放纵则也会造成严重影响：学习下降、身心受损。当一些幻想的萌芽开始生长的时候，不要拼命去压制它。而当你觉得自己沉浸其中，分不清现实还是幻想的时候，要及时地做一些调整。例如给自己一些自我暗示，告诉自己有这种想法很正常，但是不能耗费太多的时间在上面。还可以在睡前读一些令人精神愉悦的书籍，帮助你轻松进入睡眠，而不是因睡不着而"胡思乱想"。

第三，不要把自己的交友范围缩小到只交同性朋友。因为性幻想的原因之一是对于异性的好奇。多参加一些集体活动能让你结识许多异性朋友，在认识了几个"男闺蜜"之后，你会发现，其实异性也没有那么神秘。

综上所述，在"遭遇"了性幻想之后，要以科学、正确的心态去面对，别让这个正常的心理现象变成成长中的"绊脚石"。

　不像成功，失败往往都是一个人的事情。

变成"毛孩"别焦虑 □小 舒

青春期的许多女孩为自己面部及手臂、腿上较多的体毛而烦恼。有的夏天不敢穿裙子或短袖衬衣，有的想尽办法恨不能将体毛"斩尽杀绝"，还有的以为自己病了，整日忧心忡忡。其实，毛发较多较重对绝大多数女孩来说是正常的。

按理说，女孩的皮肤应该白净细腻，身上毛发较轻，但实际上并非人人如此。国外有人统计，在15岁～44岁正常女性中，有30%的人有小须，9%面颊部汗毛明显，6%面部两侧毛发较重。至于手臂和小腿的毛发粗黑就更多了，分别为30%和70%。

据统计，给女孩带来烦恼的多毛现象，95%属于一般性的体质多毛，大多数有家族性毛发过多的历史，没有什么男性化的表现，不属于病理性多毛症。人类的种族、年龄、性别、营养、气候、地域以及情绪等不同，都可以影响毛发的生长。即使是同一种族的人，正常的男性或女性，毛发的生长也有早晚、快慢、多少、粗细、长短以及颜色深浅的区别，这些都属于正常现象，就像人群中有高矮胖瘦之分一样。

也有的女孩是因为在青春期发育阶段，体内激素的分泌不平衡，雄性激素水平较高，刺激了毛囊所致。经过一段时间，激素分泌趋于稳定，多毛现象就会消失。随着年龄的增长，人的体毛也会慢慢减少，这是自然规律。

应当注意，如果毛发呈进行性发展或突然增多，同时有额角发际后缩、喉结突出、声音粗沉以及阴蒂肥大、月经不调、闭经等表现就不正常了，是属于病理性的。这可能和脑垂体与卵巢功能异常有关，需要到医院去检查，然后对症治疗。

大多数女孩的多毛是属于生理性的，不需要治疗和干预。虽然现在市面上可以买到各种品牌的脱毛剂，但迄今为止，没有一种脱毛剂效果令人满意。还有人爱用拔毛法脱毛，这也不能抑制毛发的生长，还容易引起继发感染，形成疤痕或色素沉淀。

每个人的外貌都不会是十全十美的，重要的是你要学会正确看待和接纳自己。

小贴士：

夏天到了，爱美的女孩都喜欢穿短袖或者无袖的衣服，可是一抬起手臂，腋下的毛毛实在令人尴尬。用剃刀刮掉的话，腋毛会越长越粗，而且新长出来的"萌芽"特别扎。怎么办才好呢？下面就教你一个处理腋毛的方法。

首先，用热水打湿毛巾，然后放在腋下捂一会儿。保持2～3分钟，目的是让毛发软化。然后涂上腋下专用的脱毛膏，按照使用说明，轻轻地脱去腋毛。最后，用清水冲洗干净即可。因为腋下是比较敏感和脆弱的部位，所以你一定要选择质量好的脱毛膏，而且在刮的时候手法要轻，不能用力。

初中那些事儿

谁的青春期不冲动，带着憧憬过初中。

怎么吃都不胖，像是一句广告宣传语，但是确确实实是爱美女孩的愿望。可是"吃"与"美"似乎是一对天敌，尤其是某些错误的言论诸如"减肥关键是饿，运动是没有用的"误导下，好多女孩开始把节食当成瘦身方式。可是，对于正处在青春发育期的少女来说，节食真的适合吗？

碗饭，也不怎么喝水，就连平时最爱吃的水果也没能提起她的胃口。小落就这样坚持了一段时间，刚开始还信心满满，没什么不舒服的感觉，可是越到后来她越是感觉到难受：上课无法集中精神听讲、总是感觉到疲惫，"大姨妈"也悄无声息地"失踪"了……

听起来有些难以置信，

小落的月经失调也就不难理解了。

除了引起月经失调，节食还会导致营养成分摄入不足、免疫力下降。一些维持身体正常运转的营养元素：维生素、谷物、蛋白质等缺乏，会使生长发育迟缓，智力也会受到影响。严重的节食还会导致青春期厌食症，过度消瘦，精神不振。这样的"美"，不要也罢。

一直以来，女孩们认为"瘦"的就是"美"。其实，健康才是最美的。有着令人羡慕的健康的体魄，就等于有了追逐梦想的资本，拥有一个健康的身体才能成就一生的幸福。无论在任何时候，保持一个健康的身体和心态才是最重要的。如果要保证身体健康，又想保持身材苗条，就应该坚持"体育锻炼＋合理膳食"原则。

养成锻炼身体的习惯会让你终身受益。适合青春期少女的运动包括跳绳、健美操、踢毽子和跳皮筋。这四项运动不受场地的限制，可以单独进行，也可以和好朋友们一起，随意性强，经济又实惠。有条件的还可以选择游泳、网球、滑冰等，这些运动不但能够起到强身健体的作用，而且对

"吃货" 也可以很苗条

□周韵琴

15岁的小落总是觉得自己胖。她最羡慕T台上模特"纸片人"一般的身材，再看看自己，腰上有肉肉，小腿又太粗。怎么才能像模特一样，有一副"衣服架子"一样的好身材呢？听好朋友小婷说节食瘦得最快了。小落决定试一试。从这天开始，她每天只吃小半

小落只是节食，没有力气是正常现象，可是她为什么会月经失调呢？原来，青春发育期是性发育的重要时期，性发育需要脂肪。当体内脂肪积累到一定数量的时候，才会形成初潮和月经。然而，如果体内缺乏脂肪，那么女性正常的排卵、月经都会受到影响。所以，

生命的要义，在于知道我们终将死去；政治之要义，在于知道我们终要离开。——萨科齐在最后一次内阁会议上的话

长高也很有帮助。每周可进行3~5次，每次30~60分钟，最多不超过两个小时，可分2~3次进行。

有些运动不需要单独抽出时间，只需要日常生活中"边角料"的时间即可。例如时下非常流行的平板支撑（俯卧，双肘弯曲支撑在地面上，肩膀和肘关节垂直于地面，双脚踩地，身体离开地面，躯干伸直，头部、肩部、胯部和踝部保持在同一平面，腹肌收紧，盆底肌收紧，脊椎延长，眼睛看向地面，保持均匀呼吸）适合在课间进行。还有就是，贴墙站立法（夹紧臀部，把整个背部紧贴在墙壁上，臀部、背部、腿部、腰部、头、脖子等都尽量贴紧墙面。几分钟后腰就会很累，坚持15分钟），这两种运动不需要消耗太多时间，却能够有效地为你打造出形体美，让你的腰、背和臀部线条更加完美。

在合理膳食方面，要养成良好的饮食习惯。

我国民间流传的养生习惯"早吃好，中吃饱，晚吃少"讲得非常有道理。"一日之计在于晨"，早餐摄食的能量占人体一天所需能量的30%。研究结果表明，坚持吃早餐的少女比不吃早餐的身材要正常得多。相比之下，不吃早餐会造成两种极端的身材——过胖或者过于消瘦。

午餐在一日三餐中起着承上启下的作用，也不能草草敷衍了事。可以食用一些新鲜蔬菜、鱼类和肉类，来补充一上午消耗的体力，保证接下来的能量供给。

晚餐要吃得少而清淡。吃得过饱、过于油腻会加重肾脏的负担，导致睡眠质量不佳，更是发胖的罪魁祸首。

另外，水果和零食也不能代替正餐。有些女孩在没有胃口的时候会拿水果来当饭吃。中午不吃饭，吃两根香蕉。或者晚上不吃饭，吃一个火龙果。水果虽然富含水分和维生素，但是毕竟成分单一，无法提供如鱼类、肉类等所含的蛋白质及其他营养成分，如果长期拿水果当饭吃，会造成人体部分营养的缺失，轻则营养不良，重则会引发多种病症。

综上所述，爱美之心人皆有之。想要变美丽可以通过锻炼，再配以合理的饮食去获得。节食是不可取的行为。况且，又可以享用美食，又能够获得健康，这才是人生最大的乐趣呢！🌰

青春，与"痘"有约

□张杏娟

青果最近可郁闷了，因为她的脸上长了几颗青春痘。这不，早上跟同学约好去植物园玩的，可感觉这样满脸的痘痘丑死了，死活不肯去了。尽管老妈和同学都安慰她说没事，可青果还是觉得很丢人。闺蜜小玲跟她说了一件事情，青果觉得很诧异。小玲说如果有男朋友了，那痘痘就会消失了。这是真的吗？

相信很多人都被青春痘的问题困扰过。引起青春痘的原因有几种：内因有内分泌功能失调，雄性激素分泌增多或相对增高，刺激皮脂腺肥大增生，分泌油脂量增多；诱因有精神因素，饮食因素，排便、

初中那些事儿

谁的青春期不冲动，带着憧憬过初中。

睡眠等个人行为因素，嗜好烟、酒等因素；药物因素有化妆品及皮肤护理因素等。

体内性激素（雄性激素）分泌旺盛导致的青春痘，通常出现在脸上、胸前、肩胛、后背等皮肤脂腺发达的地方。可表现为丘疹、粉刺、脓包等多种皮肤损害。随着发育逐渐成熟，内分泌系统趋于稳定，一般到 25 岁以后青春痘会慢慢自行消失。过了 25 岁，很多人都有男女朋友了，不少人也结婚了，因此，容易给人造成一种印象：有了性生活，脸上的"痘痘"也就好了。其实青春痘与性生活没有关系。如何安然度过这段有"青春美丽痘"相伴的日子？当然也有些小秘诀：

秘诀 1. 不要挤压青春痘

把青春痘里的脓汁或白色油脂颗粒挤出来，感觉青春痘好像会消得比较快，但是此举却会造成一连串伤害，包括凹洞、黑斑、容易脸红、血管扩张形成一条条的血丝，以及老是在同一个地方冒出青春痘。其实只要等待两三周，让颗粒球干燥、密实，在清洁时自然掉出，就不必担心何时可以挤，也不会留下疤痕。

秘诀 2. 饮食要均衡

这期间饮食尽量清淡，多喝水，多吃蔬菜和水果，少油、少甜、少刺激，避免食用过多含有色素及人工香料的食物；含有咖啡因的食品如浓茶、咖啡、可可、巧克力等，也易激发油脂及内分泌不平衡，形成更严重的青春痘。

秘诀 3. 睡眠要充足

睡得不好油脂会分泌得更多，因而青春痘也长得更多，脸色也会灰沉沉的。所以不要熬夜，要保持足够的睡眠时间。

秘诀 4. 心情愉快

情绪影响心理，同样也影响生理。紧张、烦躁同样会使油脂分泌增加，所以心情不愉快会使青春痘长得更多。

秘诀 5. 使用药物

目前市面上可买到的治疗青春痘的外用药很多，大部分安全又有效。但通常在正确使用下要经过两三个月才能有效。有的外用药品如维生素 A 酸的外用药膏，在使用初期会变得更严重，甚至皮肤会因为适应性的关系又红又脱皮，但只要持续使用下去，就会逐步显效。有些外用药效果很好，但可能会过敏，所以如果使用后皮肤有红、痒的症状，就应先停止用药，并请教医师。

秘诀 6. 保持清洁

千万不要忽略了枕巾、枕套的清洁卫生。枕巾应一两天换一次，枕套应当每周换洗一次。枕巾经常与脸部皮肤接触，如果光洗脸不换枕巾就等于没洗脸。枕套因为直接接触面部，容易沾上螨虫、灰尘、头皮屑等脏东西，所以定期换洗非常重要。此外还要常洗澡，注意个人卫生，尤其是头发分泌的油脂会污染额头部分的皮肤，导致额头痘痘丛生。

其实，长痘痘真的没什么的，至少说明你和大家一样都在茁壮成长，说明我们青春逼人。没准我们白发苍苍时，还很怀念这些小痘痘呢。🌸

切记：有人可能会恨你，但除非你也恨他们，否则他们是不会赢的，而恨会毁了你自己。——美国前总统理查德·尼克松

写给少年男子汉的悄悄话

你一定要了解的**身体密码** □何 勇

青春期是决定人一生发育水平的关键时期。你越了解身体正在经历的变化以及什么是正常的变化，你就越能了解自己，接受自己。

1.男性的生理构造

男性的生殖系统可以分为三部分：睾丸、前列腺、阴茎。

睾丸是负责生产的器官。进入青春期，下丘脑、脑下垂体与松果体会产生连锁反应，刺激睾丸制造雄性激素——睾酮，然后此激素再启动青春期的变化，例如性器官变大、长出阴毛、声音变低沉等。随着这些过程，睾丸也会开始成熟，制造精子。睾丸一天可以制造约2亿个精子，甚至更多。

左右两个睾丸位于阴茎下方的阴囊内，一边的睾丸略低于另一边是很常见的现象，而且这是有原因的：如果两边的睾丸等高，就很容易与腿互相摩擦。因此，大多数男性一边的睾丸会比另一边略低——据统计有70%的人左边睾丸略低。睾丸随性成熟而迅速生长，至老年随着性功能的衰退而萎缩变小。

前列腺位于膀胱下方，在男性体内发挥着重要的作用：可分泌前列腺液，是精液的重要组成成分，对精子正常的功能具有重要作用，对生育非常重要。同时，前列腺还能够控制排尿，使排尿顺利进行。

阴茎是男性的性行为器官。很多人都以为阴茎是由皮肤所覆盖住的圆柱体，事实并非如此。阴茎是由海绵体组织及血管交错而成，其中血液一直不断流进流出。阴茎的皮肤通常有褶皱，以便勃起时扩张。有些男性的包皮会覆盖住阴茎的顶端——龟头。虽然所有的男性生来都有包皮，但许多人在出生后不久便割除。割除包皮和保留包皮的阴茎在未勃起时外观有些不同，不过两者的功能都很健全。需要注意的是，未割包皮的男性必须格外注意阴茎的清洁，如果不每天清洗，包皮下很容易堆积恶臭的污垢。而割除包皮的男性则不会有这方面的问题。

2. 男性第二性征的出现

所谓男性的第二性征，是指使男性区别于女性的各种体态特征。进入青春期以后，男孩从一个可爱的淘气包，变成了身材伟岸、声音浑厚低沉的堂堂男子汉。颈部的喉结渐渐凸起，脸上也长出了胡须。正是这些第二性征的出现，才使得成熟男性有了一种特殊的魅力——阳刚之气。

阴毛也是人体的第二性征之一，也是最早出现的体毛之一。在男孩11岁~12岁时，先是于阴茎根部的两侧，以后逐渐向会阴部蔓延，颜色由浅变黑，变得粗而卷，到了青春后期，阴毛则从脐部以下至阴部呈菱形分布，在大腿内侧、耻骨联合部位，甚至肛门周围也会出现阴毛。

腋毛在阴毛出现后一年至一年半开始长出。少数人也可早于阴毛。胡须的出现是在腋毛出现后一年左右，也可更早一些。此时，额部的发际逐步后移，尤其于两鬓角处凹入，而成为特殊的男性型发际。

喉结约在12岁开始出现，这是由于雄性激素的作用使喉头增大及声带变长的结果，所以自13岁起男孩的声音区渐渐变粗，称为"变声期"。18岁左右时，喉结发育与变声过程大多已完成。此外，值得一提的是，大约1/2~2/3的男孩也会有乳房发育，经常始于一侧，主要有乳头突起、乳晕下出现硬块，个别人也可有轻度触痛，一般持续半年至一年即自行消退。所以男性在青春期性发育的程序大致是，睾丸、阴茎、阴毛、腋毛、胡须、喉结、变声等。但这只是通常的规律，实际上每个男孩青春发育的差异程度比女孩更大，所以有些男孩各种第二性征的出现程序与此规律不太符合，多数是正常现象。尤其是毛发的改变，东方人的毛发多数不如西方人的发达，有的人即使到了性成熟期，阴毛、腋毛、胡须等仍较稀疏。内外生殖器官的大小和长短，同样有较大差异，只要不是很明显的异常，一般都不会影响今后的性功能，故不需要特殊治疗。

男孩判别自己进入青春期的七大指标

体重及身高剧增
性器官发育和开始制造精子
发生了遗精
声音转变为低沉

阴毛和腋毛开始生长
有汗臭、青春痘的现象
出现喉结和胡子

任何事情成功的关键都是熟能生巧。——《生活大爆炸》

男孩，请关注你的"蛋蛋"

□夏萌萌

睾丸，因为其外表呈椭圆形，像两颗鸡蛋，因而被男孩们戏称为"蛋蛋"。睾丸的保健对于男性来说至关重要。一旦你进入青春期，就要养成每个月定期自我检查睾丸的习惯。自我检查大约只需要3分钟，却可以帮你及时发现问题，甚至还能救你一命。

最适宜做自我检查的时机是在洗过热水澡以后，因为此时阴囊较为放松。时间大概3分钟。首先，将阴囊放在手掌上，一次检查一侧睾丸。轻轻地用两手的拇指及食指转动睾丸，接着检查位于其后的附睾（附睾是一个多数曲折、细小的管子构成的器官，一面连接着输精管，一面连接着睾丸的曲细精管。当精子离开睾丸时，就跑到附睾里，继续生长成熟。附睾在睾丸的上端和后缘，附睾管长4米～5米，盘曲构成体部和尾部。助于精子的成熟），可能会有点触痛，不过这是正常的。再来检查输精管，它位于附睾的上方，摸起来是平滑、坚实的管子。做完一侧的检查，别忘了再做另一侧。

熟悉自己睾丸的形状和触感很重要。在阴囊或者腹股沟发现任何小疝、肿块或者有刀割般疼痛，必须马上就医！此外，当你在做例行健康检查的时候，别忘了请医生检查你的睾丸。

除了要养成自我检查的好习惯，你还需要了解一些常见的睾丸疾病。

什么是隐睾

隐睾是一侧或两侧睾丸未降入阴囊而停留于下降途中的任何部位。当男婴在母亲子宫内成长时，两颗睾丸都位于下腹部，一直到出生前睾丸才会下降至阴囊。不过，在有些情况下，男婴可能生来就有一侧甚至两侧的睾丸未下降。

只要用手就可以检查自己的睾丸是否下降了。有些男孩的睾丸有时会上移到腹股沟，有时又下降至阴囊内，这种情况称为"睾丸游离"，必须就医。

什么是睾丸扭转

基于生理的需要，睾丸具有移动性。为了制造精子，睾丸必须保持一定的温度，因此会应对温度的变化而调整与身体间的距离。然而，有时

谁的青春期不冲动，带着憧憬过初中。

睾丸会因为扭转而阻断血流，使血液瘀积在睾丸中，导致睾丸突然严重肿胀，同时造成腹股沟疼痛。患者还可能有眩晕及呕吐的症状。这种情况可能发生在剧烈的活动中，也可能发生在睡觉时。如果发生了，千万不要心存侥幸不去看医生，因为如果疼痛消失，那也就表示睾丸已经坏死了——过程很快，大约只要4~8个小时。

睾丸疼痛怎么办

睾丸疼痛可大体上分为两种情况，急性的持续疼痛和慢性的经常性疼痛。急性疼痛多见于睾丸炎和损伤。睾丸炎发生时，附睾与睾丸肿胀和疼痛，有时还有尿痛、尿急、脓尿等症状。睾丸损伤一般有外伤史和局部的肿胀及瘀血，睾丸除剧痛外并有阴囊肿大、皮肤水肿。如果急性睾丸疼痛没有得到及时治疗，就会变成慢性疼痛，疼痛较轻、泛化、具有放射性疼痛，所以不容易判断炎症的确切部位。

当你发现自己的睾丸疼痛，一般自己判断较为困难，千万不要自以为是乱用药，最好及早找专科医生求治，以免贻误病情。

睾丸瘀伤

睾丸发生损伤时，局部会有肿胀及瘀血。又因为阴囊皮肤松弛，睾丸血液回流丰富，损伤后极易引起血肿，感染。剧烈运动或性行为、暴力有时可引起提睾肌的强烈收缩，让睾丸"雪上加霜"。外伤之后，如果供应睾丸营养的血管损伤严重，它会萎缩、坏死，引起阳痿或生理功能障碍。

睾丸外伤后如果感到剧烈疼痛，你要利用手电筒在黑屋中查看你的阴囊，如果光线不能穿过阴囊，说明有血肿，你一定要立即就医。

青春期男孩须留意睾丸发育 □刘 坤

青春期是睾丸发育的关键时期，一旦发现睾丸发育异常，应及时到医院就诊。

睾丸发育落后，少年性别成疑问

16岁的小王是个眉清目秀的男孩，皮肤细腻，看起来甚至有点娇弱，带着一股中性气质。他发现自己的睾丸很小，就去医院就诊。照理说，16岁的男孩睾丸发育应该接近成年人，但医生检查后发现，小王的睾丸发育明显"滞后"。专家再仔细打量一番小王，就看出一些不正常的地方了：这孩子下身也没长阴毛，喉结也不突出，居然还没变声。

医生认为，小王的男性性征发育不明显，并非偶然现象，他很可能是"两性畸形"，虽然阴茎外观正常，但睾丸等生殖器官发育较差，这是一种性染色体疾病，如果做盆腔彩超，很可能会发现体内有卵巢，这就是说小王并不是真正的男儿身。医生提醒，青春期男孩发现自己睾丸不发育，不长胡须、喉结等，应及时到医院就诊。

孩子太胖，影响睾丸发育

14岁的小张体形肥胖，有140多斤，正处于青春期的他无意中发现自己的睾丸一大一小，很不放心，在父母的陪同下来医院看病。专家检查发现，他左侧睾丸有12毫升，右侧睾丸仅有4毫升，跟花生米差不多。两只睾丸"个头"差别很大，右侧的睾丸看上去比左侧的小得多。医生解释说，小张的右侧睾丸虽然小，但很饱满，另外左侧睾丸发育正常，应该不会影响以后的生育功能。医生说，目前不要采取任何治疗措施，只需定期观察即可，"不过这孩子太胖了，应该减减肥，这对睾丸发育也有好处。"

不要为 "小弟弟" 的大小而烦恼

□ 顾冰冰

云鹏今年读初中二年级。一次，他在洗手间里发现，跟自己同龄的洛奇和小健的"小弟弟"都比自己的大，心里不禁有些郁闷。后来他又留心观察了其他人的，将自己和他们对比了一番，可是还是觉得自己的太小了。云鹏因此变得闷闷不乐，不愿去公共澡堂和卫生间。

云鹏的问题，相信很多男孩都遇到过。事实上，青春期的男孩处在发育阶段，"小弟弟"还没有发育完全。况且，它的大小与功能并没有什么联系。所以，小小男子汉们无须为此担忧。

正如人有高有矮，阴茎的尺寸也各不相同。人的阴茎和身材高矮、胖瘦、五官大小等一样存在着众多的差别，长短不一，粗细不齐。此外，在常态下同一个人的阴茎长度也不恒定，如紧张、寒冷或严重疲劳时都可使阴茎短缩。成熟男性的阴茎在勃起时为11厘米～15厘米长，直径约3厘米。静止状态长度在4.5厘米～8.5厘米。男孩的阴茎在儿童时期一般不超过5厘米，大约在12～13岁之间长得较快。绝大多数人的"小弟弟"都在成长范围之内，只有一小部分人属于真正的短小，可以说，生殖器短小的现象十分罕见。

还有一种说法，男性的生殖器越大，就越有男子汉气概。这种说法也是不正确的。男子汉气概并不是由身体情况决定的，而是由人的品德和素质决定的。有责任心、勇敢地战胜挫折，这才是真正的男子汉气概。

与"小弟弟"的大小相比，青春期男孩们更应该关注的是它的日常保健。

第一，要每天清洗你的"小弟弟"。许多人认为，只有女孩子才需要每天清洗阴部。实际上这种说法是错误的。男孩阴茎上面有一些褶皱，这些地方很容易藏污纳垢，如果没有得到及时的清洗，很有可能会导致炎症，重则会引起阴茎癌。所以，男孩们要重视自己的私处卫生，做到每天清洗。注意水温不要过烫或者过冷。

第二，选择纯棉的内裤，要宽松一些，并且要经常换洗。洗干净之后最好挂在干燥通风处。对于喜欢穿牛仔裤，爱美的小帅哥来说，尽量不要选择紧身的牛仔裤，因为阴囊处于密闭状态，空气不流通，使细菌滋生，引起生殖道的炎症。

第三，在剧烈运动中，注意保护你的"小弟弟"。喜欢欣赏足球比赛的同学们都会发现，在罚任意球时，搭成"人墙"的运动员们都会用手护住自己的阴部。这是因为男性的阴部非常脆弱，甚至被称为"命根子"，剧烈的冲撞会导致生殖器损伤，造成阴茎折断，严重的还会危及生命。

初中那些事儿

谁的青春期不冲动，带着憧憬过初中。

儿童时期，男生和女生的声音相差不了多少，可到了青春期，女生的声音变尖了、细了，而男生的声音则显得浑厚、低沉。这是为什么呢？

在儿童时期，男女生的声带长得相仿，所以发出的声音区别不大，这时的声音可以统称为童音或童声。到了变声期，声带就会发生变化，男生的声带渐渐变得粗大，女生的声带则相对细小。声带发生变化了，声音自然会发生变化。

变声期有的少年会出现"怪声怪调"，在男孩中尤为多见，这是不足为奇的。其原因是青春期的声带生长迅速，会呈现一定程度的充血与水肿，在这种情况下发声，音质较差，变得沙哑刺耳。很多成年男性回忆起自己的变声期时，用了"尴尬""自卑""沮丧"等形容词。这是因为童年时期稚嫩、清脆的童声变得粗粝、嘶哑，让男孩子们觉得无法接受。有的人还因为自己的声音变得不那么好听，不愿意开口说话、与人沟通，渐渐封闭了自己的内心。其实，变声是一种正常的生理现象，小小男子汉们无须为其担忧。

首先，变声期只是一个过程。变声期的时间长短因人而异，长短不同，短的为4~6个月，长的可达一年左右。变声期的长短与地域位置的联系也很大，南方的男孩就相对短一些，在4~7个月；而北方的男孩就长一些，在6~12个月。只要度过了这个阶段，你的声音就会渐渐变得像成年男性那么成熟，富有磁性。

其次，你有没有发现，在你的声音变得沙哑的同时，你的小伙伴们也像你一样。大家都处在变声期，并非你一个人是"异类"，所以没有必要太过于重视自己的感受。试着想一下，如果大家的嗓音都差不多，那么你是不是就没有那么尴尬了呢？

第三，在变声期，要注意保护你的嗓子：合理使用你的嗓子，无论唱歌还是说话，都不要过于用力；对于练歌的同学来说，每天不要超过一个小时，并且不能连续唱，每隔十几分钟就要休息一下。不要吃辣椒、葱、蒜等有刺激性的食物，它们会让你的嗓子变得不舒服；更要严禁烟酒，因为在青春期，声带在发育，过度的刺激会加重声带的刺激和充血。要预防感冒，感冒后，剧烈的咳嗽会加重声带的负担，所以要加强体育锻炼，增强抵抗力。

声音沙哑别自卑 □张建新

遗精，男子汉成长的第一声『问候』

□叶岚

读过《红楼梦》的同学都会记得这样一个片段：

袭人服侍宝玉穿衣时，"不觉伸手至大腿处，只觉冰凉一片沾湿，唬的忙退出手来……宝玉红涨了脸……含羞央告道：'好姐姐，千万别告诉人。'袭人亦含羞笑问道：'你梦见什么故事了？是那里流出来的那些脏东西？'"

这里的"脏东西"就是遗精。大多数男孩子第一次遗精多发生在睡梦之中，所以又叫梦遗。

周琦已经读初中二年级了。一天半夜醒来，他发现内裤湿了，被子上也粘了一些黏黏的东西。他以为自己尿床了，也就没在意。可是没过多久，这种现象又一次出现了。周琦非常不解，于是求助爸爸。在爸爸的一番解释下，周琦终于明白了这种现象发生的原因。

遗精是无性交活动时的射精，是男性青春期发育，由青少年逐步向成人和性成熟方向发展的里程碑。它标志着男孩已经开始成长为大人了，这是一件可喜可贺的事，所以不必惊慌失措，更不必羞愧难当，产生负罪感。

为什么会发生遗精呢？这是因为在青春发育期，生殖系统逐渐发育成熟，睾丸、精囊、前列腺等附属器官，每时每刻都在产生精液，当贮存在附睾中的精液达到一定的数量时，在适当的刺激下即可将其无意识地排出体外。

大多数男孩是在14岁前后第一次遗精。在这个时候，睾丸开始制造第一批成熟的种子——精子。理论上来讲，男孩这时候已经有繁衍下一代的能力。不过，在我们国家，几乎没有人在这个年纪就结婚的。像女孩月经初潮一样，男孩首次遗精的年纪也有很大的差异性。所以，如果你了解了什么是遗精，但是目前还没有过，那么也不必为此着急。

如果你已经经历了首次遗精。那么你会发现，每隔一段时间，你就会发生一次遗精。或者是一周，或者是一个月。有时一连几天晚上都有，但是下一次又间隔了很长时间，这些都是正常的。

有一种错误的说法，"一滴精等于十滴血"，实际上是毫无科学根据的。遗精只是一种新陈代谢的过程，男孩体内制造的精液超过身体的容量时，就会自动排出一部分，然后再创造新的。将精液排出体外这一过程也不会给身体带来任何的损耗。正常的遗精对身体无伤害，很多专家认为遗精在某种程度上可以解除体内之紧张，形成一种生理上的平衡。如果轻信了"一滴精等于十滴血"的说法，就会闹出许多笑话：

初中时上体育课，总有几个女生请假。男生们都心照不宣，知道她们"老朋友"来了。有一次一个男生也请假，老师问他原因，他说："昨天

初中那些事儿

谁的青春期不冲动，带着憧憬过初中。

晚上跑马（遗精）了，身上没劲。"惹得老师哭笑不得。

参加完一次激烈的足球比赛之后，男孩阿松发现自己连续几天晚上都遗精。他吓坏了，整日愁眉苦脸，还以为自己得了绝症。后来有一天，他偷偷地去医院找医生咨询，医生的一番解释，让他破涕为笑：激烈的运动会导致肌体疲劳，遗精频繁。而精液本身由精子及副性腺的分泌物构成，含80%水分、少量蛋白质、脂肪和很少的一些微量元素。遗精的精量多在3毫升~4毫升之间，由此损失的营养物质是很微量的，对人体来说微不足道，所以阿松完全不必担忧。

对于已经发生过遗精的小小男子汉来说，需要了解一些保健常识：

1. 注意保持阴部的卫生，不要用过热或者过冷的水洗澡，内裤不要太紧，并且要经常换洗。

2. 杜绝色情书刊、影视、不良信息，为自己营造一个健康、积极向上的心态。适当参加体育活动，增强体质，陶冶情操。

3. 不要把这种生理现象当成疾病，自寻烦恼。

4. 关注生殖健康，倘若发现炎症，如包皮炎等，要及时就医。

如何避免"小弟弟"意外竖起的尴尬

□ 姜莉莉

初二男孩高扬最近非常苦恼。他发现在公共场合，自己的"小弟弟"会在不知不觉中挺立起来。第一次发生在学校运动会时，参加羽毛球比赛时。当时高扬非常尴尬，害怕被人注意到，说自己是个坏孩子。还有一次，他帮班上一位漂亮的女同学解答完数学题之后，她甜甜地说了声："谢谢！"高扬感觉到自己的"小弟弟"立了起来，顿时满面通红，落荒而逃。让女同学觉得莫名其妙，百思不得其解。后来，高扬每次见到这位女同学都故意保持一定的距离，但是到了晚上，想到她曼妙的身形，甜美的声音，"小弟弟"再一次挺立起来，他还会情不自禁地去抚摸它。

高扬觉得很苦恼，"怎么会这样呢，"他悄悄地问自己，"难道我是个坏男孩吗？"

高扬的这种身体变化叫作勃起。当男孩的阴茎受刺激后，在短时间内松弛开来，快速地充血，将血液灌注到海绵体内的静脉血管直到压力上升到一定的限度才停止。充满血液的阴茎海绵体会将阴茎撑起，令阴茎变硬变长。简而言之，勃起就是指"小弟弟"由萎软状态变成坚硬的状态。

　　阴茎勃起是天生就会的，男宝宝在妈妈的肚子里时就会勃起。小男孩出生后排尿时也可能勃起变硬，有时躺在那儿撒尿可以使尿液像泉水一样直直地喷射到大人脸上，逗得正在换尿布的爸爸妈妈哈哈大笑，但这时的勃起并无任何"性"的含义。青春期男孩的性意识正处在萌芽阶段，见到自己喜欢的女孩或者漂亮的女性时，或者在阅读具有性描写的书籍，或者观看具有性镜头的影视剧时，"小弟弟"就会不由自主地坚挺起来。有时，在剧烈运动，或者受到了挤压和碰撞的情况下也会勃起。可见，高扬的担心是多余的，他

并不是一个坏孩子，因在他身上发生的这种情况只是一种单纯的生理现象，与道德品质无关。那么，该如何缓解突然勃起时的尴尬呢？

　　首先，认真学习青春期生理知识，正确认识勃起的现象。有了科学的理论指导，你会发现，勃起其实并不是"伤风败俗"，也不可耻，而是一种正常的生理现象。对此不要有过重的心理负担，要以健康的心态去面对。

　　其次，当在公共场合出现勃起之后，要转移注意力，放松心情。因为越是紧张，越是惊慌失措，就越不利于缓解勃起的现象。当你放松下来，思路转移到其他事情上，性兴

奋中枢就会被抑制，阴茎勃起就会消失。

　　再次，丰富自己的生活，减少性刺激。处在青春期的男孩子们有着旺盛的精力，如果能把生活安排得丰富多彩，例如多参加一些课外活动，培养自己的兴趣爱好，积极参加体育锻炼等，就能分散一部分精力，避免将注意力转移到性方面。另外，在日常生活中要避免过度的性刺激，不要沉溺于性幻想之中不能自拔，远离色情书刊和影视，选择宽松的衣裤等。

　　总之，不要把勃起当作道德败坏，不要因此背上沉重的心理负担，只要坦然地去面对就可以了。🌰

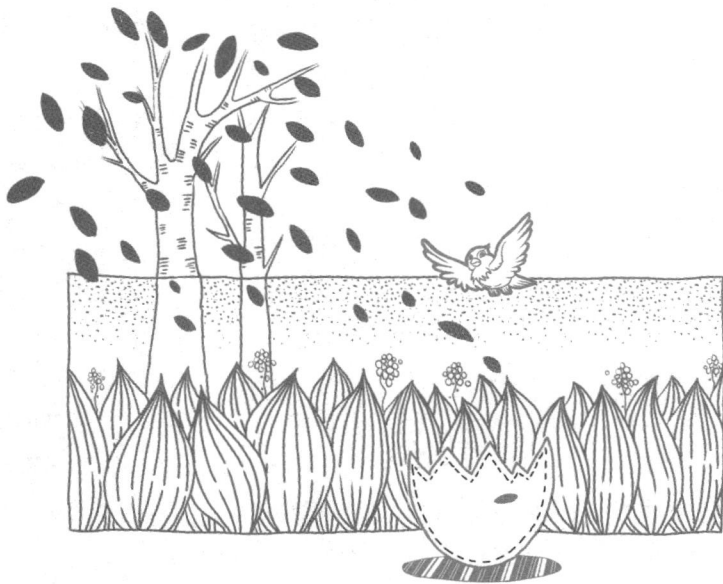

初中那些事儿

谁的青春期不冲动，带着憧憬过初中。

初中那些事儿

谁的青春期不冲动，带着憧憬过初中。

手淫，又称自慰，是指刺激性器官而达到性的快感和高潮。在男女老幼不同年龄皆有。但在青少年中最为普遍。人到青春期，由于生殖器官和性腺的发育，性激素分泌增加，人的性冲动就会增多，在青春期的中后期以及青年阶段会达到高峰。一方面，处在身体发育阶段的男孩们对自己的身体变化非常好奇，并且想知道异性的身体是什么样子。另一方面，随着身体发育和年龄的增长，对性有了要求，不知道用什么方法排解，所以就会用手淫来满足。

在青春期是手淫的高发期，且男孩多于女孩。据统计，美国的90%以上在校男生和75%以上在校女生有手淫的经历。

手淫究竟是利大于弊，还是弊大于利，众说纷纭。古时候，科学技术不发达，对人体的研究也不全面。手淫在那个时期被当成一种邪恶的行为，有些书上甚至将它列为禁忌。中国通常认为手淫是一件不好的、不体面的事情——尽管并未上升到罪恶。近年来，众多的研究结果表明，适度的手淫不会影响人的身体健康，反而有助于缓解生理上对性的需求，使压抑着的性冲动得到

手淫不是病，上瘾却要命
□田园

释放。毕竟，对性的渴望是人的正常生理反应，就像渴了要喝水，饿了要吃饭一样正常。它是一种正常现象，也是一种宣泄途径。

但是对于正在成长和发育阶段的青少年来说，手淫是一种不值得提倡的行为。

在手淫的快感过后，悔恨、懊恼、自卑、负罪感等很多情绪就会涌上心头，认为自己做了"亏心事"，变得脆弱、敏感和多疑，这给青少年的心

理造成了极大的伤害。而且，手淫具有成瘾性，一旦形成习惯，难以摆脱。频繁地手淫会造成精神不集中、记忆力下降、失眠、多梦、心悸、精神萎靡、体力下降，造成一些泌尿系统的疾病。这一系列的后果都不利于青少年的学习和生活，影响其健康成长。更为可怕的是，沉溺于手淫中无法自拔，还有可能影响到日后的性功能和生育功能。

所以，青少年应该尽量避免手淫的发生。人在青春期的主要任务是学习文化知识，培养美好的性格和高尚的道德情操，其身体和身心发育的特点也决定了在这一阶段并不适宜去探究身体和性的奇妙。在有了强烈的性冲动之后，要尽快分散自己的注意力，及时打消这种念头。

另外，如果你无法克制手淫的习惯，或者已经沉溺在其中无法自拔，建议你去寻求医生的帮助，通过药物的治疗和心理上的疏导来帮助你戒除手淫。

青春期男孩要正确认识手淫，以明智的态度来对待手淫，就不会被其所困扰。战胜你自己，必将拥有一个美好的明天。

从前，我见富人，觉得他们为富不仁，有什么了不起；见名人，觉得他们不过尔尔，有什么了不起；逃避他们以维护自尊，鄙视他们以凸显清高。如今方知，强我者必有强我之处，我只是不敢面对。——乐嘉

不要错过长高的黄金时期

□ 小雨

有研究结果表明，在成长发育过程中，有两个生长高峰期：一个是 1 岁～3 岁幼儿期，另一个就是青春期。这两个时期受体内激素水平升高的影响，身高在短期内飙升，如果生长发育充分，对身高有决定性的作用。所以，正处在青春期的孩子可以充分利用这个机会努力让身材变高。

遗传代表着一个孩子身高发展的潜力。如果你家族中几代人身材都偏矮，那么你身材不高很正常，想要长高就要付出更多的努力。通过著名的"哈弗利采克公式"可以算出你的"先天身高"：

【男孩】未来身高（厘米）=（56.699+0.419×父身高+0.265×母身高）±3cm

【女孩】未来身高（厘米）=（40.089+0.306×父身高+0.431×母身高）±3cm

营养是影响长高的第二个因素。营养不良会导致骨骼发育不完善，而营养过剩则会导致性早熟，使骨龄提前，骨骺提早愈合，不再生成新的软骨细胞。

某些疾病也会影响你长高，比如甲状腺功能低下、佝偻病和一些慢性疾病。

缺乏运动也是影响青少年长高的"元凶"之一——平时疏于运动的人反应不灵敏、耐力差，身高增长也显得非常缓慢。

最后，缺乏睡眠、睡眠质量差也不利于身体发育。生长激素能促进骨骼、肌肉、结缔组织和内脏的生长发育，其分泌有明显的规律性，即白天分泌较少，夜晚睡眠时分泌较多。深睡一个小时以后逐渐进

入高峰，一般在 22 时至凌晨 1 时为分泌的高峰期。生长激素分泌过少，极有可能造成身材矮小。如果睡得太晚，身高就会受到影响。生活没有规律，心情压抑或者学习压力影响到睡眠质量，也就使长高潜力无法充分发挥。

综上所述，影响身高的因素除了先天遗传和环境因素不能改变，其余都可以通过自身努力来改善。后天因素，最积极而又有效者莫过于均衡营养和体育运动。

营养物质是砌成身高增长的首要"砖瓦"，理想的身高与合理的营养密不可分。对于青少年来说，必须重视动物性蛋白，建议多吃些瘦肉、鱼、虾、禽蛋、牛奶等富含蛋白质丰富的食物。

体育锻炼之所以能促使长高，一是能促进生长激素的分泌；二是加强了骨细胞的血液供应，有利于提高骺软骨的增殖能力；三是对骺软骨的增殖有良好的刺激作用。运动以后生长激素分泌明显增加，但是像举重、杠铃、铅球、铁饼、体操等负重训练对身高却有负影响，而像摸高练习、上体前引、跳绳、游泳等训练会增加关节、韧带的柔韧性，有助于身高发育。

初中那些事儿

谁的青春期不冲动，带着憧憬过初中。

人生选择什么就必须承受什么，得到什么就会失去什么。——吴念真《这些人，那些事》

谁的青春期不冲动，带着憧憬过初中。

性教育，我和妈妈一起面对

□ 蔡占奎

性教育，妈妈的搞笑抗议

我上初中了，第一堂性教育课对我的惊动很大，我在性方面真的好无知好危险，而这其中最大一个根由就是爸妈，特别是妈妈。我长到14岁，妈妈从来没有过什么性教育的言行，连概念都没有，压根儿没这根筋。一种愚蠢又可怕的传统惯性，一切与性相关的字词声色都必须绝对封锁，直到孩子婚嫁才算完，而在这期间，许多孩子在背地里早就有了灾难和疼痛，我就是一个。爸妈封锁，孩子好奇，哪能不去尝试？

课后，老师发了张家庭性家教调查表，内容有：你认为你女儿性发育正常吗？你什么时候开始留意女儿的身体变化的？你和女儿交谈过性话题吗？什么时候？怎么交谈的？你的女儿是从什么时候有性好奇的？是怎样好奇的？你对女儿的性成长最担心的是什么？采取过怎样的说教？你对学校新开设的性教育课程有什么建议……

回家后，我不敢当面把调查表给妈妈，偷偷放在她枕头边上，留言拜托她认真填写。

第二天上学时，妈妈也是一声不吭，虎着脸将调查表塞到我书包里。半路上我拐到无人的角落看妈妈的作品，天哪，那些问题妈妈一律画了一个大大的叉，建议写了，很酷："我的女儿与性毫无关系，在这个家庭，没这个字眼！我的女儿好好的，心中无性一身干净，为什么要用这鬼字眼来扰乱她？就像伊甸园里那害人的苹果，不挂在那里实施诱惑，两个孩子会去吃吗？"

这样的搞笑抗议，我当然不敢交。

我就不信惊动不了妈妈

我发现妈妈太自以为是了，她以为她的严厉和冷酷真能培养出一个品学兼优心无杂

自责之外，无胜之术；自强之外，无上人之术。——弘一法师

念的好女儿？我考虑：要不要把我的真实想法暴露出来吓吓她？

电视上出现男女激情场面时，我故意伸长了脖子看，妈妈一掌打来，然后电视黑屏，我边跳边叫："这算什么啊，全世界女孩都早熟了……"我跑出去，妈妈一连打了六次手机，证明她已经紧张起来了！

除此之外，还有老师的配合，老师打电话给妈妈："你女儿成绩滑坡了，家长协助多找找原因啊……"

妈妈是个精明又寡言的女人，瞄准什么绝不放空枪。一连多日，她除了用眼睛观察我之外，进我屋、检查我书包的次数多了，有时我锁上门，也知道她在门外待了几次，特别是晚上。

这正是我想要的效果。我在"创作"一本日记，把学校开展性教育之前我心中许多好奇与迷乱写出来，再把接受性教育中的心理变化写出来，安排成数日一篇，一年多集成大半本子。我要让妈妈知道：我的"性趣"在学校开性教育课之前就有了。我对我自己的身体，对我"喜欢"的一个男孩的身体，都有过反复多次的幻想与折磨，极大的好奇与迷惑，痛苦挣扎，我把这种无

法摆脱的挣扎写为"心中美丽的魔鬼""快渴死了的装模作样"……性教育后，我变了，我从那种可怕的"黑箱"里解脱出来了，听了性教育课后，我对女性身体乃至性冲动性幻想的内在因素都能说出确切的依据了，那种魔幻般的迷惑没有了，而且也在后怕："好险，我差点用无知的尝试去破坏花季美好的成长程序，性成长的每个阶段都有这个阶段独特的美好，不必困惑，不可逾越，就像我和那个男孩的相互喜欢和吸引，就只能是阳光下的两朵花蕾，让风传递成长着的芬芳与美妙，别无其他……"

那天，我的日记"忘记"锁了，放学后我首先看桌上的日记，我留有精确的位置记号，发现被人动过了——我成功了！

果然，晚上妈妈主动找我，问："女儿，你们的那个课开展得怎么样了？"

我"羞"叫："老妈！什么课啊？"

妈红脸走掉，我追着抱她，缠她："妈！是我们校长亲自讲的呢！很好，妈你也应该去听听呢！我们校长说她要来请你去指教……"

妈妈也叫："我的那建议还不让她恨死我啊？"

我大笑，说我没交。

性之趣的一扇绿色门窗

我对校长说了妈妈的转变，校长特意请妈妈去听她对初一新生的第一堂性教育课，让我作陪。其实，校长阿姨是我初一时的班主任，对我和我的妈妈都非常了解。她亲自担任几个年级的性教育讲课教师之后，对我没少开小灶，她对我的性好奇早就有所察觉。她说，我的妈妈和许多学生家长一样，也需要进行性教育，"性盲"是带不好现代孩子的。

这堂课，听课的全是十三四岁的女生。讲台两侧旁听的是和妈妈一样需要性教育的学生家长。刘校长不用讲桌，那样笑眯眯地站在台上，像个活佛。女孩们开始都有点羞头羞脸，她们知道这堂课要讲什么。

刘校长开场是这样的，傻傻地摆个架势，指着自己有点胖的身体，认真地问："孩子们，你们看，我很美吧？"孩子们全笑了，气氛一下子轻松了。刘校长假装生气，问："好啊，你们笑我不美是吧？现在，你们来回答我，女性，怎样才是最美的？"孩子们想弥补刚才不应该的笑，

所有这些贪婪和欲望，所有这些对财富、权力和名声的追求，其目的到底何在呢？归根结底，是为了得到他人的爱和认同。
——《国富论》作者亚当·斯密

初中那些事儿

谁的青春期不冲动，带着憧憬过初中。

就踊跃举手发言："有知识的，校长这样的！""懂礼仪的，有风度的！""不穿奇装异服的！""健康的！"……

刘校长笑了，始入正题："孩子们，你们说得都对，也都不对，因为这些都是以前老师和家长说的，不一定是你们内心所想的，我就知道，你们有时就喜欢穿奇装异服，因为，你们知道自己的身体很美，但又不敢不穿衣服，就只能用奇怪来吸引男孩子的眼球了——对吧美女们？"

孩子们再次欢笑了，也完全兴奋起来了。

刘校长正式开讲："孩子们，我们要讲的课是性教育课，是有关我们身体的，所以，我们完全可以换一个说法，

我们的课，是美的教育课，怎样认识美，怎样享受美。从美的角度，我们要走进的有两道门，一是我们身体发育的过程和状态，个子呀，胖瘦呀，健康状况呀，第二性征呀，以及与此相关的营养学、心理学等。二是我们身体的各种感觉，主要是讲性萌动、性成长、性幻想方面的美好感觉，也就是怎样认识和培养这种感觉的最美好——强调一下：美好是我们的门面。人体是世上最美好的存在，人体的每个组成部分都是最美好的，现在我又要提问了：有哪位美女能说出自己身体的哪一部位是不美好的？"

家长们有点紧张了，没想到，孩子们又是欢笑，无疑是对美好的全部认可。

刘校长走向孩子们，话题深入："是的，我也有过性之初的羞怯与困惑，美好的身体，美好的感觉，为什么会有许多迷乱许多遮掩甚至许多荒唐和伤痛呢？为什么总要等到伤痛之后才知道什么是错、什么是对呢？孩子们，是不是性这个家伙加入我们的身体之后，我们就一定要产生错乱呢？从今天开始我们就一起来探讨这个问题……"

我发现妈妈完全变成了"小孩子"，和那些女孩子们一样全神贯注，没有羞怯，没有惊慌和掩饰，有我从未见过的坦诚和认真，还有一种纯纯的感动。

妈妈似乎明白了，她的女儿为什么能走出性趣的迷乱区域，从凶险密布的"黑箱"走到了阳光下——是因为这样的性教育和这样的性教育方式。

妈妈完全能想到这些孩子在这样的性教育进程中会发生怎样的身心变化。孩子的性迷茫和性错乱，很大程度上是家长的迷茫与错乱所致。用"美好"二字诠释性教育，再明智不过了，妈妈由此看到了学校为孩子们的性之趣打开的一扇绿色门窗，满眼阳光下的红花绿叶，纯净自然，尽善尽美。🍃

人，生当有品，如哲、如仁、如义、如智、如忠、如悌、如孝。吾儿此次西行，非其夙志，当青青然而归，灿灿然而返。
——当年钱学森远行时，其父塞给他一张纸条做礼物

节食减肥

我刚开始减肥就是节食，那会儿我人称谢半斤，吃饭一顿吃半斤，拦都拦不住。所以，我必须从节食开始。

有过节食减肥的朋友都知道，这个方法真的太难受了，越节食越想吃，强忍几顿不吃，忍不住吃顿扎实的，一下子全回来了。

当我发觉体重反弹，方法失败了，我就彻底放弃了。

药物减肥

接着我进入了第二个环节：药物减肥。说实话那会儿我把自己当小白鼠，把所有的减肥药几乎全试完了，减肥药有一种是抑制食欲，另一种是纯拉（减肥的朋友你懂的）。

第一种抑制食欲似乎很难受的，就是吃了头晕得东南西北都找不到，心跳加速，口干舌燥，不会饿，但是很难受，很容易没耐心，脾气又很暴躁，还老想哭，我坚持了一段时间确实瘦了，但是心情变得很不好，动不动就生气，动不动就想哭，那情绪根本控制不住。

于是，就又放弃了，之后又胖了回来而且比以前更胖，唉！

第二种纯拉，就是使劲拉

肚子。药和茶都喝过，拉得我呀，腿都软了，不得不放弃，之后体重又反弹。别提了。

针灸减肥

接着我开始探索其他方法来减肥，比如针灸。

针灸真的好痛，我有点承受不住这种痛，但是一想到可以瘦就咬牙忍住了。话说那一次针灸完了之后，针灸师叮

减肥苦难史

□ 谢 娜

嘱说要注意几点才能达到效果，一是少喝水，二是这段时间只吃西红柿和黄瓜。我向针灸师保证说一定配合，只要能瘦。

我刚做完，何老师和一帮朋友约我去吃饭。我纠结了几个回合，最终还是经不住食物的诱惑。

针灸减肥的一个礼拜我长了七斤，每天一斤，以失败告终，之后才想起来卡费可惜了啊可惜了，心痛啊心痛！

运动减肥

于是我一咬牙，运动减肥，去健身房太贵，所以我决定，跑楼梯。我全身上下包着保鲜膜跑楼梯，九楼，每天来回六趟。真的有用，一个礼拜下来瘦了。

可是也会有问题哦，因为用力过猛，上身减下来，腿上无情地长肌肉啦，肥肉好减肌肉难减呀。为了不成铁腿，我又放弃了爬楼梯减肥法，马上体重又上来啦，而且多了双结实的腿，老天呀，你就折磨我吧。

学会欣赏自己

减肥这个话题跟大家聊这么多，其实我最推荐稍微控制食量和适量运动，其实，胖胖的很正常，我们应该好好欣赏自己。🍍

对于你所拥有的，要心存感激，这样你就会拥有更多；对于你所没有的，如果念念不忘，你永远都不会满足。

五月的一个下午，四个女孩结伴来到照相馆。小媛换上那套借来的维吾尔族服装，照了一张正面的二寸照。大约过了半个月，小媛的着色放大照片在凯歌照相馆的橱窗里陈列了出来。

红旗中学的女孩子们几乎都知道了小媛的名字，小媛

她的脸很快变得苍白如纸。谁造的谣？小媛问苗青。

我不清楚，大概是珠珠先说的吧。苗青说。

小媛的眼睛里掠过一道冰冷的光芒，她站起来看了看坐在前排的珠珠。我饶不了她。小媛咬牙切齿地发誓，然后她拉住苗青的手说，苗青，

见有个男孩说，再敢欺侮小媛，我就把你扔到河里去。珠珠哭哭啼啼地报告校长。

红旗中学的校园里贴出了一张处分报告，被处分的就是曾经闻名于香椿树街的漂亮女孩何小媛。

小媛从此变得沉默寡言，她不再和任何女孩子接近。

九月的一个早晨，许多披红挂绿的卡车带走了那些上山下乡的女孩子。化工厂隔壁的漂亮女孩小媛也在其中。小媛再回香椿树街已经是五年以后的事了，她以洁白如雪著称的脸在五年以后变得黝黑而粗糙，当小媛肩扛行李走过香椿树街时，谁也没有认出她就是化工厂隔壁的漂亮女孩。

只有珠珠一眼就认出了小媛，当时两个女人都很尴尬，她们起初没有说话，走了几步，珠珠回过头发现小媛也在桥头站住了。两个女人就这样相隔半座石桥互相凝视观察，后来是珠珠先打破了难堪的沉默。我在凯歌照相馆开票，什么时候你来照相吧，珠珠说。我不喜欢照相，你还是多照几张吧。小媛淡淡地笑着摸了摸她的腋下，小媛说，我有狐臭，而你像天使一样美丽。你知道吗？你现在又白又丰满，你像天使一样美丽。

有狐臭的天使

□ 苏 童

初中那些事儿

谁的青春期不冲动，带着憧憬过初中。

后来的厄运就是在声名鹊起下慢慢开始的。

那段时间在女孩的群体中充斥着这样的对话。小媛觉得事情有点儿蹊跷，她问同桌的苗青，这是怎么啦？苗青用铅笔刀刮着指甲上的红色染料，她瞟了小媛一眼说，你自己不知道？她们说你有狐臭。

小媛惊恐地望着苗青，

你知道我没有狐臭，你为什么不给我做证？苗青没说什么，她仍然想把指甲上的红色染料刮光。

第二天珠珠上学经过石桥，她看见石桥上站着两个高大魁梧的男孩。她嚼着泡泡糖走上桥顶，两个男孩冷不防揪住了她的辫子，珠珠刚想呼叫，鼻唇之间已经挨了一拳，她听

问：什么时候该天真？什么时候该现实？答：对梦想、爱情、生活的向往，应该天真；对圆梦的过程、爱情的痛苦、生活的磨难，应该现实。——乐嘉

人际交往的四个境界

□佚　名

人际交往的四个境界：一是惹不起躲得起，跑出去，最后问题还摆那里；二是非要争个胜负，非要自己胜利。三是为了对方而忍让，希望借此被对方接纳，结果可能让对方变本加厉。四是敢于面对甚至冲突，试图解决问题。我越来越相信，第四种方法最为合理。很多问题，你躲也躲不掉，让也让不掉，只有去面对，去解决，以后关系才可能正常化。好像这个思维在美国很吃得开，美国最被人反感的交流方式，是为了规避冲突不作声，但是在人后捣鬼的两面三刀。而通常被人接受的沟通方式，是那种不卑不亢地沟通：不为自己的权利而让步，但是为了解决问题也不回避与对方的冲突。🦪

初中那些事儿

好人缘是这样炼成的

□苏 荷

谁的青春期不冲动，带着憧憬过初中。

　　拥有良好的人际关系既是一笔财富，又是一种幸福。人人都渴望被认同和喜欢。然而不是人人都能拥有"好人缘"。在你的班级里，一定有几位同学是公认的"好人缘"。你羡慕他们吗？你想知道你在同学中是否受欢迎吗？有这样一个检测你人缘的方法：

　　如果在你们班里有50位同学，除了你自己，其余49位同学，你喜欢多少人，讨厌多少人。是喜欢的人多，还是讨厌的人多。在通常情况下，你喜欢的人越多，表明你的人缘越好，讨厌的人越多，你的人缘也就越差。

　　是不是感觉到有些疑惑？不是调查自己的受欢迎程度吗，这与喜欢谁、讨厌谁有什么关系？

　　其实这并不难理解。俗话说，种瓜得瓜，种豆得豆。你真心喜欢一个人，想成为他的好朋友，你就会表现出来，他就会感知到，并且用同样的情感来回报你。相反，你如果讨厌一个人，哪怕你隐藏得很深，对方也能感知得到，所以也就不会喜欢你。换句话说，你从别人身上得到的态度，恰恰是由你自己种下的种子所收获的。想拥有那种八面玲珑、左右逢源的好人缘，成为圈子里的万人迷，你必须主动向每一个人表示出友好，而这种友好一定是要发自内心，绝对不

能掺杂着虚伪和敷衍。以下几点或许能够帮到你。

　　尊重别人，会得到别人的尊重

　　你有过这样的体会吗？站在山谷里，对着周围的群山大喊："我喜欢你。"山谷就会回应："我喜欢你。"如果喊"我讨厌你"，山谷也会做出同样的回应。想获得别人的尊重，就首先要学会尊重别人。这是获得好人缘的基础。

　　做一个乐于助人的小天使

　　法国电影《天使爱美丽》中，女主角爱美丽偶然间发现

我以为小鸟飞不过沧海，是因为小鸟没有飞过沧海的勇气。
10年以后我才发现，不是小鸟飞不过去，而是沧海的那一头，早已没有了等待。——柏拉图

初中那些事儿

谁的青春期不冲动，带着憧憬过初中。

了一只满是灰尘的小铁盒，里面装着一些男孩子的玩具。爱美丽决定找到这只盒子的主人，并且暗暗告诉自己，如果他被感动了，那么她就帮助所有人。在几乎走遍了半个巴黎，拜访了各种线索人物之后，爱美丽终于找到了他——已经年过半百的百度图。他看着自己曾经的玩具，回想起自己的童年时代，不禁潸然泪下。与此同时，爱美丽也开始了她的"天使计划"，二十年无法出门的"玻璃老人"、孤苦伶仃的女房东、被老板欺负的智障少年……身边的人几乎都得到了她的帮助。爱美丽也成了大家眼中的天使。因此，我们要做一个爱帮助别人的人。

不要吝啬你的赞美

赞美是友谊的桥梁。赞美之言使人犹如沐浴在阳光之中，身心愉悦。所以不要吝啬你的赞美，这会让你在同学和朋友之间的关系变得更加融洽。不妨设身处地想一想，如果你在这次考试中成绩有了很大的提高，你的好朋友及时向你发来祝贺之词，你是不是觉得既温暖又贴心呢？是不是也感觉到，你的朋友也由衷地为你的进步而开心？

需要注意的是，赞美必须是发自内心而真诚的，刻意地"溜须拍马"会让人觉得你是一个虚伪的人，反而会疏远你。

宽容是一剂良药

做人要大度宽容。宽容是一剂良药。它不但能感化别人，也能使自己身心健康。为人处世要明白一个浅显的道理：人与人是不同的，每个人都有其独特性，有自我独特的爱好、追求、性格，甚至怪癖。人与人之间的频繁接触，难免会出现磕磕碰碰的现象。人非圣贤，孰能无过？宽容别人就是宽容我们自己。多一份宽容，生命就多了一份空间。

总之，拥有一个好人缘其实并不难，一边学习与他人的相处之道，一边总结经验，你也会拥有好人缘。

梦想以温热的状态寄托在各种胸怀中，它们微笑并孤独着，和年龄无关，和性格无关，和阅历无关，和感受无关。梦想这种品质，抵达的唯一途径就是熟能生巧。——杨小果

初中那些事儿

谁的青春期不冲动，带着憧憬过初中。

小测试：

朋友、同学对待你的态度是真心还是敷衍呢？下面这个测试，测一测就知道了。

题目：请你根据自己的实际情况，对下面15个问题如实回答，你就会知道自己是否善于交朋友，以及人缘如何。

规则：如实回答下列问题，然后对照后面的分数统计表计算分数，再看分数评语。

1. 你和朋友们在一起时过得很愉快，是不是因为：（A3分 B2分 C1分）

A. 你发现他们很有趣，既爱玩又会玩

B. 朋友们都很喜欢你

C. 你认为你不得不这样做

2. 当你休假的时候，你是否：（A3分 B2分 C1分）

A. 很容易交上朋友

B. 比较喜欢自己一个人消磨时间

C. 想交朋友，但发现这不是一件很容易的事

3. 当你安排好见一个朋友，但你又感到很疲倦，却不能让朋友知道你的这种状况时，你是否：（A1分 B3分 C2分）

A. 希望他会谅解你，尽管你没有到朋友那儿去

B. 还是尽力去赴约，并试图让自己过得愉快

C. 到朋友那儿去了，并且问他如果你想早回家，他是否会介意

4. 你和朋友的关系一般能维持多长时间？（A3分 B2分 C1分）

A. 一般情况下有不少年

B. 有共同感兴趣的东西时，也可能一起待

几年

C. 一般时间都不长，有时是因为迁居别处

5. 一位朋友向你吐露了一个非常有趣的个人问题，你是否：（A2分 B3分 C1分）

A. 尽自己最大努力不让别人知道它

B. 根本没有想过把它传给别人听

C. 当朋友刚离开，你就马上找别人来议论这个问题

6. 当你有问题的时候，你是不是：（A1分 B2分 C3分）

A. 通常感到自己完全能够应付这个问题

B. 向你所能依靠的朋友请求帮助

C. 只有问题十分严重时，才找朋友

7. 当你的朋友有困难时，你是否发现：（A3分 B2分 C1分）

A. 他们马上来找你帮助

B. 只有那些和你关系密切的朋友才来找你

C. 通常朋友们都不会麻烦你

8. 你要交朋友时，是不是：（A2分 B3分 C1分）

A. 通过你已经熟识的人

B. 在各种场合都可以

C. 仅仅是在一段较长时间的观察后才考虑，甚至可能经历了某种困难之后才交朋友的

9. 在以下三种品质中，哪一种你认为是你的朋友应该具备的：（A3分 B2分 C1分）

A. 使你感到快乐和幸福的能力

B. 为人可靠，值得信赖

C. 对你感兴趣

10. 下面哪一种情况对你最为合适，或者接近你的实际情况：（A2分 B1分 C3分）

道德就是一个人无论如何不该成为其他任何人的累赘。——陀思妥耶夫斯基《穷人的美德》

A. 我通常让朋友们高兴地大笑

B. 我经常让朋友们认真地思考

C. 只要有我在场，朋友们会感到很舒服、愉快

11. 假如让你应邀参加一次活动，或者在聚会上唱歌，你是否：（A2 分 B3 分 C1 分）

A. 找借口不去

B. 饶有兴趣地参加

C. 当场就直率地谢绝邀请

12. 对你来说，下面哪个是真实的？（A3 分 B1 分 C2 分）

A. 我喜欢称赞和夸奖我的朋友

B. 我认为诚实是最重要的，所以我常常不得不持有与众不同的看法，我讨厌鹦鹉学舌

C. 我不奉承也不批评我的朋友

13. 你是否发现：（A1 分 B3 分 C2 分）

A. 你只是同那些能够与你分担忧愁和欢乐的朋友们相处得很好

B. 一般来说，你几乎和所有人都能相处得比较融洽

C. 有时候你甚至和对你漠不关心，不负责任的人都能相处下去

14. 假如朋友对你恶作剧，你是否：（A3 分 B1 分 C2 分）

A. 跟他们一起大笑

B. 感到气恼，但不溢于言表

C. 可能大笑，也可能发火，这取决于你的情绪

15. 假如朋友想依赖你，你有什么想法？（A2 分 B3 分 C1 分）

A. 在某种程度上不在乎，但还是希望能和朋友保持距离，有一定的独立性

B. 很不错，我喜欢让别人依赖，认为我是一个可靠的人

C. 我对此持谨慎的态度，比较倾向于避开可能要我承担的某些责任

36 ~ 45 分：你对周围的朋友都很好，你们相处得不错。而且，你能够从平凡的生活中得到很多乐趣。你的生活是比较丰富多彩而且充实的，你很可能在朋友中有一定的威信，他们很信任你。总之，你会交朋友，你的人缘很好。

26 ~ 35 分：你的人缘不怎么好，你和朋友们的关系不牢固，时好时坏，经常处于一种起伏波动的状态，这就表明，一方面你确实想让别人喜欢你，想多交一些朋友，尽管你作出很大努力，但是别人并不一定喜欢你，朋友跟你在一起可能不会感到轻松愉快。你只有认真坚持自己的言行，虚心听取那些逆耳忠言，真诚对待朋友，学会正确地待人接物，你的处境才会改变。

15 ~ 25 分：这太糟糕了！你很可能是一个孤僻的人，思想不活跃、不开朗、喜欢独来独往。但是，这一切并不意味着你不会交朋友，更不能武断地说你人缘差。其主要原因在于，你对于社交活动，对人和人之间的关系不感兴趣。但是，请你记住，一个人生活在社会中，就不可能不和人交往，认识到这一点，你就会积极地改善自己的交友方式了。🌰

已经有人担心，中国可能会"未富先老"。当然，在衰老之前，中国首先得确保自己不会被"毒雾"呛死。
——英国《金融时报》专栏作家戴维·皮林

初中那些事儿

谁的青春期不冲动，带着憧憬过初中。

和熟人的相处之道 □袁 岳

不要忘记与熟人打招呼。因为是熟人，我们常常忘了与他们打招呼，直到要办事的时候才找熟人，这不是与熟人保持关系的最好方式。记得在没有事情的时候就常与熟人打招呼，现在有了微信，把你的熟人放在微信圈里互动吧。

要记得谢谢熟人。尽管你说谢谢，熟人会说你见外了，但你依然要试图用合适的方式说谢谢与表达谢意，比如你可以说"今天你给我的建议真的让我很受用"，或者是"要没有你的帮忙，我真的不知道怎么做了"。也许你可以不用"谢"这个字，但你要有感谢这个意识。

记得挂念熟人。熟人很容易被"灯下黑"，因为熟，所以我们不怎么关心他们，反而更关心与我们不熟但又利害相关的人。但不要忘了，有好东西的时候送点儿给熟人；如果有特别的好书可以推荐给熟人；也许最近有场很好的电影，可以请熟人去看；如果有个一起旅行的机会，也可以请熟人的家人一道参与。

不要真把熟人的东西当成自己的东西。熟人也许会说，我们之间还分啥你我。是的，熟人之间也许不那么计较，但是熟人之间真计较起来也很难看。如果我们平时就注意分得稍微清楚一点儿，熟人之间计较的可能性就小了，所以该还的东西要还，该分的东西要分。

记得在背后说熟人的好话。熟悉以后我们才知道对方的很多短处，可在背后说熟人的坏话绝对有百害而无一利。所以如果有人问我们对于自己熟人的印象，那么尽量思考他们的长处与值得称道的地方，听到你背后好话的熟人会成为你更好的朋友。

不要随口答应别人找熟人。你可能因为旅行、学习与其他人相熟，但是最好不要因为别人要通过你找这些人帮忙，就说我与某某某相熟，尤其是为了面子答应去找其实没有深交的人帮忙，在这种情况下人家一般很难帮忙，或者你说了也是让人为难。🍂

在你与世隔绝的修行室外，有很多人希望捎给你一句轻柔的话，一个温暖的眼神，一个结实的拥抱，可是修行的路总是孤独的，因为智慧必然来自孤独。——龙应台

与朋友相处时你有困扰吗？ □佚 名

1. 关于自己的烦恼有口难开。

2. 和生人见面感觉不自然。

3. 过分地羡慕和忌妒别人。

4. 与异性交往太少。

5. 对连续不断的会谈感到紧张。

6. 在社交场合，感到紧张。

7. 时常伤害别人。

8. 与异性来往感觉不自然。

9. 与一大群朋友在一起，常感到孤寂，失落。

10. 极易受窘。

11. 与别人不能和睦相处。

12. 不知道与异性如何适可而止。

13. 当不熟悉的人对自己倾诉他（她）的生平遭遇以求同情时，自己常感到不自在。

14. 担心别人对自己有什么不好的印象。

15. 总是尽力使别人赏识自己。

16. 暗自思慕异性。

17. 对自己的仪表缺乏自信心。

18. 时常避免表达自己的感受。

19. 讨厌某人，被某人讨厌。

20. 瞧不起异性。

21. 不能专注地倾听。

22. 自己的烦恼无人可申诉。

23. 受别人的排斥，感到冷漠。

24. 被异性瞧不起。

25. 不能广泛地听取各种意见和看法。

26. 自己常因受伤害而暗自伤心。

27. 常被别人谈论，愚弄。

28. 与异性交往不知如何更好地相处。

测试结果评估：

0 ~ 8分：与朋友相处上的困扰较少。善于交谈，性格比较开朗、主动，关心别人。你对周围的朋友都比较好。愿意和他们在一起，他们也都喜欢你。你们相处得不错。而且，你能从与朋友的相处中，得到许多快乐。你的生活是比较充实而且丰富多彩的，你与异性朋友也相处得很好。一句话，你不存在交往方面的困扰，你善于与朋友相处，人缘很好，能获得许多人的好感与赞同。

9 ~ 14分：与朋友相处存在一定程度的困扰。你的人缘一般，换一句话说，你和朋友的关系并不牢固，时好时坏，经常处在一种起伏之中。

15 ~ 28分：与朋友相处的行为困扰比较严重，分数超过20分，则表明你的人际关系行为困扰程度很严重，而且在心理上出现较为明显的障碍。你可能不善于交谈，也可能是一个性格孤僻的人，不开朗，或者有明显的自高自大、讨人嫌的行为。

评分方法：选择"是"得1分，"否"得0分，把各题得分相加进行评估。

初中那些事儿

谁的青春期不冲动，带着憧憬过初中。

我对记者这个角色是有梳理的。记者应呈现多元声音，都呈现在公众面前，追问不是为了显示高明，把谁逼到墙角。

——柴静：我本质上是个记者

勇敢拒绝会让别人对你刮目相看

□顾佳楠

初中那些事儿

谁的青春期不冲动，带着憧憬过初中。

王家卫电影《东邪西毒》里有这样一句台词："要想不被别人拒绝，你最好先拒绝别人。"的确，要有在适当的时候拒绝别人的意识和勇气，要知道一味地逢迎、妥协、逆来顺受并不会赢得别人的尊重，反而会让别人看轻你。如果适当地拒绝，且拒绝得有理，方式得当，你不但不会得罪对方，还会让对方对你刮目相看。

助人为乐是一种美德。这种行为会受到赞扬和鼓励。同时也使很多人在想要拒绝的时候，产生一种不好意思的想法。因不想破坏人际关系而顾虑重重，最终没能拒绝别人的请求，勉强答应。

一个人的拒绝程度与自信能力紧密相关。也就是说，越是自信的人，越能勇敢地说"不"。相反，缺乏自信心，害怕拒绝之后得罪别人、经常违心地答应别人的请求的人，其性格中往往带有自卑色彩。而且，长期地无法将"NO"说出口会加重心理上的挫败感，不利于心理成长。

当然，拒绝别人是件不容易的事。直截了当地说出来肯定会让场面变得尴尬，相互之间的关系也变得僵硬。因此，聪明人在说出拒绝之前再三思考：怎么说会既能达到自己的目的，又不损害彼此的关系。这需要一定的技巧：

1. 拒绝时要婉转

婉转的拒绝是一门艺术。它不但能让人心平气和地接受，还是一个展现自我魅力、让对方对你的印象加分的机会。

钱钟书先生是我国著名作家，他的作品《围城》享誉海内外。有一位外国女士是钱先生的粉丝，她打电话给钱先生说："钱钟书先生，我十分喜欢您的作品，我想去拜访您一下。"这是一个善意的请求，但钱先生一向淡泊名利，在电话里婉转地拒绝了这位外国女士。他说："你喜欢我的作品，我很高兴。谢谢！可我觉得当一个人吃了一个苹果，觉得很甜，但他有必要去看一看这棵苹果树是什么样子吗？"钱先生幽默而充满智慧的语言不禁让那位女粉丝哈哈大笑，同时也更加钦佩钱先生的人品。

2. 学会"有商有量"，迂回曲折地拒绝

拒绝别人，有时要和对方反反复复地"磨嘴皮子"。

冲动不是船没翻就跳海，而是跳海时没去拿那件救生衣；理智不是拒绝冒险，而是蹦极前认真检查脚下那根绳。

以商量的口吻去拒绝别人，让别人感觉到你的难处，就会让别人容易接受一些。如果能站在对方的角度上思考问题，也未尝不是一种好方法。

叶子的父母离婚了，妈妈搬走了。叶子非常难过，不愿意在家里待着，怕睹物思人，就时常叫自己的好朋友小月陪自己逛街。刚开始，小月怕叶子太过伤感，于是就每次都答应陪她。可是时间久了，小月便觉得总是出去逛街有些耽误时间，影响了自己的学习。仔细思考之后，小月对叶子说："叶子，要不然，我们最近别去逛街了。最近功课太紧张，把时间都用在逛街上，恐怕月考的时候我们的成绩都要下降。我知道你想念妈妈，但是如果因此影响了学习，这不是让妈妈为你担心吗？"叶子觉得小月说得有道理，就点头答应了。

3. 学会拒绝并不代表要拒绝一切

当同学请求你在学习上和生活中提供帮助时，如果你能帮得上忙，当然不要轻易拒绝。学会拒绝并不意味着，你要拒绝别人所有的请求——不管它是好是坏，自己能否帮得上忙都一律拒绝。所谓拒绝，是指那些没有意义的事情。

潘明是全年级有名的"老好人"。他就像小品《有事您说话》里的郭子一样，对于同学们提出的要求"来者不拒"。一次，在和班上的女同学吵架之后，潘明感觉自己非常郁闷。原因是女同学批评他"无论什么请求都会答应，太没性格"。

潘明想了想，决定做一个"有性格"的人。那天，好朋友郑爽让他帮忙买一本参考书，被他拒绝了，气得郑爽好几天没跟他说话。从那以后，潘明终于懂得了，学会拒绝，也不代表拒绝一切。

4. 坦然接受别人的拒绝

既然自己可以拒绝别人，那么别人也可以拒绝你。当遭到被人说"不"的时候，要以一个心平气和的态度来坦然面对。不要因为拒绝你而记恨对方，更不能因为自己曾经帮助过对方而后悔。换位思考，想想说不定别人也有一些难处，要学会体谅别人。

小雪是班上的语文科代表，可是她偏科，语文成绩拔尖，数学成绩却不那么优秀。她的好朋友蕊蕊在数学方面特别有天赋。一天放学后，小雪正为一道数学题发愁，就请教蕊蕊，没想到蕊蕊说："你先试着自己思考，我现在没有时间。"说完就匆匆忙忙地走了。周围的同学都批评蕊蕊"没良心""害怕小雪的成绩超过她"，因为蕊蕊的语文和英语成绩都不好，小雪没少帮她辅导功课。这让小雪心里特别不舒服，但是也没放在心上，依然把蕊蕊当成自己的好朋友。后来，蕊蕊悄悄告诉小雪，原来那天，自己的"大姨妈"来了，自己却不知道，还以为是得了重病，于是赶紧回家求助妈妈。听了蕊蕊的解释，小雪忍俊不禁。

学会有技巧地拒绝别人，不仅适用于学生时代，在今后的工作中和生活上也极为有帮助。如果你是个特别腼腆、缺乏自信的孩子，那么开口说"不"会很困难，需要克服一定的心理障碍，但是只要你顺利地拒绝过几次之后，你会发现，你并没有失去什么东西，反而会收获得更多呢！🌱

初中那些事儿

谁的青春期不冲动，带着憧憬过初中。

"为什么是我"仍旧是一个巨大的谜。没有人知道答案，但是似乎每个人都知道。坏习惯、坏空气、坏老板、坏脾气、坏基因、坏运气……所有这些似乎都有关系，似乎又都没有关系。

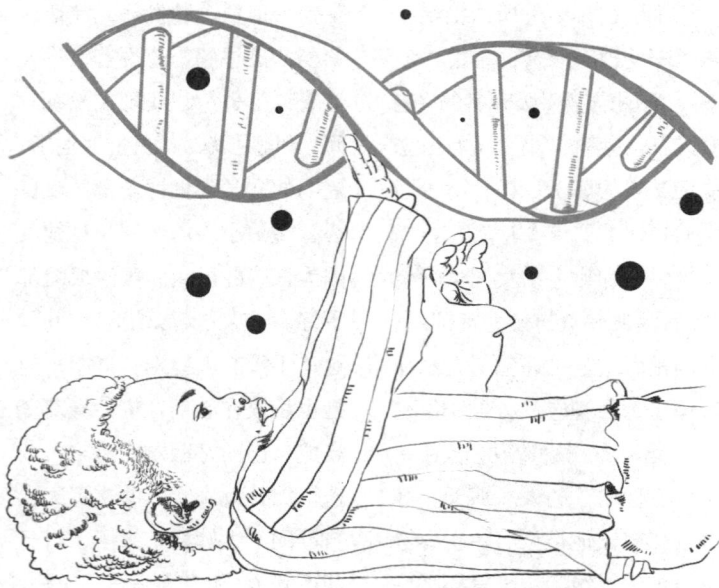

会说话的孩子有糖吃 □张 宇

人际关系在人们的生活中扮演着重要的角色。每个成长中的青少年，都渴望建立良好的人际关系，成为小伙伴们中的"交际明星"。说话是人类交流的重要手段，也是一门艺术。这门艺术的水平可以通过学习和训练来提高。

有意识地训练自己的胆量

并非不想成为"交际明星"，看着别人表达能力灵活自如、游刃有余，同样的话，在别人嘴里说出来是那么合适，可是轮到自己，还没张口就脸红了，说话语无伦次，吞吞吐吐、词不达意，尤其是在公共场合。相信很多青少年朋友都有这样的苦恼，越是内向的人，也就越容易胆怯。

想要克服这个毛病，就必须先"练胆"。如果对着不熟悉的人让你紧张的话，那么你可以试着先在熟悉的朋友、家人面前来训练自己的胆量，例如唱歌，说一段笑话，表演一段舞蹈等。勇敢地与他们分享你特殊的生活经历，比如度假、旅游等。一开始可能会有些拘谨，等到习惯之后就会自然多了。

掌握表达的技巧

想要把一件事表达清楚，首先要有清晰的逻辑。如果自己本身想得就不清楚，又怎么能够表达明了呢？所以，掌握表达技巧的第一步，就是要训练自己的逻辑思维，让我们的语言寓有条理性。

其次，要训练自己的表达能力。良好的表达能力，能将自己心中所想或者所见所闻准确地表达出来。眉飞色舞、肢体语言丰富、言语夸张地讲述一件事情，或许能引起人们的注意，但这并不适用于所有环境下。在比较正式的场合，表达也应该严谨、准确、无夸张的成分。另外，语音准确、语调和谐、语速适中、语气恰当，也是为表达能力加分的因素。

最后，要注意说话时的仪态。说话时的仪态，包括表情、情绪、手势等。有些生活中自己的"小动作"最好不要表现出来，例如掏耳朵、挖鼻孔、挠头等。在平时聊天时，就要养成良好的习惯：在对方发言时，要用眼睛盯着对方，以表示自己在认真倾听，这是对讲话人的尊重。轮到自己发言时，表情和手势随着讲话的内容适当变化，会增强自己的说服力。

多与他人交流

和他人交流，能够吸取他人的优点，也是反思自己的绝妙机会。特别是与有思想、语言表达熟练的人交流，久而

不要在意你从哪里起步，一定要看到你会在哪里止步。

久之自然会受到感染。所谓"近朱者赤"就是这个道理。封闭自己的内心，不愿意与他人交流，最终受损害的是自己。内向、不擅长交流的人也可以通过频繁的交流来改变自己的性格。

增加自己的知识储备

"巧妇难为无米之炊"，会说话，也要有话可说。肚子里没有墨水的人老是讲一些空洞的话，即便口若悬河、滔滔不绝，大家听了自然没意思。良好的口才和渊博的知识是密不可分的。课余时间，可以广泛地阅读一些书刊：报纸、杂志、百科全书、小说、漫画，了解当下最热门的电影、电视剧、流行歌曲，通过电视新闻和报纸了解当今世界的局势，这样就能做到与他人交流时有话可说。如果能在叙述之后加上一些独到见解，则更能加深别人对你的印象。

毫不夸张地说，会说话的孩子有糖吃，好口才决定好前程。青少年朋友在努力学习文化知识、培养高尚道德情操的同时，还要注重培养自己的口才。否则就像是俗语里说的那样"茶壶里煮饺子，有口倒不出"，毕竟在复杂的人际交往当中，仅仅"内秀"是不够的，还要向他人"秀"出自己，懂得表达、敢于表达。🎙

"父母皆祸害"小组是网络上一个拥有庞大数量成员的讨论组。群内成员就父母抚养孩子所进行的"误操作"进行了种种的"声讨"。内容包括"父母口中的别人家小孩永远比我优秀""父母总是打击我的自信心""父母只会对我嘘寒问暖，从来不关心我在想什么"等。表面上看起来，这个有着惊悚标题的讨论组是集合了孩子对老爸老妈的吐槽，实际上则反映出一个现实问题，那就是处在青春期的孩子与父母关系的不融洽。

好好回忆一下你的童年。在你年幼的时候，是不是感觉到父母是那么神奇。妈妈永远能"变"出美味可口的菜肴，爸爸像一本大百科全书那样无

当青春期遇到更年期 □田 丹

所不知。渐渐地，你长大了，你由一个懵懂的孩童变成了一位翩翩少年，父母却在不知不觉中老去。你发现，他们也变了，从前充满爱的叮咛和嘱托现在听起来更像是唠叨。你有了心事，更愿意跟好朋友倾诉，却对父母只字不提。你还会觉得，父母变得不那么理解你了。你也许会问，这是为什么，难道是在冥冥之中，自己和父母疏远了吗？

其实，父母对你的爱一直都没有改变过。正处在青春期的你，开始有了自己的想法——你认为自己是个大人了，无论对待人或事，你都希望按照自己的方式去面对。你认为父母太专横、太主观、太挑剔、过于干涉你的自由，

如果人生真如一场电子游戏，玩坏了可以选择重来，生活会变成什么样子？正因为时光流逝一去不复返，每天都不可追回，所以更要珍惜每一寸光阴，孝敬父母、疼爱孩子、体贴爱人、善待朋友。

初中那些事儿

谁的青春期不冲动，带着憧憬过初中。

因而产生了种种矛盾，甚至对抗——不听从父母的安排，故意与父母唱反调——用尽各种方式方法证明你的选择和决定是正确的，这终归是一种幼稚的表现。

如果你真的希望父母把你当成大人来对待，那么就必须变得成熟。成熟是什么？成熟是独立自主的意识，良好的自控能力，正确的对社会、他人和自我的认知，而盲目性、冲动性、易感性、抵触性和极端性依然会让父母把你当成小孩子。相反，如果面对父母的管制，能保持冷静并设法去与父母沟通，你的冷静理智的处事态度会使父母另眼相看：

媛媛今年刚读初一。虽然年龄还小，可是她对自己的未来有着明确的规划。媛媛的父母望女成凤，一定要她出国读书。对此，媛媛却不急不躁，耐心地听完父母的劝说之后，先表达了自己非常理解父母的心情，而后又清晰明了地对比了在国内和国外读书的利弊，再综合自己的性格以及生活习惯、学习习惯的特点，最后得出自己不适合在国外读书的结论。父母听后，心悦诚服地接受了媛媛的观点。

由此可见，希望被当成成年人来对待，自己就必须像个成年人那样去思考和分析问题。一味地反抗与单纯的否定只能适得其反。当然，在变得成熟的同时，也别抹去青春期特有的活泼与灵动。尤其是在你觉得老爸老妈和你产生代沟之后，更需要你来穿针引线，让整个家庭气氛融洽起来。对此，以下几点或许能在你和老爸老妈"斗智斗勇"的时候派上用场：

一是要主动和老爸老妈交流。学习上遇到了困难，与好朋友闹了别扭，同学之间发生的趣事，都可以和他们聊一聊，不管是高兴还是难过，要与家人一起分享。别以为父母不能理解你的想法，就不愿意与父母沟通。别忘了，老爸老妈是走过青春期的"过来人"。他们能够体会到你的感受，在面对一些问题的时候，父母往往能为你"指点迷津"。

二是主动创造机会和父母在一起，让彼此更加深入理解。每周至少帮助父母做一件事，比如做饭、洗碗、整理房间。或者约父母一起运动：打球、跑步、跳绳。如果你认为与父母有"代沟"的话，那么通过这些可以消除"代沟"，让家庭成员彼此之间的关系更加融洽。

三是在父母批评和责骂的时候，要认真倾听，不要急着反驳。因为此时父母正在"气头上"，急着反驳无异于火上浇油。尽量让自己心平气和，说不定你会了解父母大发雷霆的原因。

四是要学会主动道歉。如果你做得不对，不要逃避和狡辩。大人和孩子的区别之一是，前者能够勇于承认自己的错误，敢于担当。主动道歉，往往会熄灭父母的"怒火"，得到他们的理解和原谅。

当青春期遇到更年期，矛盾与碰撞在所难免。互相理解才是解决问题的基础。所以，别对父母关上你内心的大门。主动拉近与父母的关系，消弭"代沟"，你会发现老爸老妈其实没有那么"落伍"。

人们常觉得独处会制造孤独，我并不信以为真，被裹挟于气场不合的人群中，才是这个星球上最孤独的事情。
——金卡伯特森《一颗破碎的心》

异性交往守则大盘点

□阿 信

在青春期，随着性生理的成熟，性意识也逐渐形成和发展，自然会产生一种喜欢接近异性的感情倾向。男女同学之间正常接触和建立友谊是有益无害的，对青少年的心理健康成长有积极的作用：

有利于互相激励，共同进步

不知道你是否有过这样的感觉，在异性面前总是有难以言表的愉悦和兴奋，愿意表现自己的长处。有些女生说："我觉得男生不像女生那么爱斤斤计较，和他们在一起我的心胸也开阔了。"一些男生说："在运动场上只要有女生，我们就跑得特别卖力，也不知道为什么。"其实这是异性心理效应，男女生交往时彼此之间获得了不同程度的愉悦感，激发了内在的积极性和创造力。

有利于智力和性格上的取长补短

男女的智力和性格都不相同。男性的思维往往大胆而灵活，擅长抽象思维。男性的性格粗犷热情，而且容易外露。

女性的思维敏捷而细腻，擅长具体的形象思维。女性的性格温柔细腻，富有同情心。通过正常的交往，男女同学可以互相感染，取长补短，为自己的性格和智力发展营造出一个最佳环境。无论是男孩还是女孩，都想成为在异性中最受欢迎的人，就会努力克服自己、改变自己，这对克服自己的缺点和弱点非常有帮助。

有利于了解异性，消除神秘感和好奇心，增进健康的性心理

任何一个正常的人，都有与异性交往的需要。这是与太阳东升西落、一年四季交替更迭一样自然的事情。压制这种需要不利于性格的发展。

其实，青少年对异性感兴趣，非常想接近和了解异性，只是不知道该怎么与异性相处：见到异性就紧张，说话吞吞吐吐、扭扭捏捏；在异性面前夸张地表现自己，企图引起对方注意；非常想和异性交流，但是又怕别人说闲话，刻意地保持一定距离……以下几条与异性交往的原则，希望对你有帮助。

与异性相处要自然

与异性交往的过程中，言语、表情、行为举止、情感流露及所想要做到自然、顺畅，既不过分夸张，也不闪烁其辞；既不盲目冲动，也不矫揉造作。消除异性交往中的不自然感是建立正常异性关系的前提。自然原则的最好

初中那些事儿

谁的青春期不冲动，带着憧憬过初中。

居心平，然后可历世路之险。盘根错节，可以验我之才；波流风靡，可以验我之操；艰难险阻，可以验我之思；震撼折衡，可以验我之力。——曾国藩

127

体现是，像对待同性同学那样对待异性同学，像建立同性关系那样建立异性关系，像对待同性交往那样进行异性交往。同学的关系不要因为异性的加入和存在而变得不舒服或不自然。

男女生交往要适度

男女生交往须理智从事，注意自尊自爱，言谈举止做到文雅庄重，不宜过分亲昵，显得自己轻浮，引起对方的反感；不宜过分冷淡，因为这样会伤害对方的自尊，使人觉得你高傲无礼、孤芳自赏、不可接近；不宜过分拘谨，从心理上像对待同性那样去对待异性的交往，该说的说，该做的做。因为友谊本来就是感情的自然发展，不必有任何矫揉造作。只有把握好了这个度才能使异性友谊在积极、健康、纯洁、质朴的氛围中得到升华。

充分利用集体活动的机会与异性相处

集体活动的场所、气氛和方式更容易消除男女生交往的羞怯感，更有利于提高智力、丰富感情、发展个性。少男少女各有所长，或风趣幽默，或聪明活泼，或伶牙俐齿，或温柔善良……集体交往的形式丰富多彩，如唱歌、游戏、竞赛、小发明、小制作等。个别交往时应注意时间、地点、场合的选择。

训练自己消除羞涩感

交往过程中，态度要诚恳，语言、表情、行为举止、情感流露及所思所想要做到自然、顺畅，要注意消除异性间交往的不自然感。有的同学与异性交往就容易脸红，这一点不必在意，脸红是青春期的常见现象，不要怕脸红而放弃与异性交往。不要哗众取宠。卖弄自己见多识广而讲个不停；或是有意显示自己大方，在异性面前摆阔气，贬低同性同学会使人心生反感。

莫把好感当爱情

少男少女容易产生朦胧、神秘的爱慕之情，这是美好的、甜蜜的、纯洁的但又是幼稚的情感体验。是不深刻、不稳定、很容易变化的，往往在时过境迁或冷静下来之后，一切又恢复平静。这种好感顶多只是发展爱情的一个基础，它不等于爱情。友情和爱情是有明显区别的。爱情所含内容比友情更丰富。它既需要两情相悦，也需要性格爱好相投，还需要经济地位，更需要责任感。客观存在，爱情具有排他性。它是婚姻的感情基础。它是青春之后的成年人渴求的一种高尚感情。中学生只能发展异性友谊，不能发展爱情关系。因为中学生还只是半幼稚半成熟的半成人，对自己都把握不了，又哪里能够对别人负责呢？况且，谈恋爱等于画地为牢，限制了自己的交往范围，束缚了自己的才能发展。不谈恋爱的人，有机会广交各类朋友，等于给自己准备了广阔的发展空间，让自己在最大范围尽全部努力开发智力、提升能力、获取成功，使自己的青春真正拥有黄金般的价值。当你暗恋某同学时，千万不要轻易吐露，以防自己进退两难。请记住：令你心动的不一定是爱情！你现在的所谓感情，只不过是好奇心、钦佩感而已，并非是能植根于现实的爱情。

最后，把汪国真写的《不，不要说》这首诗送给大家：
"不，不要说，让我们依然保持沉默，我多么珍惜这天真的羞涩，你也应保持那青春的活泼。我们的肩膀，都还稚嫩，扛不起太多的责任。等一等吧，等你的肩膀更厚实些，我也懂得了，什么是成熟的思索。"希望少男少女保持与异性的正常交往，在人生最灿烂、最美好的季节中，树立正确的人生观、价值观，形成自信、乐观、进取、开拓的心理品质。

一曲咏叹调，你可以从头再唱，但一部完整的乐章——交响乐或五幕悲剧——你怎么能重复呢？寄希望于生命的重复，是因为他虚度了年华，碌碌无为，了其残生。——卡伦·布里克森《走出非洲》

从懂事开始，我们就在老师的精心呵护下成长。老师给我们的感觉既熟悉又陌生。说熟悉是因为每天都与老师"面对面"，接受他们的教诲，说陌生是因为我们对老师往往有一种敬畏感。所以，很多同学都不知道该如何与这些"最熟悉的陌生人"相处。尤其在升入初中以后发现，初中老师与小学老师有所不同，这或许让刚刚步入中学校门的学子感觉到不习惯。让我们从几个常见现象谈起：

看见老师就紧张，怎么办？

首先，面对老师有些紧张的情绪，这是再正常不过的现象。因为老师是我们成长成

才路上的向导，在同学们心中具有很高的威信。而且，在朝夕相处之中，老师会发现我们思想和行为上的不足之处。但是，如果畏惧老师到不敢与老师打招呼的程度，就必须找一找原因了。仔细想一想，你为什么害怕老师呢？是不是特别在乎老师对你的评价，怕自己出错，影响你在老师心中的形象，得不到老师的好评？还是因为自己的成绩不好，怕遭到老师的批评？或者是老师看起来总是一副很严厉、不苟言笑的样子，让你觉得很难接近？

害怕老师，归根结底是缺乏自信的表现。在乎别人的评价，这本身没有错。人人都希望自己在别人心目中是最棒

的。但是只有所短寸有所长，每个人也都有着不足，没有人会完美无缺。你要做的是把精力放在学习上，向老师展现出你对学习的执著和拼搏不懈的精神，努力表现出自己最出色的一面，不但能够让老师全面地认识你，而且会为你赢得自信。另外，老师并不是高高在上，高不可攀的人物，在学校里、回家路上偶遇时，主动地说一声"老师好"，相信看起来再严厉的老师也会露出笑容——老师都喜欢懂礼貌的学生。

发现老师出错了，怎么办？

老师也难免会出错。遇到这种情况，如果老师自己没有发现，你有两种选择：

A. 如果老师的错误影响到了同学们学习，你可以举手示意老师，征得老师的同意之后，委婉地指出来；

B. 如果老师的错误不影响正常的教学，你可以在课后悄悄地找到老师，提醒老师注意。

遇到老师的错误，怀着"原来老师也会出错"的态度，在课堂上大声起哄，嘲笑老师，这是对老师的不尊重，也妨碍正常的课堂秩序，最重要的是，会影响到和老师的关系。

你一定想学习的与老师
相处之道 □师 杰

请别老是像孔雀，急着展示自己有多好，可以先冷静3分钟，看一下对方需要的，是哪一种好。如果对方很饿，你却拿出毛衣，一直吹嘘毛衣有多暖，那对方怎会想理你？——蔡康永

初中那些事儿

谁的青春期不冲动，带着憧憬过初中。

不喜欢某位老师，索性连他的课也不想听了，怎么办？

青春期既有活泼的一面，也有叛逆的一面。处在青春期的孩子有着强烈的"喜欢"和"不喜欢"。一旦遇到了"不喜欢"的老师，在心里就会产生一种抵触情绪，不愿意上课，甚至厌学。认为与自己不喜欢的老师对着干能够彰显自己的个性，还能向老师表达出自己的不满。实际上，这种行为对老师没有任何影响，最终吃亏的只能是自己。

学习知识绝对不是为了老师，也不是为了个性的喜好。学习文化知识，掌握最基本的生存技能，是每一个人存在的需要，因此对老师的好恶不能成为影响自己学习知识的借口。如果因为喜欢某位老师而喜欢某一科，讨厌某位老师而放弃某一科，这就太不明智了。况且，一个人也不能代表一个学科。例如你可以不喜欢数学老师，但是不应该讨厌数学。

我这是暗恋老师吗？

在校园里漂亮或者帅气的老师在同学们中间很受欢迎，同学们喜欢跟这样的老师接触，倾慕他们的才华，有的人就误把这种倾慕当成暗恋。实际上，这并不是爱情。这只是对优秀异性的一种好感罢了。所以，在与自己仰慕的老师交往时，要保持理性、清醒的头脑，要把对老师的崇拜化作督促你学习的动力。同时要保持交往的尺度和距离，不要过于频繁或者亲密地接触，也不要不敢和老师交往。

以上四种情况是在与老师相处中的常见问题。通过以上内容，可以总结出与老师交往的几点原则：

1. 尊重老师。教师被誉为阳光底下最光辉的职业。每位同学的成长和进步都凝聚着老师的汗水和心血。尊师重道也是中华民族的传统美德，因此，每位同学都应该发自内心地尊重老师：见到老师主动问好、要有礼貌；谦虚、诚恳地接受老师的教导，以优异的成绩来回报老师所付出的辛勤劳动。

2. 以主动、热情、诚恳的态度与老师相处。学会与老师做朋友，你才能迅速地成长起来。刻意地溜须拍马，违心地赞美老师，反倒会让老师对你反感。

3. 正视老师的批评，更不要因为受到了批评讨厌老师，甚至记恨。一旦受到批评，首先要分析自己的错误，悉心听取老师的批评，改正自身问题。如果是被老师错怪了，那么要理解老师的苦心，不要急于为自己辩解，耐心听完老师的教导，再说明原因。

孔子曰："三人行必有我师。"从小学、初中、高中到大学，我们始终都要和老师接触。等参加工作以后，还有经验丰富的前辈充当我们的老师。无论在何时何地，学会与老师相处，就能受益无穷。🌾

做一个明媚的女子，不倾城，不倾国。以优雅姿势去摸爬滚打！
做一个丰盈的男子，不虚化，不浮躁。以先锋之姿去奋斗拼搏！——浙江大学紫金港校区的迎新横幅

青春期是人生的一个薄冰期。尤其是女孩，心思更加细腻，情绪更加敏感，就像走在快要解冻的脆弱冰面上，随时都有可能"咔嚓"裂开一个洞，跌进去，被坏情绪浸得满身冰凉。在这种起伏不定的善变情绪中，发生冲突最多的，自然就是每天与自己在一个家门同进同出，在一个屋檐下生活的父母。

我在青春期的时候，为了对抗父母的窥视可真是绞尽脑汁——我坚决地认为他们在窥视我。那时，我最喜欢的事是把自己反锁在屋子里。

其实我一个人躲在房间里，无非就是戴着耳机听听音乐、翻翻小说、写写日记什么的。但只要父母一进屋，在我身后走来走去，我就如坐针毡。我怀疑他们故意进进出出，装作找东西，其实就是来窥视我。有时候，我恨不得能在头上顶一棵隐形草。

有一次，我坐在桌前看书时无意间一回头，看到妈妈正透过门上的玻璃窗看着我。不知道她当时是有意还是无意，我却如临大敌。我发挥所

青春期，遇见"公元前"父母

□ 一米阳光

有的智慧来对付这块玻璃，在桌上放了一面镜子，让它对着玻璃窗，谁的脸在玻璃窗上一露，立刻被我尽收眼底。但我心里并不踏实，因为我做不到每时每刻盯着镜子。终于有一天，我找了个借口，在玻璃上贴了一张画。

除了反窥视，我还觉得自己越来越忍受不了父母的指责。那些话听到耳朵里，厌倦得简直想去死。

当时自己不知道，情绪起伏的一个原因，是体内荷尔蒙的作用。而无辜的父母，只

不过是做了荷尔蒙的替罪羊。等到你慢慢过了青春期，就会发现，其实父母也不是那么落伍，那么愚蠢，那么不可理喻，那么面目可憎。

等到你长大了，有了自己的生活，可能会离开父母，远走他乡。独身行路的时候，你才终于明白，在这个世界上，只有家才是永远的依靠，只有父母才是不变的守候。

到那一天时，你会想：当年，与"公元前"父母狭路相逢的时候，如果自己能稍微侧侧身该有多好啊！🎙

在法国，有两样东西你不会扔：面包和书。在德国，社会地位最高的艺术家是音乐家，在意大利是画家，在法国则是作家。
——法国某出版社社长贝尔纳·菲克索

台风小姐，
我青春的面试官

□桑 宁

初中那些事儿

谁的青春期不冲动，带着憧憬过初中。

"台风小姐"，不叫"莫拉克"，不叫"桑美"，叫"陈菲菲"。自我感觉超棒的灵动长发，像台风肆虐后的热带丛林。老妈说，这是她费尽心力找来的新家教。

陈菲菲的第一堂课上，她从书包里拿出一张 A4 白纸说："小葵，开始学习之前，我想让你写写自己的优点。"

其实，我的优点还是蛮多的，我很善良，也算漂亮，乐于助人，偶尔勤快。除了学习……

这一天的课，我补得很满意。台风小姐临走前，把我写的优点，贴在了穿衣镜上。说多看自己的优点，会督促自己变好。

我的数学成绩向来不好，每次老师让家长签名，我都是想办法糊弄过去。然而，可怕的"签字代理门"事件终于在

10 月最后的周末爆发了。高二年级组的老师，在收回的 43 张签名试卷里，发现了 12 个字迹相同的"老爸"。我有三张被"代理"的数学卷子被发现了。

数学老师赵大志拍着桌子说："向小葵，给你最后一次机会回去签字，要不然直接叫家长！"

周六补课时光，陈菲菲看着烦心的我，说："怎么了？没精打采的不像你啊？"

我把 3 张倒霉的试卷推在陈菲菲面前。她扫了一眼假签名，就猜到了 80%。她拉足官腔说："这个名……我不能帮你签。但是我有一个办法，不签名，就能摆平。"

陈菲菲说："你相信自己是羊，你就是羊，你相信自己是狼，你就是狼。"

周一清晨，我坐在教室里脊背挺直，目光坚定，把没签名

的试卷推到赵老师面前说："对不起，我没有让家长签名。"

赵老师望着非一般的我，有些捉摸不定。我说："赵老师，有些事，我很希望你也能从学生的角度去看待问题，有多少学生因为家长签名，而提高了成绩？又有多少学生，因为家长签名，而激化与父母的矛盾，我觉得，这个做法是一个比较失败的教育方式。"

上课铃声响起的时候，他把卷子放在我手中说："小葵，你今天让我刮目相看啊。你说的意见我会认真考虑的，我们都有需要改进的地方。"

我从没想过，自己原来可以做一个这样自信的女生。

中午时分，我坐在明朗的阳光下，给陈菲菲发短信。

我说："谢谢你，在我成长的路上，成为我青春的面试官。"

初中水平跟博士后没啥区别。只要能干就行，我一直是这个观点，不在乎学历，只要能干，能做出贡献就行。

父亲是一名外科医生，我8岁时，听父亲说每个人肚子里都有阑尾。他说他每天最少也要割掉20条阑尾。

我们问："割掉以后怎么办？"

"割掉以后？"父亲挥挥手说，"割掉以后就扔掉。阑尾一点儿用都没有。可是这阑尾发炎了，肚子就会越来越疼。如果阑尾穿孔，就会引起腹膜炎，就会要你们的命。要你们的命懂不？"

哥哥点点头说："就是死掉。"

过了两个多月，到了秋天，父亲的阑尾突然发炎了。那是一个星期天的早晨，父亲值完夜班回来，就在卧室里睡觉。过了一会儿，我们听到父亲在里面叫我们。我们推门进去，看到父亲像一只虾那样弯着身体，龇牙咧嘴。他望着我们说："疼死我了……急性阑尾炎，快去医院，找陈医生……找王医生也行……"

哥哥拉着我走下楼，走到胡同口，突然停住脚，说："不能找陈医生，也不能找王医生。"

我说："为什么？"

他说："找到他们，他们就会给爸爸动手术。"

我点点头。哥哥问："你想不想让爸爸自己给自己动手术？"

我说："我太想了。"

到医院时，手术室里只有一个护士。哥哥让我过去跟她说话，我就走过去叫她姐姐，问她为什么长得这么漂亮。哥哥就把手术包偷了出来。回到家，父亲听到我们进门，轻声叫起来："陈医生，陈医生……是王医生吧？"

我们走进去，看到父亲额上全是汗。父亲看到走进来的既不是陈医生，也不是王医生，就哼哼地问："陈医生怎么没来？"

哥哥让我打开手术包，

要命的阑尾
□余 华

他把大镜子拿过来。

我把手术包放到父亲右边，爬到床里面去，和哥哥一左一右将镜子抬了起来。然后，我们兴奋地对父亲说："爸，你快一点儿。"

父亲虚弱地问："什么……快？"

我们说："爸，你快自己给自己动手术！"

父亲这下明白过来了，瞪圆眼睛，向我们骂了一声："畜生。"

哥哥吓得赶紧溜下床，我也赶紧从父亲的脚边溜下来。我问哥哥："爸爸是不是不愿意动手术？"哥哥说："不知道。"

后来，父亲流着眼泪，断断续续地对我们说："好儿子，快去叫妈妈来……"

我们希望父亲像英雄那样自己给自己动手术，他却哭了。父亲被送进手术室时，阑尾已经穿孔。他得了腹膜炎，在医院躺了一个多月，又在家里休养了一个月，才重新穿上白大褂。

从那以后，我们经常听见他埋怨母亲："说起来你给我生了两个儿子，其实你是生了两条阑尾，平日里一点儿用都没有，紧要关头害得我差点没命。"

如果我们在人生中体验的每一次转变都让我们在生活中走得更远，那么，我们就真正地体验到了生活想让我们体验的东西。
——《少年派的奇幻漂流》

初中那些事儿

谁的青春期不冲动，带着憧憬过初中。

出走

□ 黄 胜

"老八，快点。"我走得上气不接下气，老八肥胖的身躯渐渐跟不上我，在我身后10米的地方停了下来。他双手撑着膝盖，不停地摇头："我不行了，真的不行了。"我一下着急了："不行也得行啊，我们很快就会被抓住的。他们肯定满世界找我们呢，我们得赶到火车站。"我拽起了老八的衣服，那件土黄色的T恤被老八的汗湿透了。

我和老八这次离家出走也是事出有因，那个时候班上转来了一个很漂亮的补习生。她一走进班级我就喜欢上了她。我转头望向彪子，发现他的眼神里也透出了那种渴望。彪子是我的死对头。那天下课我把彪子约到了小树林，和他来了一场男人之间的决斗。彪子被我打伤了，班主任知道了这件事，让我们各自请家长。我觉得我因为一个女生打架请家长，是件很不光彩的事，所以才让老八陪我出走。

"老八，你要走快一点儿，我们必须在今晚6点之前赶到火车站。"

说完这句话，我忽然感觉到内心无比柔软。其实想来现在的生活还是非常安逸的，那么，我为什么要离家出走啊？

噢，原来是因为夏岚——我喜欢的那个女生。唉，就是一个女孩子嘛，我们的人生中总会出现这样那样的女孩子，她们中有的人和我们会发生美丽的故事，有的和我们只是擦肩而过。那么我为什么要因为一个和我干系不大的女孩子伤心欲绝、离家出走哟？

我试探性地问老八："老八，以后和我出去混，在外面闯天涯，感觉怎么样？"

老八兴奋地说："那感觉，飞一般的感觉啊。"

我感觉自己问法出错："那以后，要是见不到爸爸妈妈呢？"

老八的神色忽然暗淡下来了，他看着面前的空碗："以后就吃不到我爸妈给我做的红烧肉了。"

我接着开导他："对啊，还有很多事情以后都做不成了……其实我倒是无所谓，我就怕你受不了。"

老八眼睛开始湿润了："老大，我不想那样。"

我摆了摆手："要不，我们回去吧。"

老八听完愣了一下，然后抓起自己的衣服就往外跑，我追了上去，他拦下了一辆出租车。

我把老八送回家的时候看到老八一下子扑进了他妈妈的怀抱，我摇了摇头。

等我推开门的时候爸妈坐在桌前，桌上给我留了饭菜，我脱下了鞋："今天足球队训练得有些晚。"说完我走进了房间，放下了书包，把我桌上那封还没被拆封的离家出走信撕得稀巴烂，扔出了窗外。●

生活总是喜欢逗弄我们，在你绝望时，闪一点希望的火花给你看，惹得你不能死心；
在你平静时，又会冷不丁地颠你一下，让你不能太顺心。—— 桐华《那些回不去的年少时光》

让心灵充满阳光

——走出心理误区

缩短负面情绪的公里数

□严长寿

有个传说，爱斯基摩人（北极地区的土著民族）在遇到心中忿忿不平的事情时，他们解决的方法是：在冰天雪地里沿着一条直线走，一直走一直走，走到自己的情绪逐渐缓和下来，然后停下脚步，回头望望起点，丈量这个愤怒的坏情绪有多长。

这是非常好的一种情境转移法，也是摆脱坏情绪的方法。当你能客观地用记录的方法来审视自己的情绪时，便有一个指标可以自律：这次是1公里长的愤怒，下次就努力变成500米；这一次的坏情绪持续3小时，下一次就减少为30分钟。

我们都不可能成为一个没有负面情绪的人，但是我们可以学习爱斯基摩人：一次再一次，缩短负面情绪的公里数。

叛逆也可以很励志

□莫小北

谁的青春期不冲动，带着憧憬过初中。

什么是叛逆？与父母、老师"唱反调"、奇装异服，沾染不良嗜好比如吸烟、喝酒、打架、逃学、离家出走等行为就是叛逆吗？实际上，这些只是青春期特有的负能量罢了。青春期是人生中最美好的时期，如果被这些负能量包裹着，没有及时纠正自己的心态，将影响学习生活，甚至对一生都会产生不良影响。

然而，叛逆精神也并非一无是处。敢于挑战、敢于怀疑也是一种勇气，世界上很多先贤，他们新理论的诞生之初都是伴随着对旧有知识的怀疑。中规中矩没有错，但是太过于压抑自己的性格，也不利于成长。

那么，究竟该如何看待叛逆这个问题呢？读了下面著名作家刘墉的文章，你或许就明白了。

叛逆少年

今年春天，我应邀到台北一所高中演讲，没去之前，里面的老师就吓唬我："别把学生估计得太高了，今天的高中男生可不比从前，他们自以为了不得，什么都不看在眼里。尤其可怕的是，他们居然黑白不分，譬如举行班际的合唱比赛，明明表现杰出的，他们却发出嘘声；至于那荒腔走板的，他们反而猛鼓掌叫好……"

用不道德的方式讲道德，用不文明的行为讲文明，最后只剩下出发点是善良和正义的。——中国网谈网络的语言暴力

当天我到台上，场面果然不含糊，前面校长讲话，我没听清楚几个字。轮到我演讲，虽然安静了不少，却老觉得好像有蜜蜂在下面。令人不解的是，尽管不少学生在下面讲话，但说到好笑的事，又会立即有反应，偶尔问问题，连坐在最后面的学生，都能提供正确的答案。

这件事，令我十分不解：难道那些十六七岁的大男孩，有一心两用的本事？一面聊天，一面又能听讲？

我很快获得了答案。

好几个听讲的学生写信给我，并相约到我的画室。

"你知道我们听你演讲，听得多辛苦吗？"一个学生见面就说，"我们得一面彼此交谈，一边又集中注意力，发挥最灵敏的听觉，抓住你说的每个字！"

"那么，你们何不安静下来或纠正爱说话的同学呢？"我问。

"那还了得？不是要被骂'爱红''爱现'了吗？会被人瞧不起的！所以每个人都想安安静静听讲，却又不得不装作很不甩的样子！"

我没有责怪他们，因为

从他们身上，我看到了高中时代的自己。我曾经为了怨学校省电，白天不开教室后面的灯，而故意在督学来的时候，发动好几班同学点蜡烛，用讽刺的方式表达抗议。那时编校刊的同学，由于学校拨了一个楼梯间供我们使用，于是画地为王，在门上贴着"成功（成功高中）代有才人出，各领风骚两三年"。向权威挑战，是多么英雄的事！不论对与不对，这种挑战的勇气就是值得叫好的！不是吗？

问题是，包括我在内，大家为什么不想想，敢于逆流前进、独排众议，如同司马迁为李陵辩护、韩愈谏迎佛骨，虽然落得被阉、被贬的命运，不更是一种英雄的表现吗？

其实，岂止十六七岁的大孩子有那种盲目的英雄式行为，大学生也可能如此。

记得我有一年教课，班上有个男生不但公然迟到、早退，而且经常跟我莫名其妙唱反调。我知道他是想吸引女同学的注意，所以没搭理他。直到有一天，好几个女生，一起忍不住地开了口："你想不想听课？不想听就滚出去！"这

捣蛋鬼先一怔，接着夹起书本，冲出门去。每个人都相信，他是再也不会出现了！

他居然又出现了。在大家进教室之前，已经坐在角落。从此完全变了个人，下课还帮我收拾幻灯片呢！

学期结束，他得了A！因为即使在他爱捣蛋唱反调的时候，每次平时考，他都答得很好。如同台北那批高中同学，他们是一面表现反叛，一边努力地学习啊！

我变得很喜欢他，至今在校园遇到，还总是停下来聊聊。我知道这种有叛逆性的学生，叛逆期过后，往往能把那种特有的冲力，发挥到学问或事业上，而在未来有杰出的成就！最重要的，是他能"知耻近乎勇"，在众同学面前幡然改过。不是有大勇的人，如何办得到？

年轻人！你也有叛逆性吗？那并不坏！但你更要知道：什么情况，是需要大勇的时刻！

正如文中提到的，叛逆也可以带来正能量。合理利用青春期叛逆带来的勇气和冲劲，你的青春也可以很励志！

一切从尊敬自己开始。尊敬毫无经验的自己，尊敬一无所成的自己，将自己当个人看。只要你尊敬自己，便无法作恶，便会无法做出不配为人的轻蔑举止。

初中那些事儿 谁的青春期不冲动，带着憧憬过初中。

初中那些事儿

谁的青春期不冲动，带着憧憬过初中。

中学生心理不健康的表现

敏感

青少年自我意识强烈，自尊要求迫切，而且心理承受能力低。因此，当他们意识到某种威胁自尊的因素存在时，就会产生强烈不安、焦虑和恐惧，当自尊心受到伤害时，就会生气、愤怒，常常神经过敏、多疑。

逆反心理

这是指人们彼此之间为了维护自尊，对对方的要求采取相反的态度和言行的一种心理状态。由于中学生正处于过渡期，其独立意识和自我意识日益增强，迫切希望摆脱家长和老师的监护，反对成人把自己当成小孩子。为了表现自己的非凡，就对任何事情持批判的态度。逆反心理是一种反常心理，若不及时采取有效的对策来克服和防治，就会逐渐演变为病态心理或犯罪。

嫉妒

这是对他人的优势地位在心中产生不愉快的情感。当别人比自己强（如学习、相貌、人缘等），表现出不悦、自残、怨恨、愤怒甚至带有破坏性的负面感情。

失落

中学生抱有许多的幻想，希望将其变为现实，他们会付出种种努力甚至刻意的追求。当这种需求持续得不到满足或部分满足，就产生了挫折。多表现在学习、吃穿、玩高档的玩具等方面。挫折和逆境容易给中学生带来紧张、恐惧、忧郁和失望。

自卑

它是一种因过多的自我否定而产生的自惭形秽的情绪体验。对自己缺乏信心，感到在各方面都不如人，有低人一等的感觉。在人际交往中对自己的能力过低评价，心理承受能力脆弱。谨小慎微，畏首畏尾，瞻前顾后等。

孤独

有些学生常常觉得自己是茫茫大海上的一叶孤舟，性格孤僻，不愿意与人交往，却抱怨别人不理解自己，不接纳自己。心理学把这种心理状态称为闭锁心理，由此产生的一种感到与世隔绝，孤独寂寞的情绪体验称为孤独感。表现在：第一，青少年和同伴的交往，包括和异性的交往。第二，师生沟通问题，很多同学怕老师，很难和老师建立起一种良好的关系。第三，学生和家长的关系，也就是亲子关系，回家第一件事就是进自己的屋，把房间门关上。

学习障碍

表现在厌学、学习动机不强，问题比较严重的存在学习困难、学习障碍。一些学生对学校产生了恐惧的心理，严重时甚至达到了"学校恐怖症"的程度。

另解牛顿三大定律：牛顿第一定律，不给力就不停或者不动；牛顿第二定律，给力就加速；牛顿第三定律，我给你力的同时，你也得给我力。

心理平衡可以开出花朵

感情用事、嫉妒之心是纠缠一个人终生的两个主要因素，也是人们产生怨气的根源。日常生活中看不顺眼的事很多，自己不生烦恼，就不会有人找你的麻烦！因此，无论遇到大事还是小事，心理平衡是化解人与人之间怨恨的第一心理要素。

对人心宽，自己先做到心里平淡而不多虑。平淡是真，真诚就会善待一切，就会做好每一件事情。只有平静的心情，才会意气舒畅，做工作才会有朝气和兴趣，才会有好的心情处理人际关系。心情好的人对任何人都会抱以宽容之心。

史书记载唐太宗在攻打潞洲时，路过一个五代同堂的人家，问他家的长辈"若何道而至此"，就是问是什么办法使他们家五代人和睦地住在一起。那家长回答说："臣无他，唯能忍尔。"太宗以为然。多么简单的回答！没有什么特殊的好办法，只不过能忍让罢了。忍，就是宽恕他人，也是善待自己。

史书上又说：张公艺九世同居，唐高宗有事泰山，临幸其家。究其原因，他书百"忍"字以对。天子顿时流涕，遂赐缣帛。由此可见，身为天子的高宗李治也深知处家立身的不易，就更加明白治国的艰辛了。在现代，四世、五世同堂的家庭已经是很难找到了，就是三五口之家能和睦相处也非易事，同样需要父母与子女之间的宽容相待。社会上那些子女对父母不敬，或者父母恨儿女不争气，都是自私自利的表现。

教育家谢觉哉曾有一首著名的诗："行经万里身犹健，历尽千艰胆未寒。可有尘瑕须拂试，敞开心肺给人看。"康德也说过："真诚比一切智谋更好，而且它是智谋的基本条件。"宽以待人需要真诚，真诚的力量是可以感动一切的。

即使生活欺骗了自己，也不应怀疑真诚的魅力。人只要具有宁可人负我，不可我负人的心理，就一定能用真诚之心去善待他人，一言一行自然会表现出极大的宽容。真诚的宽容之心必定能赢得他人的爱戴。缺乏真诚的人终究不会得到别人的信任。所以，海涅更是真诚直接地告诉人们：生命不可能从谎言中开出灿烂的鲜花。

大学生翘课30天等于损失一部iPhone。网友根据大学四年的学费、住宿费、生活费、购买电子产品费用、服装费用、交通费等，计算出大学每一天课的平均价值为150～320元。——《中国企业家》

139

初中那些事儿

谁的青春期不冲动，带着憧憬过初中。

简易测谎仪：20 组词揭秘潜性格

□ 佚 名

词语联想测验被用于刑事侦破活动，因此有人称其为简易测谎仪。

本测试采用的是补充句子联想测试，将帮助你揭秘内在特质和原始的本能，使你接受更多的可能性。

1. 在你的内心深处你会经常感到自己现在的状态是（　　　　）。

■茫然、彷徨、困惑

★不完美的、不完善的、忧郁的、痛苦的

2. 你强烈讨厌（　　　）的人。

★虚伪

◆争强好胜、过分情绪化

3. 你不喜欢别人知道你的（　　　　）。

◆想法、感受、情绪

●困难

4.（　）最重要，因为那是快乐的基础和源泉。

▲健康　●美丽、漂亮

5. 即使你很不情愿，你也会去（　　　）你不喜欢的人，包括你在职场上的竞争对手。

▲取悦　■帮助

6. 你会花时间去思考或者关注、研究（　　　　）方面的问题或者现象。

★理论物理　◆哲学

7. 在纷乱的事物中，你能迅速分辨出事物的（　　　　）。

◆因果关系　★相似性、差异性

8.（　　　　）会让你觉得焦虑、不安、痛苦、烦躁。

▲肥胖，体重超标

★被误解

9. 你喜欢盯着（　　　）仔细看。

▲自己的身体

●镜子中的自己

10. 你很难感受到（　　　）的感觉。

▲安全、踏实、充实

★关怀、被爱

11. 你时常会有一种被（　　　）抛弃的感觉。

▲父亲（女性测试者）/ 母亲（男性测试者）

★恋人、情人

12. 追求（　　　　）让你的人生充满激情。

■无私的奉献　●金钱

13. 你是一个很（　　　　）的人。

■铁石心肠或冷酷

★勇敢或爱冒险

14.（　　　　）对你很重要。

■宗教信仰、精神生活、快乐

◆（行为或思想的）自由 / 自然环境

15. 只喜欢与（　　　　）的人为友，即使讨厌、不喜欢他们的人很多。

◆幽默、有趣　■心灵相通

16. 身边的朋友对你的评价是（　　　　）。

▲严厉 / 呆板 / 拘谨 / 顽固 / 笨 / 吝啬

●有正义感或者（做事）干脆利索 / 不拖泥带水 / 高效率

17. 你非常（　　　　）你的父母。

▲依恋、依赖、依靠

在我看来，我有过的每一次经历和我爱过的每一个人，都以某种重要的方式造就了今天的我。

只要落在画布上的方式有一点点不同，或泼洒在上面的颜色更深或更淡，我现在就会是一个迥然不同的人。——塞尔丽·詹姆斯

●远离（或者在他们去世后搬离他们居住的房子 / 远离他们居住的城市）、不愿意亲近

18. 你追求（　　　　），为此不惜与人发生冲突。

●光明正大 / 正义 / 公平

■真正的爱情或情感

19. 你常常刻意保持（　　　　）的情绪。

●兴奋　◆紧张

20. 你相信机会对每个人都是平等的，所以（　　　　）。

■每个人都有机会成为大人物

◆爱情是随时随地都可以发生的

初中那些事儿

谁的青春期不冲动，带着憧憬过初中。

结果与分析： ●1分　★2分　◆3分　■4分　▲5分

15分以下：重视物欲，控制欲强，希望成为众人的焦点

对权力有很强的欲望，渴望拥有财富。你爱面子重尊严，喜欢昂贵奢侈的东西。你为自己设定高标准。喜欢比较，衡量自己成功的标准是比别人多拥有什么。注重形象，希望与众不同，成为众人的焦点。但同时你控制欲强，好与人竞争，在团队里总是寻求领导地位。

16 ~ 20分：喜欢冒险，做事我行我素，但过于情绪化

你爱挑战传统，爱打破规则，喜欢冒险。在想法上经常给人惊喜，是个激进的思想家。做事不墨守成规，具有创新性，有我行我素的风格。不管别人如何评价，你都会以自己想要的方式生活。做事情执着，也很随性，所以会显得你过分情绪化，易沉浸于某种情绪中而脱离朋友圈。

21 ~ 30分：现实理性，意志力强大，注重个人隐私

你善于分析，洞察力强，理性多于感性，但比较偏执。很少靠直觉行事，而是通过逻辑、推理进行系统的分析判断，甚至进行必要的调查取证，避免出现错误。你很现实，一点都不虚幻，从不凭直觉或本能做事。你具有强大意志力和钻研精神，希望成为领域内真正的专家。你注重私人空间和隐私，较难受到情绪的干扰。

31 ~ 40分：重视感情，有奉献精神，试图取悦所有人

你习惯独自承担。会把别人的需要当成自己的，很难拒绝别人，常忽略自己，宁可硬撑着牺牲自己的利益也要保全他人。重视感情，在意别人的情感需求，绝不会背叛爱情和亲情。你对人和善、热情、慷慨，试图取悦所有人。

41分以上：自制力强，目的性强，但需要被接纳感

你安于现状，不爱冒险。你总是认为此刻就处于人生最佳状态。你很坦然，从不掩饰自己，包括失败。你自制力强，相信自己的判断，目的性强。你不爱抱怨，不会轻易发怒，善于建立联盟和安抚别人。你容易被信任，也信任别人。你需要亲密感和被接纳感，喜欢群体生活。🌿

读书让你回避现实的失控，旅行也是。它经常是智力与情感上懒惰的标志，因为无力洞悉熟识生活的真相与动人之美，人们沉浸于浮光掠影的新鲜感，以为看到了一个新世界，不过是在重复着旧习惯。——许知远《一个游荡者的世界》

管理好自己的"羡慕嫉妒恨"

□小 意

初中那些事儿

谁的青春期不冲动，带着憧憬过初中。

"羡慕嫉妒恨"这一固定短语最早出现在一部小说里，它不仅强化了中心词"嫉妒"的表达效果，还包含了嫉妒的结构层次和来龙去脉。

嫉妒是对别人在才能、成功、容貌或者境遇等方面比自己优越而产生的不快、不安甚至怨恨的不良心态。对于青少年来说，嫉妒使心理经常处于紧张焦虑状态，使人心胸狭窄，目光短浅，不仅影响学业进步，还影响身体健康。严重的嫉妒还会化为邪恶的力量，造成一些无可挽回和令人心痛的后果。

避免使自己陷入嫉妒的泥沼，首先要让自己变得心胸开阔，大度一些。越是"小心眼儿"的人，越是注重个人的利益，容易"唯我独尊"，即希望自己在任何方面对别人来说都是更胜一筹，容不得别人比自己优秀。这种情绪会让自己变得狭隘和郁闷，对于个人成长没有一点儿好处。它既不会阻碍别人进步，也不会让自己变强。所以，与其让心灵躲在阴暗的角落里，

让嫉妒转化成不屑和愤恨，不如大大方方地为别人的优点喝彩。尤其是为你的"竞争"对手喝彩，不但能够赢得对方的尊重，还可以化解自己的不良情绪。

日本哲学家阿部次郎在其著作《人格主义》中提到："什么是嫉妒？那就是对于别人的价值伴随着憎恶的羡慕。"可见，嫉妒归根结底是源自羡慕。羡慕别人人际关系和谐，你就反思自己在交往中有哪些地方有待改善；羡慕他人成绩优异，你就加倍努力，总有一天会"后来者居上"；羡慕别人天生有一副俏丽或者英俊的容貌，你可以通过增强内在修养来提升自己

的气质。遭遇嫉妒，如果能"见贤思齐"，把对他人的嫉妒转化成督促自己前进的动力，也未尝不可。

现代社会更注重人与人之间的合作，并非竞争。所以，不要把自己放到别人的对立面去，更不要把所谓的"竞争对手"当成真正的敌人。如果因为对方的进步而暗自生气，那么自己的情绪就会被他人所左右，不肯面对他人比自己优秀的现实，只会让自己在狭隘的道路上越走越远。学会合作，共同进步，创造 1+1 > 2 的效果，才是明智的选择。

别人的分数比你高，只不过是他押到了考题；别人的衣服那么贵，可是穿上去一点儿都没有气质；别人今天在课堂上表现得很积极，受到老师的表扬，那是因为我今天不舒服，表现不佳，不然得到老师表扬的一定是我……当发现"别人"比自己优秀的时候，如果你有了这种"酸葡萄"心理，那么要密切关注自己的情绪，可以羡慕、理性嫉妒，但是不能恨！

正因为知道现实残忍，所以才需要用浪漫抵抗。

有这样一道考验你判断力的题目：请从下面一组词汇中，选出你认为不好的、有破坏性的关于情绪的词——

快乐、愤怒、恐惧、喜悦、疼痛、悲哀、感激、羡慕、同情、失望、友好、害羞、惊奇、沮丧、自豪、满足、爱、恨、欣慰、懊悔……

太简单了！这谁不知道？当然是愤怒、恐惧、疼痛、悲哀等等。

真是这样吗？如果你这样认为，那请问：假如我们没有了恐惧会怎么样？

哦，那就太好了，那就不会害怕考试，不怕黑暗、蛇……

然而，你想过吗？人在旷野中遭遇野兽不知害怕逃跑，置身滚滚车流无所畏惧而横冲直撞……那样是不是更恐怖？虽然恐惧引起的是一种不愉快的体验，但同时对我们自身也是一种保护。所以，仅仅从褒贬的意义上看，很难说哪种情绪是好的，哪种情绪是坏的。

我们的情绪是否具有破坏性，往往只和情绪是否适度有关。比如，我们都追求快乐，但快乐过度还"乐极生悲"呢！

正视消极，你也可以做情绪的主人

□邓庆民

反过来，所谓的消极情绪背后，往往潜伏着积极的力量。

自卑，一种成长的力量

有这样两个人：一个是男孩，因为怕同学嘲笑自己来自农村，不敢与他们说话，以致一个学期结束的时候，同班的很多女同学都不认识他；另外一个是女孩，因为怕别人嫌她肥胖的样子太难看，以致不敢穿裙子，不敢上体育课。然而就是这样的两个人，最后都成为中央电视台著名的节目主持人，他们一个叫白岩松，一个叫张越。

当你在电视上看到他们镇定自若，挥洒自如的时候，你有想过吗，他们也曾深深地自卑过！

在心理学家看来，自卑并不是自信的反义词。自卑是土壤，自信是庄稼；没有土壤，何来庄稼？自卑是树，自信是果实；没有树木，哪来果实？

正如白岩松所说："极度自卑导致自信。任何一件事交给我的时候，我都在想我能把它弄好吗？因为怕弄不好，我就会比别人多用十二分的力气，天道酬勤，每弄好一件事，就会给自己一份自信。"

你看，自卑和自信的关系就是这样微妙。真正阻碍你

奥数被喻为"数学杂技"，一般人玩不转它。
——西安61位各界人士参加奥数体验考试，参考的6名大学、中学老师均未及格

初中那些事儿

谁的青春期不冲动，带着憧憬过初中。

成功的不是自卑，而是陷入自责而不再努力的心态。

合理比较：我们都在成长中。

一个武士在拜访禅宗大师时，面对气度非凡的大师突然自卑起来。大师把他带到院子里，院子里有一棵参天大树，旁边有一棵又矮又小的树。大师问："大树没有瞧不起小树，也没有听小树说过自卑，为什么？"武士想了想回答："因为它们不会比较。"

有人说："由于痛苦而将自己看得太低就是自卑。"我们之所以将自己看得太低往往就在于不恰当的比较。世间万物千差万别，每个人都有自己的长处与不足。当你羡慕别人能够侃侃而谈的时候，说不定有人正把你的不善言谈当作很"酷"呢！

此外，大树也曾经是小树，小树经过努力，若干年后也必将拥有高大的躯干。当你为自己的某一方面不如别人而苦恼的时候，告诉自己"现在"的不足绝不意味着将来的不行。自卑的人，往往有动力弥补一切不足，这就是自卑的力量。

选择方式：问题在于你的反应。

有位心理学家曾经讲过这样一个故事：当三个孩子第一次站在狮子笼前时，一个孩子躲在他母亲的背后，全身发抖地说："我要回家。"第二个孩子脸色苍白地用颤抖的声音说："我一点儿都不怕。"第三个孩子盯着狮子，问他的妈妈："我能不能向它吐口水？"

事实上，这三个孩子都感受到了自己所处的劣势，但他们的反应却是如此不同。自卑存在于每一个人的人格中，有的人为自己的相貌，有的人为自己的家庭，有的人为自己的性格……于是，有人选择自责、逃避，有人选择面对、补偿。不同的反应方式，影响了他们现在的生活状态，决定了他们将来的发展。

作家固泽雄曾说过："健康的自卑来自对自身局限的深刻认识。"不回避自己的局限，才能知道自己真正需要在哪一方面有所发展，仔细分析一下自己，找寻你自卑的理由，你就会知道自己努力的方向。

我是把一切坏事情当作好玩。向来不失望，我认为一切坏事情最后都会变成好的。
——2013 年 1 月 13 日语言学家周有光喜迎 108 岁寿辰，他是汉语拼音方案创制者。

忘掉自我：专注于你的行动。

知道吗？世界著名球星贝利成名之前曾是一个非常自卑的人，当他入选巴西最有名气的球队时，竟紧张得一夜未眠。他翻来覆去地想："那些著名球星们会笑话我吗？万一发生那样尴尬的情形，我该如何回来面见家人和朋友呢？"然而当他在球场上奔跑起来时，他便渐渐忘掉了自己的存在，完全融入了足球的世界中。

过多地关注自我，过于在意别人对自己的评价，必然会让你束手束脚，难以展现自己的才华。有人说，如果你拥有"善良、诚信、勤奋、积极"四个品质，你就永远没有必要担心会被人看不起。忘掉自我，专注于你该做的事，是超越自卑的法宝。

心理学家阿德勒说："人类的所有行为都是出于自卑感及对自卑感的克服和超越。"自卑本身没有错，可怕的是你总想着不要被别人看出你的自卑，总想着掩饰自己。其实，只要利用好自己的自卑，你就能不断追求卓越。

焦虑：是朋友而非对手

再如焦虑，也是很常见的一种消极情绪。适度的焦虑能充分调动人的潜能，使我们的反应更加敏捷，思维更灵活。如果焦虑程度过低（马上考试了却无所谓），就不能调动我们的力量；如果过于焦虑（对结果过分担心），可能会注意力不能集中、记忆力减退，出现身心疲惫的状态。

生活中，对我们影响最大的、最需要调节的是过度的焦虑。对于过度焦虑，你不妨试试下面的方法——

适可而止：过度焦虑背后总有原因。

先来看一个故事：有一种土灰色的沙鼠，每当旱季来到时，它都要囤积大量的草根。但有一个现象却很奇怪，即使贮藏的草根足以使它度过旱季时，沙鼠仍要一刻不停地寻找草根。一只沙鼠在旱季里需要吃掉两公斤草根，而它一般都要运回十公斤才踏实，大部分草根最后都腐烂掉了，它还要将腐烂的草根清理出洞。

科学家做了一个实验：将沙鼠关在笼子里，给它们"丰衣足食"的生活，但它们却一个个地很快死去。原来，这是它们没有囤积到足够草根的缘故。确切地说，它们是因为极度的焦虑而死亡。

沙鼠的勤奋源于它对生存的焦虑，可当这种焦虑被放大后，就造成了一种自我心理的威胁。再来看看我们自己：公开演讲，还没有开口就担心"别人要是笑话我怎么办"；想和别人交往，却认为"别人会拒绝我的"；还没走进考场，就开始胡思乱想"考不上就全完了"……如果真有这样的问题，就去想想那只可怜的沙鼠吧，或许我们的智慧能够超越它的悲剧。

顺其自然：顺应有时也是一种征服。

对学习、交往及考试的过度焦虑，往往使我们不堪其苦，于是我们想尽办法去摆脱它，却发现自己无能为力。

曾有一个人，早年体弱多病，非常害怕死亡，常被失眠、噩梦、头痛困扰，被诊断患有神经衰弱。虽多方医治，但收效甚微。病痛使他想到了死。于是他放弃了一切治疗，不再关心自己的身体状况，拼命学习。出人意料的是，他考试成绩很好，而且多年缠身的各种症状竟然逐渐消失了！于是他从这次经历中受到启发，创立了著名的森田疗法。

他就是精神科专家森田正马。作用力总是等于反作用力，对过度焦虑越去控制、压

初中那些事儿

谁的青春期不冲动，带着憧憬过初中。

"如果我们没有能力爱，也许正是因为我们总渴望得到别人的爱，也就是说我们总希望从别人那儿得到什么，而不是无条件地投入其怀中并且只要他这个人的存在。"——昆德拉

初中那些事儿

谁的青春期不冲动，带着憧憬过初中。

制甚至企图消灭它，它的反冲力就会越强。像森田正马那样和平相处，反而是解决问题的办法。

心理免疫：好心态是平时练出来的。

心理学家提出一种"应激——接种训练"的方法，这种方法包括三个步骤：

第一步：自我谈话。以"别担心，担心无济于事"的积极自我谈话，取代"我遇到事就糟了"的消极自我谈话；以"放松，你能控制情境，深呼吸，好"取代"我无法控制，我很紧张"；以"这并不是所发生的最坏的事"，取代"完了，全完了"……

第二步：应付技能。从某种意义上讲，学习焦虑在于没有掌握适合自己的学习方法；交往焦虑在于不懂得交往技巧；考试焦虑在于不知道怎样应对考试中的紧张……所以，

平时我们自己要注意收集一些关于解决问题的方法。

第三步：行为排练。当你出现焦虑的时候，不妨就把它当作自己解决焦虑问题的排练好了。这时，问问自己："现在的真正问题是什么？""解决的办法有哪些？""我决定用哪种方法？"将注意力转移到解决问题的方法上来，并立即行动。

焦虑不是我们的对手，别再用它来"煎熬"自己；焦虑是伴随我们成长的朋友，是真的。

孤独，一扇等待开启的门

你有没有过这样的感觉：看到别的同学在一起有说有笑，自己很想参与进去，却不知道说些什么，隐隐感到别人忽视了自己的存在；有了心事，

很想找个人说说，环顾四周，却发现无人可以倾诉；开心的时候，找不到人来分享自己的快乐；渴望被理解，却总觉得别人走不进自己的世界……

这或许就是人们所说的孤独了。身处欢乐的人群，也许你会感到孤独，因为找不到属于自己的快乐；独自置身荒山野岭，也许并不觉得孤单，因为享受内心的充实。

人人都有孤独的时候。它是一种心理感受，是否觉得孤独，往往不在于外在的环境，而在于我们心灵开放的程度。

认识孤独：成长中的自我发现。

心理学家说，成长中的孤独是心理成熟的标志，它意味着我们开始把自己的兴趣从外界转向自我，开始思考人生的意义和价值，开始有了许多独特想法和美好向往。

然而，这些想法往往遭到否定，被认为是幼稚甚至是可笑的。当我们发现"没有人真正理解我"时，我们开始闭锁自己的心灵，孤独感也就随之而生。

曾有位高中学生为自己的孤独而烦恼，但她爱好读书，孤独的时候，她看了很多的书籍，她的思想也因阅读而变得

　不要试图给自己找任何借口，错误面前没人爱听那些借口。

深刻。于是，她通过写作表达自己，文章见解深刻、思想丰富。后来她把自己的文章主动拿给爱好写作的同学看，得到同学的欣赏，在这种交流中，她结交了许多好朋友。

孤独是我们在成长中的自我发现，只有不断充实自己，才能发现自身的价值；只有不封闭自己，你才会被人理解。

体验孤独：每个人都需要心灵的空间。

有人说，能享受到孤独，不甘于寂寞又能耐得住寂寞，是人一生最宝贵的财富。

"享受孤独"是因为我们都需要自己的心灵空间。呼朋唤友，高谈阔论，固然热闹，然而喧嚣散去，一切总归于沉寂，我们最终要面对自己。"不甘于寂寞又能耐得住寂寞"是因为我们获得别人的理解需要时间。人们往往赞叹花儿的芳香与娇艳，却看不到它绽放之前的努力与承受的孤寂。

有位心理学家曾做过一个很有趣的心理测验：想象你在一片草地上，看到一些蜜蜂，你想得到这些蜜蜂，你会怎么做？（你可以放开了想，不用管实际上可不可能。）

有人说，可以用网捕捉；有人说可以用粘蝇纸粘住蜜

蜂；也有人想象自己变成一朵花，"让我的花香散发，随便蜜蜂什么时候来，即使是在等待着，我也在欣赏自己的美丽"。

这其实是一个关于交往方式的投射测验，你看，其实让孤独散发芳香不也是一种对待孤独的方式吗？

走出孤独：让心灵呼吸新鲜的空气。

心理学家和医生经过研究发现，长期处于心境寂寞与孤独状态的人，更易患上各种疾病。研究人员通过对四千余人历时12年的追踪观察发现，与社群疏离的人，在此期间患病死亡的数字，较在社会上活跃的人多出3倍。如果你处于孤独状态时间过长，要学会让自己走出孤独。

开放自己。我们总怕在别人面前暴露自己的缺点，其实你的不完美可能容易让你获得朋友。试想，你会和"圣人"成为好朋友吗？恐怕很难，因为我们会感受到差距的压力。同样，"自傲清高"或"自卑多虑"，只会使你拉大与同伴的距离，以致被群体孤立，最终难免孤独。

关注他人。好多人之所以不能吸引他人，是因为他只专注于自己而不顾及他人，他

们的心灵与外界是隔绝的。如果我们总是忽视他人，那么自己也必将被忽视，久而久之，便使自己陷入孤独的境地。

求同存异。在交往中，没有人的兴趣、爱好及习惯是完全相同的。实际的交往中，交往融洽的人往往能看到共同点，而孤独的人只看到差异。所以，寻找共同点，积极融入群体可以帮助我们建立和谐的交际圈。

德国心理学家斯普兰格说："没有谁比青年从他们孤独的小房里，更加用憧憬的目光眺望窗外世界了，没有谁比青年在深沉的寂寞中更加渴望接触和理解外部世界了。"是啊，孤独就如同你的面前有一扇门，推开它，你就能领略外界的精彩。

初中那些事儿

谁的青春期不冲动，带着憧憬过初中。

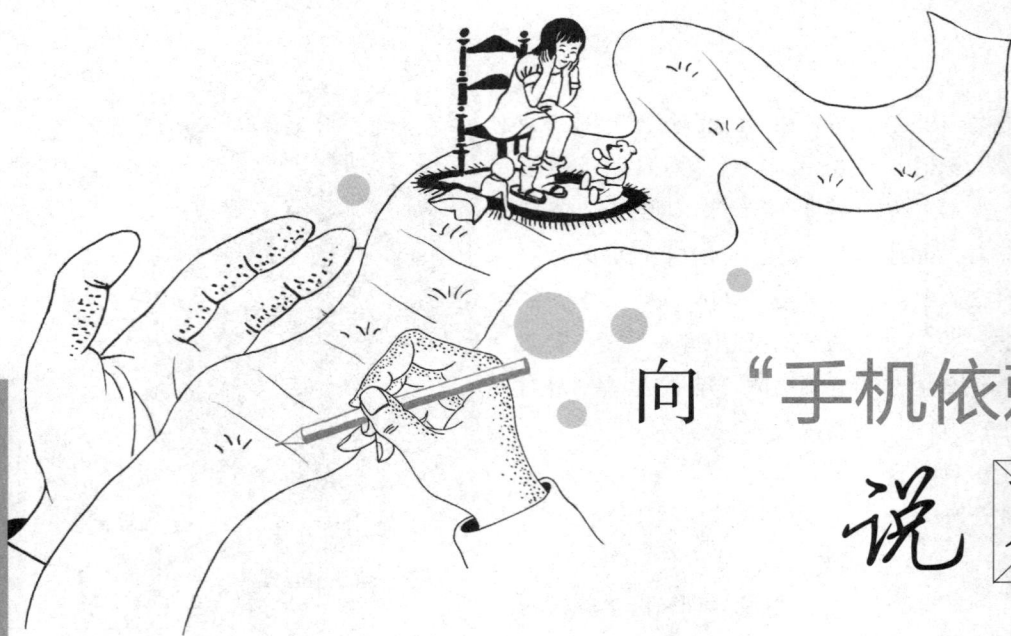

向"手机依赖症"
说 不

□阿 都

智能手机带给人们便利和乐趣，但同时带给我们的负面影响也不小。以至于很多人产生了"手机依赖症"，一旦没有了手机就会立刻变得魂不守舍。特别是青少年使用智能手机，更会对其学习和身心的健康带来不利。

数字时代的到来，各种智能手机、平板电脑不仅深刻影响着成年人的生活，对青少年的影响也不容忽视。听音乐、看电影、打游戏、聊天、发微博……高科技产品总能吸引青少年的眼球。然而，智能手机在带来便捷和快乐的同时，也让许多青少年患上"手机依赖症"。"手机依赖症"是指一些人因为使用手机而行为失控，导致其生理、心理和社会功能明显受损的痴迷状态，对青少年危害很大。

"手机依赖症"带来负面影响

手机的出现，本来是为了让沟通更便利，结果却使得人们更加孤独，手机带给生活的负面影响主要表现在以下几个方面：

1. 生活圈子变窄，影响人际关系。手机使得以往的家庭聚会、同学聚会等传统社交模式变得"不那么重要"。如果青少年迷恋智能手机中的虚拟世界，淡化现实的人际交往，社交、语言表达能力就会退化，回不到现实生活，跟父母沟通都困难。

2. 导致疲劳，影响视力。

青少年频繁地使用手机，将严重影响睡眠质量，引发感应性疲劳和神经衰弱，很多孩子在该睡觉时躲在被窝里打电话，影响正常学习和休息，更会损害视力。

3. 影响学习。不少学生一有机会就开始玩手机，上学的路上玩手机，课间休息时手机更是不离手，有的同学甚至上课期间也在课桌下玩手机，导致学习成绩下降。还有很多迷上智能手机的学生，注意力常难以集中，而且他们的兴趣点总游移不定，如果长期停留在这种状态，可能会破坏孩子的思维深度和对复杂问题的理解能力。

4. 游戏上瘾。手机早已不是单纯具备通话功能的工具了，许多学生的智能手机价格不菲，QQ、微信、唱吧、音乐、游戏等软件也安装得种类繁多，并将大部分时间用于打游戏，沉迷其中，不可自拔。

5. 影响青少年心理健康发展。手机为人们打造了一个惬意的心理空间，让青少年在任何时间、地点都能与外界连接，但是心理上的孤独却不断增加。青少年会觉得自己认识很多人，但在上千人的通信录里却找不到一个能谈心的人，进而生出孤独、焦虑等情绪，心理健康发展受阻。此外，青少年使用手机还容易产生攀比心理，不利于青少年心理健康。

6. 身体健康受影响。长时间玩手机，使青少年户外活动不足。以前家长常抱怨"一天到晚贪玩不回家"，现在却是抱怨"一天到晚不出门"。孩子太"宅"，如今已成不少家长的心病。而缺少锻炼和运动，孩子的健康直接受到影响。近年来我国学生肥胖和超重检出率继续增加。

问题关键在学生的自制力

出现以上问题，智能手机本身并不是罪魁祸首，但是在五花八门的手机游戏、娱乐应用面前，部分学生难以抵制诱惑，利用大量的课余时间甚至上课时间玩手机，从而耽误休息和学习。

我们生活在一个物质极度丰富的时代，我们难以想象要是没有手机，我们的生活会变得多糟糕。实际上，智能手机已经不仅仅局限于它的通信功能，作为一台移动互联网终端，它能够与目前包罗万象的互联网连接，获取资讯和服务。中小学生群体的自制能力是有限的，例如，他可能沉迷于与陌生人的 QQ 聊天，只是因为好玩，或者，受到某款游戏的诱惑，日思夜想打装备刷副本。可以这么说，现在中小学生提前享受到了本该大学才有的自由，实现的工具就是智能手机。

怎样摆脱"手机依赖症"

减少智能手机对青少年的不良影响，需要学校、家长、社会等多方面共同参与。手机只是一个工具，关键还是看学生自己如何对待。

1. 中小学生最好不配手机。人是否被手机"奴役"，关键由自控能力的强弱决定。中小学生自制力不强，应该请家长加强监管，并严格控制自己手机上网流量，甚至约法三章，如上课时间不许玩手机等。

中国学生常常是为了拿一张"国际文凭"前往美国，美国学校则是想赚中国学生的钱。遗憾的是，双方的结合很多时候却是两败俱伤。——北大附中副校长江雪勤

初中那些事儿

谁的青春期不冲动，带着憧憬过初中。

谁的青春期不冲动，带着憧憬过初中。

而且最好不要买功能太多的手机，最好的就是那种只能简单地接打电话，收发短信的手机，这样可以人为地减少自己对手机的依赖，在一定程度上削减手机对自己的影响。

2. 培养自律意识。智能手机是我们无法抗拒的世界。对于青少年来说，学会自制自理，就算智能手机揣在口袋里，也不至于成瘾成灾。例如同学们平时多读读书、看看报，通过自我约束逐渐减少使用手机的次数。

3. 理性地看待和使用智能手机。比如，可在教学区域设置屏蔽仪，禁止学生课上使用手机，或者规定学生使用手机的时间段；教师也可在把智能手机的功能从单纯的娱乐工具转向学习的辅助工具上多下功夫，推荐学生安装学习软件或者查阅资料等。

4. 将生活重心从手机上转移。"手机依赖症"影响孩子的身心健康，家长和老师应加强对其上网行为进行引导和监管，关键的一步，必须把孩子的注意力从手机、iPad上"解救"出来。多与孩子沟通交流，让他们参与到更加健康的生活方式中来。如果家长有时间的话，可以带孩子到图书馆或是书店，因为看书肯定比玩手机和玩游戏健康得多；同时，家长还可以帮助孩子培养更多的兴趣和爱好，比如听音乐、运动、旅游等等，避免孩子对手机产生依赖心理。

如果家里的孩子已经出现了手机依赖，家长也最好不要购买和使用智能手机。"手机依赖症"的戒除难度很大，需本人有强烈的意志，如果患者手机依赖的症状严重，应到专业机构配合心理治疗和药物治疗。

各国学生用手机大不同

日本：

不允许中小学生校内用手机

日本的中小学是不允许学生在校内使用手机的。但是为保护孩子的安全，日本家长会给学生配备 GPS 定位手机，这个是学校允许携带的。

美国：公立学校严禁手机进课堂

美国经历了 1999 年"哥伦比亚校园枪击案"和 2001 年的 9·11 事件之后，不少家长希望能随时与子女联系，学校考虑到他们的愿望，允许学生将手机带进校园。但是绝大多数美国公立学校仍然采取了严禁手机进课堂的政策。

芬兰：禁向青少年推销手机入网

芬兰的规定是从上游手机网络供应商就开始限制。法院禁止无线通讯公司直接向青少年推销手机入网等移动通信服务。如果违反了，要罚款 10 万欧元。

英国：16 岁以下学生禁用手机

英国政府曾经向所有中小学校寄出过一份警示，敦促所有中小学的校长们严格限制 16 岁以下的学生使用移动电话，除此之外，英国政府还编译过一份传单，告知所有 16 岁以上的学生，只有在遇到紧急情况才能够使用移动电话，这份传单还曾经在移动电话零售商处发放。

这是个极有效率的世纪。当地里的庄稼都在催长素的刺激下飞快地成熟，将自然的规律抛在一边，思想这样人性的产物，便也逃不脱催熟的命运了。思想就像暖房里的蔬菜，缩短了季节。——王安忆

青春期孩子为什么总爱"烦"？

娜娜是一名初中二年级的学生，虽然平时在学校课业压力很重，可成绩一直都处于中上游水平，深得老师的喜爱。可最近一段时间以来，娜娜似乎变了一个人，每天都气哼哼的，爸爸妈妈关心她，她就一直说"别烦我""烦着呢"，说完就关上自己的房门，弄得爸爸妈妈不知所措。面对这样的情形，应该怎么办呢？

有些心理学家将青少年时期称为危险期、风暴压力期或狂飙期，心理专家用"矛盾、冲突、动荡"六个字概括了这一时期的最基本特点。将青少年的矛盾心理概括为以下几个方面：

独立性与依赖性的矛盾

他们要独立，但不能放弃依赖。一方面，随着独立意识的增长，他们向成人发表了"独立宣言"，另一方面，他们又反感儿童时代与成人形成的依附关系。为了剪断这种关系，他们采取了对抗或反抗的方式，目的不仅是抗拒权威，更重要的是展示自己的存在。

自我封闭与交往需要的矛盾

他们要封闭，但又需要开放陪伴。青少年不再像儿时那样感情外露或性格直爽，尤其不愿意与父母、老师交谈，表现出较强的封闭性。但同时他们又在不断地寻找能推心置腹的知己，渴望向他们敞开心扉，得到同龄人的同情、理解与支持。

高傲与自卑的矛盾

他们要高傲，却与自卑形影不离。青少年由于受自我认识、自我体验与自我评价能力的限制，常凭一时的感觉来衡量自己。一次成绩好就自信满满，成绩不好则悲观失望。高傲和自卑的情绪像一对孪生姐妹在他们身上形影不离，造成情绪起伏不定。

纯真与成熟的矛盾

他们眷恋童年，但又否定童年。面对接踵而来的许多挑战与问题，他们彷徨、思索，他们留恋童年的无忧无虑。但与怀念童年结伴而行的便是否定童年，随着成人意识的增强，他们力争从各个方面对过去一切不成熟的行为进行否定。

那么，如何解除这些烦恼呢？

作为青少年，首先应该正确认识并接纳自己的变化。"不要怕长大，也不要拒绝成长，而要适应成长。"成长是人发展的规律与必然结果，要主动学习有关心理发展的知识，通过各种途径主动了解身心变化的知识，如为什么变，怎么变，变化的结果是什么等。

其次，体验与享受自己的成长。"不要将成长带来的烦恼当烦恼，它是人生给青少年的特殊礼物，你不珍惜，它就会丢失。如果将珍贵的礼物丢失了，一是说明你们不识货，二是说明你们缺乏能力。"专家们建议青少年努力体验这份独特的感受，并想办法去享受它。比如，喜欢孤独，那就让自己孤独一段时间，孤独够了再投入到新的活动中，但不要将这些消极的情感长期延伸下去。🌰

初中那些事儿

谁的青春期不冲动，带着憧憬过初中。

初中那些事儿

谁的青春期不冲动，带着憧憬过初中。

初中生的『蛋壳心理』

□王守荣

初中生的脆弱"蛋壳心理"

学习成绩滑坡，干脆不学了；开展竞赛活动输了，或者没有获得理想的成绩，就大发脾气；看到别的同学比自己表现优秀，就委屈得哭泣，不吃不喝。遭遇一点儿挫折，就不知所措等，我们姑且把这种十分脆弱的心理叫做"蛋壳心理"。

初中生的心理健康问题最为主要地表现在学习、交往、青春期三大方面，以郁闷、焦虑、失眠、敌对和发怒等主要方式呈现，学习压力过大、学习成绩不好，缺乏意志品质、缺乏耐心和信心、人际关系紧张、难以接受老师的批评、抗挫折能力低、决断力差、明辨是非能力低、网络信息的诱惑、青春期的烦恼、容易发脾气等，都是影响初中生心理健康的主要因素。

排解初中生"蛋壳心理"压力对策

正确认识自我。初中生要培养自己积极、健康、向上的阳光心理，增强上进心和拼争力，树立信心，暗下决心，做最好的自己，做好每一件事，过好每一天。在学习上，除了勤奋刻苦学习之外，还要注意技巧和方法。无论怎样，都要坦然面对，客观分析总结。无论自己的成绩处于什么地位，进步就是最好的表现；无论成绩排名处于什么名次，只要努力了就是最好的结果；无论考上重点高中还是普通高中，只要尽力了就是最好的成绩；无论是上中职，还是外出打工，只要问心无愧也就没有遗憾。

学会心理宣泄。心理宣泄可以很好地释放学生的心理压力，更好地理解和宽容同学、老师和家长，帮助学生维持心理健康。尤其是留守学生，成绩差的学生，他们心理敏感，感情脆弱，一门心思用在学习上的初中生，整天高强度、重负担地学习，构成了极大的心理压力。只有让不良情绪得以宣泄，才能缓解学生的压力。目前，媒体上介绍的沙箱疗法，就是很好的宣泄法。

开设心理课程。开设心理课程，配备专业或兼职心理辅导老师，让学生接受规范、系统的心理知识，排遣初中生压力，这是最好之策。从目前的实际情况来看，不少县市级初中，尤其是农村初中，还根本没有开设心理课，没有兼职心理教师，所以，抓紧"补课"还算"亡羊补牢"。或者，社会举办心理咨询机构，开放心理治疗市场，让心理疗法向着优质发展转型，也是很有必要的和十分可取的，发展前景也是很广阔的。

有话大声说出来。针对初中生对异性的好奇和好感，不愿意或不敢表达出来，心里干着急，窝火，闷在心里如同火山等的心理，教师要教育学生有话大胆说出来，真实地表达自己的思想，只要是双方建立在相互尊重、相互激励、相互愉悦、相互提高的基础之上，只要不过早步入"早恋"的雷区而影响学习，就可以让他们不再是"羞答答的玫瑰静悄悄地开"，异性相处，也是释放心理压力的有效途径。

不要轻言你是在为谁付出和牺牲，其实所有的付出和牺牲最终的受益人都是自己。
人生是一场与任何人无关的独自修行，这是一条悲喜交集的道路，路的尽头一定有礼物，就看你配不配得到。

小鹏是一名初二的学生，今年16岁了。在家中是独生子，长这么大他一直是家长眼中的乖孩子。最近，小鹏突然发现自己的脾气变得越来越暴躁，有时因冲动还与其他同学吵架，事后仔细想想都是鸡毛蒜皮的小事根本没必要小题大做。在家里也经常与父母怄气，有时父母批评他几句，他就暴跳如雷，大动肝火，把父母气

冲动不是解决问题的方法

□禾 一

得直跺脚。小鹏为自己的脾气感到很苦恼，明明知道自己不对，可是事情一旦发生了，他又控制不住自己的情绪，过后又十分后悔。他总觉得自己像一条冲动的刺鱼，但又不知道该怎么克服自己的冲动。

在生理学上，冲动是指神经受到刺激后产生的兴奋反应。冲动是最无力的情绪，也是最具破坏性的情绪，也就是说理性弱于情绪的心理现象。冲动是来源于自我保护的一种心理补偿。

一般青少年的情绪特征是以冲动和暴躁为主的，这就叫作边界性格紊乱的心理疾病。青少年常常会遇到很多不称心的事情。专家说："冲动的行为对于青少年来说总是有特殊的意义。"青少年时期是迈向成熟的过渡时期，情绪和感情都极不稳定。因为不善于控制情绪，因此而深受其害。比如，有时因不值得一提的小事而极度悲伤或大发脾气，有的青少年因为成绩不好或学习压力重，就跳楼自杀。由此可见，自身的情绪控制非常重要。

每个人在一生中都会产生情感冲动，如遇到成功时欣喜若狂，遇到打击时过于颓废和哀伤，对待不满的暴躁和愤怒，对待失败时焦躁不安，这些都是一些情感冲动心理。当然也有些冲动是有益的，如对敌的勇敢等。但大多数情况下对人是不利的，它是一个人修养薄弱、情感脆弱的表现。冲动是人类进行心理改造的最基本对象。

一是理智地控制自己的情绪。在遇到强烈的情绪刺激时，要强迫自己冷静下来，并快速分析事情的前因后果。然后，采取消除冲动情绪的"缓兵之计"，用理智战胜情绪上的困扰，正确评价自己，这不仅看到了自己的优势，也看到了自己的不足，进而使自己远离冲动，鲁莽的局面。

二是用暗示、转移注意法。如果发现自己的情绪非常激动，难以控制时，可以采取暗示或转移注意力的方法来做自我放松，并鼓励自己克制冲动的情绪。坚信冲动并不能解决问题，要锻炼自制力，学会用转移注意力或暗示的方法来处理问题。

三是培养沟通的能力。在不生气的时候，去和那些经常受气的人谈谈心。听听彼此

间最容易使对方发怒的事情，然后，想一个好的沟通方式，注意控制自己的情绪不让自己生气。可以出去散散步来缓和自己的情绪，这样保持一个平衡的心态你就不会继续用毫无意义的怒气来虐待自己了。

四是让自己冷静下来。在遇到冲突和不顺心的事时，最好不要去逃避问题，要学会掌握一些处理矛盾的方法。可以考虑一下事情的前因后果，弄明白发生冲突的原因，双方分歧的关键在哪；然后，进行冷静的分析并找出一个切实可行的方法。例如，当被别人无聊地讽刺或嘲笑时，如果顿现暴怒，反唇相讥，就会引起双方的强烈争执，最终可能会出现于事无补的后果。此时，如果冷静下来，采取一些有效的对策，如用沉默来抵挡抗议或者指责对方无聊，这样就会有效地抵御或避免冲动的情绪发生。

五是多参加户外运动。心理学家研究表明，运动是有效解决愤怒的方法，特别是户外活动。青少年时期正是年轻力壮的时候，要主动参加一些消耗体力的户外运动，例如登山、游泳或拳击等，使那些不良的情绪得以宣泄。🌿

学会利用心理暗示，让美"梦"成真

□章睿齐

小虹是位长得很清秀的女孩，还是班长，成绩一直很不错，可是最近遇到了麻烦，搞得心里七上八下。这个麻烦出在她的身体上，前几天她的手不经意地摸了摸自己细长的脖子，让她万分恐惧的是——自己好像男生一样，有喉结！她不太清楚是真的长了喉结，还是自己比较清瘦的原因。但她好害怕因此受到同学的嘲笑。从此，休息时间甚至课堂上小虹都会想到这个喉结问题，弄得她思绪纷乱，思维难以集中，严重影响了学习。她不知道以后该怎样面对众人。

小虹亲耳听到有人为了这个在嘲笑她吗？事实上，她永远不会听到这样的声音的。谁会关注到这样的细节呢？再

说，喉结是人体发声的重要器官，哪一个人没有呢？只不过男性的要突出一些而已。她为此产生烦恼和担忧，其实是心理暗示的影响。

科学家研究指出：人是唯一能接受暗示的动物。

暗示，是指人或环境以不明显的方式向人体发出某种信息，个体无意中受到外界的影响，并做出相应行动的心理现象。暗示是一种被主观意愿肯定了的假设，不一定有根据，但由于主观上已经肯定了它的存在，心理上便竭力趋于结果的内容。

心理暗示可分为积极的心理暗示和消极的心理暗示。积极的心理暗示，它对人的情绪和生理状态能产生良好的影

如果一个人无法沉静下来读书，他的风度、教养就会打些折扣。
在中国，"书生气"有时是一个贬义词，但是我觉得适当有一些书生气是可爱的。——王蒙

响，调动人的内在潜能，发挥最大的能力。而消极的心理暗示则对人的情绪、智力和生理状态都会产生不良的影响。

每个人的心理特点与神经类型是不同的，对暗示的感受程度和结果也就不相同。人从气质上来分，有胆液质、神经质、多血质和黏液质4种，大多数人又同时具备这4种气质类型中的几种类型。胆液质型的人最容易接受心理暗示，而黏液质型的人对心理暗示的反应较慢。大多数女性比男性容易接受心理暗示，老年人和儿童比青年人容易接受心理暗示。出人意料的是，一个人的智力水平与文化程度，在能否接受语言暗示方面，并无决定性的作用。

给予暗示者的权威性和受暗示者对他的信任度，对暗示的结果有着非常重大的影响。

有一位很有名望的沈老师，他曾在一所省重点中学连续教了十二届高三毕业班。每年高考前一天的晚上，总有学生到办公室来找他，说怎么也睡不着，希望他帮助想想办法。沈老师每次都煞有介事地拿出一个小瓶子，取出一粒白色的小药片，告诉学生这是一

种非常好的安眠药，让他们吃了后就去睡，明天早晨会感觉特别有精神。学生吃了药片高兴地回寝室睡觉去了，第二天见到沈老师都说，你的药真灵，晚上还想要一片。沈老师就告诉他们，这药的功效特别长，吃一片至少能管三天，今晚不用再吃了。他们都信以为真，随后的两个晚上也都真的睡着了。

其实，沈老师哪来什么特效安眠药，他给学生的仅仅是一粒普普通通的维生素C，把它当作"安慰剂"给学生服用了；它对那些面临高考心情特别紧张，渴求老师帮助，而且对老师充分信任的学生，能产生良好的积极心理暗示，从而出现了希望达到的药效。

人们为了追求成功和逃避痛苦，会不自觉地使用各种暗示的方法，比如困难临头时，人们会相互安慰："快过去了，快过去了。"从而减少忍耐的痛苦。人们在追求成功时，会设想目标实现时非常美好、激动人心的情景。这个美景就对人构成一种暗示，它为人们提供动力，提高挫折耐受能力，保持积极向上的精神状态。

在学习与生活中，懂得使用积极的暗示，可以让事情

更美好。而习惯使用消极的暗示，往往把事情弄糟。比如，有的女孩儿老是觉得"人家不喜欢我"，到头来发现，大家果然不再喜欢她了。因为她老是这样暗示自己，大脑的意识就停留在她那些不好的方面，她的行为就难以逃出这些不好的方面。

我们看到，心理暗示的作用是很大的，有时它会使人绝处逢生，有时又会使人功败垂成。因为人是十分情绪化的动物，人的一生主要受情绪的影响，善于控制自己的情绪，不要让消极的暗示力量占主导地位，这关系到一个人的人生走向。莎士比亚说过："一个人往往因为遇事畏缩而失去了成功的机会！"畏缩的原因就在于存在着不良的自我暗示。因此，类似小虹这样的年轻学生应该有意识地训练自己进行积极的心理暗示的能力，注意控制并消除一些消极的心理暗示。尤其当遭遇困难和打击时，我们应该对自己说"我很坚强，我不会倒下""我能行""我能做好""我要快乐地生活"。总之，我们应该学会把振奋人心的口号喊给自己！这样的自我暗示力量必将为自己增添战胜困难的勇气和信心。

最忙的一天是"改天"，人人都说"改天有空聚"，但"改天"永远没空过。最远的一次是"下次"，人人都说"下次一定来"，但"下次"从没有来过。真正的疏远，总爱穿着热情的衣服。真正的热情，却常一身疏远的行头。

谁的青春期不冲动，带着憧憬过初中。

害羞是一种正常反应。当绝大多数人都和谐地融入社会交往中，害羞者似乎就成了异类。每一种性格都有一个瓶颈，我们只有突破自己才会成长。这里给你支几招，让害羞的你不再害羞：

利用神奇的潜意识

你所想的最终会变成现实，所以你应该在潜意识里树立正确的信仰。这是你所能做的最重要的事情。尝试重复大声地说："每天我都会变得更加自信。"

让你周围充满支持你的人

周围充满那些与你一样害羞的人，只会帮你辨明什么是害羞。但是如果你和一些可以改变你，推动你克服害羞习惯的人在一起，而且他们不会直接批评你，这样你会得到更

突破害羞的樊笼

□佚 名

多的帮助。也许这样的朋友不容易找到——如果你的朋友可以平衡支持与批评，那么你应该与他多多交往。

扩大你的接触范围

你每到一个地方都会不可避免地接触新的东西。如果你不会游泳，你可能被淹到，那的确很令人恐惧。可是当你深深地吸一口气跳进水里，你就尝试了新东西，也许这有一点儿让人畏惧，但是可以让你成长。所以，如果你想克服害羞，你必须走出去，身处社交世界里，那个让你感到不自在的地方。

一次走一步

延伸游泳这个例子，机

会就像游泳一样，你不跳进去，永远得不到。如果你属于那种极度害羞的人，那么站在1000个人面前讲话并不是明智的行为。先尝试5个人，当你能够轻松应付的时候，再增至10个人。然后试试20个人，以此类推增加。

停止想象，立即行动

一味地想象是不可能克服害羞的。如果你只是想着如何克服害羞，你最终将得到一个结论——那就是没有任何改变。但是，当你真正进入社交场合，你会发现这里是另一番天地。克服任何恐惧症不是一个"大脑"的活动——这些东西天生是不合情理的。解决的办法只有一个，那就是行动。所以，行动——做你感到害怕的事情，停止一味地想象。

锻炼自我单独外出

尝试独自外出。害羞的人不仅会和别人在一起感到不舒服，还会让别人感到不舒服。所以，出去吧——独自吃晚餐，独自看电影。据研究，最有自信的人喜欢独自出入公共场合。

人们取羊毛时，绵羊总是很温驯；而人们取蜂蜜时，却要时刻提防被蜜蜂蜇。可常被人赞美的是蜜蜂，常被称懦弱的，却是绵羊。

裹挟在青春的洪流中

□蒋方舟

当1999年12月31日最后一节课打响下课铃，男生们守在教室门口，向走出来的人挨个借零钱，到街上的游戏厅打《拳皇》。有人借给他们时，男生们就会温柔地开玩笑："谢谢，下个世纪再还给你。"

新千年到来，一夜之间，一群口袋里的硬币咣当得更为响亮的悠游少年，从喧嚣的游戏厅，转身进入新开的网吧。

网吧比游戏厅更为风靡，那时候，班里的男生攀比谁在网吧待的时间长，我的同桌是传奇般的无冕之王，他不眠不休的时间超过了人类极限。我上课时不经意地转头，经常会被他妈妈贴在窗户上的脸吓到，她发现她儿子不在，就一路号叫着儿子的名字冲出校园。

老师有时候会带着同学帮她一起找儿子。我们一行人在小城的街道上一路尖厉地喊："×××，你妈喊你回家吃饭！"

那时，我也开始上网。我们家那时候还是拨号上网，速度很慢，而且费用很贵，每次交电话费都是惊险之旅。有一个下雪天，我和我妈去电信局交了650元网费，我妈忽然"扑通"一声跪倒在雪地里，哭喊道："我以后再也不上网了！"但接下来的日子里，我和我妈还是贪婪又绝望地等待一个个缓慢打开的网页。

在网络的映衬下，现世是如此平庸不耐烦。每一代的青春期都是不满的，青春期的凶猛看起来完全是每个人必经的生理阶段。但是随着新的网络时代到来，我们这一代的青春期已超出了它本身的范围。网络提供了一种局外人的目光，教会了我们更批判地看待我们成长起来的世

求学和求职是两回事，求学更多讲究个人兴趣，大学读什么专业和将来要从事的工作并不是一一对应的关系。
——北京大学中文系教授陈平原批评当下很多中国大学的自我定位近乎职业培训学校

初中那些事儿

谁的青春期不冲动，带着憧憬过初中。

界。

2000年，一位北大的老教授评论我们这一代是"冷漠的一代"，"一种不舒服的冷——缺乏热情，缺乏善意，对待周围的事物，尤其是对待人"。后来又把它改成"调侃的一代"，"自以为把什么都看透了，不相信世上还有真诚的东西，所以对什么都调侃，已经没有敬畏之心了"。

那一年，韩寒出版了《三重门》，像是照明弹爆炸一般，多重效应让死而不僵的教育系统瞬间显形，引来了众多亢奋叛逆的追随者。

之后的几年，我也稀里糊涂地参加了许多莫名其妙的"新"字头活动——"新青年""新生代""新概念"。

当年，我们这些"新"字头的青春作者，既要拉帮结派，又忙着划清界线，最后还是身不由己被合并同类项。我也曾被划到"残酷青春"的流派里，照片被处理成黑白的，印上触目惊心的"疼痛"两个字。我自己倒觉得我从小到大并无坎坷，但是大家都指着自己的伤口呼痛，我不和一嗓子自己也觉得不好意思。

2004年，上初三时，我那个爱上网的同桌家里出了事故，他的姥姥姥爷死了，父母姑舅去奔丧时又出了车祸，只有他的母亲活了下来。这件事是班主任挨个网吧地找，才找到他通知的。

老师开了一次班会，还专门叫来了他母亲。我的同桌站在讲台上，低着头，形容惨淡。那是一场混乱的班会，他哭，他的母亲哭，我们也哭。

老师大声问我们："我们该怎么办？一起说——我们要拯救他！我们要带着他一起走！"

我看着我同桌佝偻的身影，心想：这才是残酷青春。最残酷的地方，并不是他走了歧路，被荆棘扎得满目疮痍，而是经历了这些，他还是要和我们一起不分青红皂白地往前拥。

那几年里，韩寒、丁俊晖、郎朗纷纷从拥挤冗长的大路中撤出，走上鲜为人知、充满吸引力的小径，但大多数少年只是裹挟在青春的洪流中，混在我们这支步伐整齐、歌声嘹亮的队伍里。即使有人三心二意，也迅速被湮灭了，恰似一张埋没在海边沙砾里的面孔。●

普通人让自己的大脑装满各种垃圾，所以很难发现重要的东西。

她出生在瑞典，很小的时候母亲就去世了，不得不由她的叔叔来做她的监护人。她的理想是要成为一名优秀的演员。

18岁那年，斯德哥尔摩的皇家戏剧学校招生，她十分珍惜这来之不易的机会，并精心准备了一个小品，自己在家里反复排练，就连睡觉做梦都在演节目。考试那天，她早早地来到了考场，轮到她上台表演了，她演到一半的时候，发现所有的人都在相互议论着什么，还用手比比画画的，根本没看她的表演，她感觉极度失落，认为自己肯定没戏了，一分心，她又把台词忘了……正慌乱的时候，她听到评判团的主席对她说："停下吧，谢谢你，请下一个上来表演吧。"

她懊丧地走下台来，伤心极了，因为她知道自己永远地失去了这个机会。她一边走一边

永远不要过早地宣判自己

□佚 名

哭，感觉活着已经没有什么意义了，就想一死了之。那天晚上，她写好了遗书，并把自己的东西都整理好了。

她打算第二天去商店买一种可以致命的药水，用它来结束自己的生命。第二天早上，她起来后正打算出门，邮差忽然来了，递给她一封信，她打开一看，是皇家戏剧学校寄来的，竟是录取她的通知书！她简直有点不敢相信，拿着录取通知书就跑到了学校，亲自找到了昨天那个评判团主席，对他说："我昨天表现得那么差，你们对我那么失望，可为什么今天还录取了我呢？"评判团主席说："你昨天的表现相当出色啊！在昨天所有的考生中，你的表现是最好的，所以你上来演了没几分钟，我们大家便在下面纷纷议论，都认为你有出色的表演天赋，都为你高兴。当时，有个评委说这样的能力就不用再演了，直接录取吧，于是我就让你停下，换下一个上来……"听了这一席话，她非常吃惊，而且十分后怕，她想，如果不是那邮差及时赶到，可能自己真的就永远失去了这次机会！

就这样，她顺利地进入戏剧学校学习，毕业后到电影厂工作，成为一名电影演员，在此后的演艺生涯中，她先后出演了《卡萨布兰卡》《爱德华大夫》《东方快车谋杀案》等影片，先后三次获得奥斯卡金像奖，成为光芒四射的国际巨星，她就是英格丽·褒曼。

很多年以后，已经是大明星的英格丽·褒曼在接受记者采访时谈起了当年险些自杀的事，她深有感触地说："这件事给我的启发是，永远不要过早地宣判自己，因为转机随时都有可能发生，一切都有可能改变，一切都有可能是另一个样子！" 🎙

初中那些事儿

谁的青春期不冲动，带着憧憬过初中。

成长中的十个启示

□李开复

一、自信中要不失谦虚

4岁的时候，我就幸运地考上了小学。一天，邻居跟我开玩笑："你读得来吗？""我还没看到过99分呢。"言下之意每次都考100分。一周后，我拿着90分的考卷回家，被妈妈打了一顿。妈妈说："我记得那天你对阿姨夸下的话，打你是因为你太自大。"从此，我就记下了这个教训——自信，但在自信中要不失谦虚。

二、天赋就是兴趣，兴趣就是天赋

有人问我：不知道自己喜欢什么怎么办？我告诉他：那就用更多的时间找到兴趣；如果再找不到，送你一个秘诀——天赋就是兴趣，兴趣就是天赋。

三、思考比传道更重要，观点比解惑更重要

大学的时候，凭着兴趣我选择了计算机系。系主任尼克给我们传递了一个观念——思考比传道更重要，观点比解惑更重要。

四、我不同意你，但是我支持你

毕业论文中，遇到了小麻烦，和导师的方向不一样。导师对我的态度是——我不同意你，但是我支持你。他的话让我至今印象深刻："在科学的领域里，我们要有胸怀，每一个人都是平等的。"

五、挫折不是惩罚，而是学习的机会

毕业后留校任教，教一群天才高中生编程，教学结束后，学生全部合格。我高兴地到系主任那儿拿薪水。系主任的桌上放着一沓学生对老师的点评，我要求看看，结果是惨不忍睹，天知道我当时自我感觉多么良好。但挫折不是惩罚，而是学习的机会。

六、创新不重要，有用的创新才重要

教书两年后，我加入了苹果，之后到了SGI（美国视算科技公司）。在SGI做了一个很酷的三维浏览器，却因没人用而失败。因为科学家做产品，衡量的标准是"新"，但产品首先要求的是"有用"。我们的创业也是一样——创新不重要，有用的创新才重要。

七、我们需要用勇气改变可以改变的事情，用胸怀接受不能改变的事情，用智慧分辨两者的不同

2005年，谷歌准备进入中国，我想跳槽，结果东家微软很生气，把我和谷歌告上了法庭。我用上了自己所有的法律和计算机知识，最后，官司取得了胜利。

有的时候，我们需要用勇气改变可以改变的事情，用胸怀接受不能改变的事情，用智慧分辨两者的不同。

有信仰，不攀比，要知足，不焦虑，有主见，不盲目，少暗算，多坦诚。被人误解时能微微一笑，这是素养；受委屈时能坦然一笑，这是大度；被轻蔑时能平静一笑，这是自信；失恋时能轻轻一笑，这是洒脱。今天的你，笑了吗？

八、求知若渴，虚心若愚

2005年9月，我开始了在谷歌的工作，我在这里学到的不仅是最精确的搜索技术、最大规模的数据中心，还有最好的创新模式和如何打造一个工程师最向往的公司。求知若渴，虚心若愚，是要永远保持的。

九、追随你的心，用它引领你的一生，任何其他事情都是次要的

每个人总有些想坚持的东西。追随你的心，用它引领你的一生，任何其他事情都是次要的。不要让任何人的意见淹没了你的心声。

十、一个人的价值不是你拥有了多少，而是你留下了多少

我这次选择了创新工场，2009年9月成立，每年尝试20个新的创意，并拆分出3个到5个独立运营公司，我的目标是把它办成创业的黄埔军校。我希望百年之后，我的墓志铭上，留下的是这样一段话：李开复，热心的教育者，他在中国崛起的时代帮助了众多青年学生，他们亲切地称呼他"开复老师"。🍂

身体隐私 □莫小米

有个女中学生，极想跟同学搞好关系，可是盘点自己：容貌不出众，成绩不拔尖，个性有点闷，更没钱摆阔请客……于是有一天，她试着把自己身体的隐私讲给同桌女生听，说时有泪光盈盈。

果然自此，两个人成了知心朋友。不是吗，人家把这么隐秘的事情都告诉了你，是信任你，能不知心吗？

可是一个偶然的机会，同桌女生发现，那个同学的隐私，副班长知道，英语科代表知道，谁谁谁都知道……大家都很有底线，小心守护着同学的隐私，没想到，竟是她自己，把这个隐私说来说去。

女孩并无恶意，一开始或许也出自真心，只是她一旦意识到，隐私也是资源，事情就变了味。而一旦有多人知道，隐私不再成为隐私，这招也就失效了。

所幸更多女子仍是看重身体隐私的。有一家女子美容美体馆，据说消费门槛非常高，客人都是名媛贵妇官太太。

每位客人都有专人服务，服务员培训到位，其中严格的一条就是对客人的身体隐私守口如瓶。

后来这个城市出了一桩案值很大的诈骗案，一个号称来自香港的"大师"，专为贵妇们看手相，起步价高得离谱，却都说很值，因为很准，准到什么程度？连身体的隐私都看得出来，某某部位有个胎记，某某部位一道手术刀疤……贵妇们惊讶得合不拢嘴。然后说你丈夫、儿子有麻烦，要"双规"要破财……贵妇们乖乖拿出大把钱财来消灾。很老套的一个骗局，就是因为说准了身体隐私。多笨啊，你们一天到晚在美容美体，这隐私还不都在老板娘手心里。

还有一类人是知晓他人身体隐私的，那就是医生。有个13岁的漂亮女孩，脊柱侧弯病人，需要手术。那台手术，从早做到晚，8个多小时，其中有3个多小时是在缝合。整个刀口长达30多厘米，缝合时医生对护士说，这个女孩要长大，还要做新娘，做母亲，我们给她做个内缝合，让疤痕减到最小，要保证她未来的老公看不出来。🍂

初中那些事儿

谁的青春期不冲动，带着憧憬过初中。

你总有因为做错了事而沮丧的时候，比如本该收获90分，结果不知怎的只拿到80分。这时候你需要对自己说：嗯，没事，其实什么事都没发生，我们要学习享受成功，而不是为完美挑刺，不完美才是真理和现实。——@麦家

初中那些事儿

谁的青春期不冲动，带着憧憬过初中。

□ 雨 凝

天蓝蓝同学的极速青春

天蓝蓝同学其实真名叫田蓝蓝，天蓝蓝不过是同学们送她的雅号。因为在她的世界里，总是晴空万里，天空蓝得没有一丝云彩，所以叫天蓝蓝。

别的同学，考试没有考好，脸上总会挂出忧心忡忡的表情。而天蓝蓝同学即使考得再烂，她也不会放在心上，依旧是该乐就乐，该玩就玩。

班上有一个胆小的男生，叫周主。一天，天蓝蓝在学校后面那棵白杨树上发现了一只毛毛虫，瞬间她恶作剧心起。她捉了毛毛虫，放进周主的书包里，然后伸头探脑，静待奇迹发生。后来奇迹倒是没有发生，而是摸到毛毛虫的周主当场休克，被送到了医院。这下

天蓝蓝同学彻底傻了眼。

老师生气了，后果很严重。天蓝蓝同学当着全班同学的面，做了深刻的检讨。本以为事情到此结束了，谁知老师居然告诉家长了。回到家里，天蓝蓝同学被老妈狠狠地训了一顿，还被饿了一顿饭，此外，老妈还断了她三个月的零花钱。

这样的教训并没有让天蓝蓝同学长大，她依旧肆意妄为。隔周她放学回家，在楼下的街心花园，和一帮男生踢球，竟把球踢到了人家汽车的挡风玻璃上，玻璃瞬间呈龟裂状。老妈知道后，生气地罚天蓝蓝同学每天在家待着。

从那天开始，天蓝蓝同学憋在屋子里看书学习写作文，谁知因为一篇作文，竟然又闯祸了。老师留了一篇作文题目，天蓝蓝同学呕心挖肝，参考了若干范文终于写成一篇美文。那天课堂上，老师居然把她的那篇作文当成范文，朗读给全班同学听。老师声情并茂的朗读，天蓝蓝同学不是激动的，而是紧张的。正如她设想的那样，没一会儿工夫，就有同学起来举报，说她的这篇作文和某某杂志上的文章雷同。天蓝蓝低下头，脸红耳热，想着老妈知道了，不知道会发

生什么情况。

而老妈在得知天蓝蓝同学的抄袭事件后，直接心脏病发作被送进了医院。放学后，天蓝蓝赶到医院，病床上的老妈戴着呼吸罩，看上去憋闷不堪。天蓝蓝忽然心中很疼，妈妈还那么年轻，居然被自己气得呼吸短路。她回到家里，看到屋里空荡荡的，心中忽然很空虚，很难受，泪水忍不住地往外流。

令人没有想到的是，老妈被她气病后，天蓝蓝反而变成了另外一个人。老爸常年在外地工作，现在老妈被她气得生病住院了，照顾妈妈的责任，自然落到她的肩上。每天一放学，天蓝蓝同学就赶去菜场买菜，买妈妈爱吃的青菜和猪骨，炖了汤送到医院里。病房里的人都夸她乖巧懂事，其实只有她自己知道，飞速而来的青春期里，自己都做了些什么。

想起那些事，有时她会羞涩地对自己笑一笑，谁的青春期里没有几件糗事？长大是一个过程，不能因为几件糗事，就把一个人的性质定位了。我们都不是坏小孩，我们只是调皮，捣蛋，爱恶作剧。终有一天，我们会长大，在时光里，遥遥地对着那个在极速青春里飞驰的自己微笑。🌿

我一直认为自己是一个很棒的化妆师，其实不是，最好的化妆，不是去掩盖一个人的缺点，而是去突出一个人的优点，就像爱情一样，当你爱一个人的时候，你眼中只看到对方的优点，不是看不见缺点，而是不介意。——《花田喜事》

请准备好
逃生包

□ 马 琳 麦肯纳

遇到紧急情况，必须15分钟内离开家，你和家人能保持冷静吗？

6月，一场大规模的风暴袭击了美国中西部和东海岸。晚上7时后，天色骤变，这时一个不像闪电发出的火花引起了我的注意。抬头一看，邻居前院一棵一米多高的栎树被劈开，倒向我们家的电线杆。电线开始冒出火花，树干冒起了烟。

为以防万一，我们决定马上撤离。我们为手机充上电，关上台式机并拔掉插头，带上笔记本电脑及平板电脑。做完这些，我们想了一下，如果要离家几天或更久，我们在这10分钟里还能带上些什么。幸运的是，我们夫妇经常出差，因此洗漱袋和数据线都准备好了，也存有身份证及银行卡的扫描图像。而一些最重要的证件，都放在一个耐高温的保险箱里。30分钟后，火势渐渐变小，被雨水浇灭。消防人员确认安全，我们才放心去睡觉。

第二天，我回顾了头天的情况。说实话，我只能给自己一个C。我带了一切能连接到云网络的设备，却忘了将重要文件、信息等上传到云网络，我应该拿上放在桌子上的外置备份。如果情况很糟糕，处理工作上的细节将会变得很棘手。我想着有网银，却忘记带上工作电话或任何工作账户号码。

迈克·克斯顿就经常思考这方面的问题，他是佛罗里达州的急救医务人员。他把这称为逃生包。在他的博客里，有很多如何在紧急情况下，在几个小时、几天、几周内收拾东西的信息。如果觉得准备好逃生包有点过，或者你没有足够的储存空间，那就试着做一份"逃生列表"。

你可能会觉得这个建议太过戏剧化。你肯定认为，如果不居住在飓风海岸或龙卷风走廊，就不会有这种风险。我完全想不到，在一个夏天的夜晚，我会遇到燃烧的树和着火的高压电线。危机总是在意料之外不期而至，唯有保持一个冷静和受过训练的头脑，才能应对。

家庭安全常识

□ 佚 名

防止烫伤常识

1.从炉火上移开水壶、热油锅时，应该戴上手套用布衬垫，防止直接烫伤；端下来的开水壶。热油锅要放在人不易碰到的地方。

2.家长在炒菜、煎炸食品时，不要在周围玩耍，打扰，以防被溅出的热油烫伤；年龄较大的青少年在学习做菜时，注意力要集中，不要把水滴到热油中，否则热油遇水会飞溅起来，把人烫伤。

3.油是易燃的，在高温下会燃烧，做菜时要防止油温过高而起火。万一锅中的油起火，千万不要惊慌失措，应该尽快用锅盖盖在锅上，并且将油锅迅速从炉火上移开或者熄灭炉火。

4.家里的电熨斗、电暖器等发热的器具会使人烫伤，在使用中应当特别小心，尤其不要随便去触摸。

刀具使用常识

1.使用刀具时应当注意力集中，不用刀具比画、打闹，更不能拿着刀具互相开玩笑，以免误伤别人或自己。

2.刀具暂时不使用时，要妥善保存起来，放在安全稳妥的地方，不要使刀具的尖和刃部突出，暴露在外，以防刀具被碰落而伤人或者有人不慎触碰而受伤。

安全使用煤气常识

1.认真阅读燃气器具等的使用说明书，严格按照说明书的要求操作、使用。

2.使用人工点火的燃气灶

从前总是认为只有爱或是不爱，现在才知道，除了爱或不爱，还有其他。不是不爱，也不是很爱，这才是大部分人的感情生活。

具，在点火时，要坚持"火等气"的原则，即先将火源凑近灶具然后再开启气阀。

3.经常保持燃气器具的完好，发现漏气，及时检修；使用过程中遇到漏气的情况，应该立即关闭总阀门，切断气源。

4.燃气器具在工作状态中，人不能长时间离开，以防止火被风吹灭或被锅中溢出的水浇灭，造成煤气大量泄漏而发生火灾。

5.使用燃气器具（如煤气炉，燃气热水器等），应充分保证室内的通风，保持足够的氧气，防止煤气中毒。

安全用电常识

1.认识了解电源总开关，学会在紧急情况下关断总电源。

2.不用手或导电物（如铁丝、钉子、别针等金属制品）去接触，探试电源插座内部。

3.不用湿手触摸电器，不用湿布擦拭电器。

4.电器使用完毕后应拔掉电源插头；插拔电源插头时不要用力拉拽电线，以防止电线的绝缘层受损造成触电；电

线的绝缘皮剥落，要及时更换新线或者用绝缘胶布包好。

5.发现有人触电要设法及时关断电源；或者用干燥的木棍等物将触电者与带电的电器分开，不要用手去直接救人；年龄小的青少年遇到这种情况，应呼喊成年人相助，不要自己处理，以防触电。

6.不随意拆卸，安装电源线路，插座，插头等。哪怕安装灯泡等简单的事情，也要先关断电源，并在家长的指导下进行。

安全使用电器常识

1.各种家用电器用途不同，使用方法也不同，有的比较复杂，一般的家用电器应当在家长的指导下学习使用，对危险性较大的电器则不要自己独自使用。

2.使用中发现电器有冒烟、冒火花、发出焦糊的异味等情况，应立即关掉电源开关，停止使用。

3.电吹风机、电饭锅、电熨斗、电暖器等电器在使用中会发出高热，应注意将它们远离纸张，棉布等易燃物品，防止发生火灾；同时，使用时

要注意避免烫伤。

4.要避免在潮湿的环境（如浴室）下使用电器，更不能使电器淋湿、受潮，这样不仅会损坏电器，还会发生触电情况。

5.电风扇的扇叶，洗衣机的脱水桶等在工作时是高速旋转的，不能用手或者其他物品去触摸，以防止受伤。

6.遇到雷雨天气，要停止使用电视机，并拔下室外天线插头，防止遭受雷击。

7.电器长期搁置不用，容易受潮，受腐蚀而损坏，重新使用前需要认真检查。

8.购买家用电器时，要选择质量可靠的合格产品。

触电急救常识

1.切断电源。

2.采用短路法，使电源开关跳闸。

3.救护人员穿着绝缘鞋，戴上绝缘手套，使用绝缘棒使触电者脱离电源。

4.在切断电源的同时要防止触电者再次摔倒。

5.未断电前不可赤手直接与触电者的身体接触。🌰

人这一辈子，年轻时所受的苦，都不过是一块跳板。人在跳板上，最难的是跳下来之前，心里的挣扎、无助。
但愿所有的负担都变成礼物，所受的苦都能照亮未来迷茫的路。

165

初中那些事儿

谁的青春期不冲动，带着憧憬过初中。

谁的青春期不冲动，带着憧憬过初中。

对校园暴力说不

□ 佩佩

近年来，校园暴力事件发生率不断升高，暴力行为已成为不可忽视的社会现象——很多校园暴力已经超出单纯的打架斗殴的可控范围，甚至在个别地方正演变成带有黑社会性质的团伙，制造敲诈、勒索、抢劫、杀人等刑事案件。除此以外，老师对学生进行体罚；同学起外号；语言讥讽、歧视；在班级博客、QQ群或贴吧里发威胁、诅咒类的信息，逼迫大家散布等非典型的暴力形式也普遍存在。

校园暴力打破了校园里原本的宁静与和谐，为了不让校园这方净土成为充满是非的"江湖"，我们要坚决向校园暴力说"不"，坚决避免和制止校园暴力。

不崇拜暴力文化

社会暴力文化（包括暴力电影、电视、游戏等）等在我们的日常生活中无处不在。面对这些，青少年要树立正确的价值观，不能受到这些因素的影响。不要盲目崇拜影视剧或者游戏中"除暴安良"的英雄人物，要知道，在现实生活中，暴力不会解决任何问题，它只会使矛盾激化。

注重心理的健康发展

心理压力过大是引发校园暴力的因素之一。因为心理压力过大，无法通过正常渠道排解，只能消极地钻"牛角尖"。所以，要学会管理自己的情绪，学会为自己"排忧解难"，遇事要多往好处想，学会向人敞开心扉，学会通过正确的发泄方式，避免校园暴力的发生。

增强法律意识和法制观念

校园暴力产生的严重后果，有的时候需要负法律责任。仅凭一时意气，或者一时冲动，等发现问题的严重性，已经为时晚矣。要知道，人生每一天都是现场直播，不会给你重来的机会。所以世界上没有"后悔"这种药，为了不让自己的暴力付出沉重的代价，青少年应该努力学习法律知识，增强自身的法律观念，养成守法的观念，这样才能更好地保护自己。

避免成为施暴者的目标

平时不要随身携带太多的钱和手机等贵重物品，不要公开显露自己的财物。因为你的炫耀很可能将你变成施暴对象。学校僻静的角落、厕所或楼道拐角都是校园暴力的多发地带，在这些地方活动时最好结伴而行。

遭受行为暴力时的自救

如果被攻击者殴打该怎么办？一是找机会逃跑。二是大声呼救。如果退路被攻击者截断，或无人前来救助，那么应双手抱头，尽力保护头部，尤其是太阳穴和后脑。

痛苦是你创造出来的，因为那个是你对事情的解释。——张德芬《遇见未知的自己》

遭受语言暴力时的自救

对付语言暴力最好的办法一是保持沉默；二是自我反省，积极地分析自身责任，是否是自己的行为或做事的方法本身存在问题；三是无畏回应，如果对方是有意并且是较为恶劣的人身攻击或伤害，我们就有必要郑重地声明自己的立场；四是积极肯定自己的价值；五是调整心态，学会爱惜自己，不要让他人影响自己的情绪和健康；六是法律维权，如果语言施暴者的行为已经构成了诽谤，并对我们造成严重的精神伤害，我们可以诉诸法律，来维护我们自身的权益。

遭受心理暴力时的自救

如果在学校遇到了排斥、歧视、孤立等心理暴力行为，我们要从自我心理调整入手，积极、主动地去与别人沟通，弄清楚原因。如果自己无法解决，可以向老师求助。

及时报告，以法维权

我们一定要树立报告意识，一旦有情况发生，及时告诉家长、老师和警察，他们是值得我们信任的人。

火灾中逃生有诀窍

□胡昱昆

熟悉环境法：我们要熟悉掌握逃生出口、路线和方法，即当我们外出，走进商场、宾馆等公共场所时要留心观察一下安全出口、灭火器的位置，以便遇到火灾时能及时疏散和灭火。

毛巾保护法：逃生时，可以把毛巾弄湿，叠起来捂住口鼻，无水时干毛巾也可，餐巾布、口罩、衣服也可以代替。要多叠几层，即使感到呼吸困难，也不能将毛巾从口鼻上拿开。因为火灾中空气中的一氧化碳增多会使人在 1 ~ 3 分钟内死亡，同时热空气会严重灼伤呼吸系统的软组织，严重的可致人窒息死亡。

标志引导法：在公共场所中一般会有很多标志，如"紧急出口""安全通道"等。我们照标志的方向有次序地撤离逃生，以解"燃眉之急"。

绳索滑行法：当各通道被浓烟烈火封锁时，可利用结实的绳子，或将窗帘、床单、被褥等撕成条、拧成绳用水蘸湿，绑到牢固的物体上滑到地面或没着火的楼层上，从而脱离危险处。

低层跳离法：如果被火困在二层楼以内，若无条件采取其他自救方法并得不到救助，在烟火的威胁下万不得已可跳楼逃生，跳楼之前先向地面扔些棉被、枕头、床垫、大衣等柔软物品以便"软着陆"。然后用手扒住窗台，身体下垂，头上脚下，自然下滑以缩小跳落高度，并使脚先落在软物上。

借助器材法：逃生和救人的器材种类较多，通常使用的有

初中那些事儿

谁的青春期不冲动，带着憧憬过初中。

每个人的心中都卧虎藏龙，这只虎是我们的欲望，也是恐惧，有时候我们说不出它，搞不定它，它给我们威胁，让我们不安，但也正是它的存在，让我们时刻保持精神上的警觉，并激发全部的生命力，与之共存。——李安

初中那些事儿

谁的青春期不冲动，带着憧憬过初中。

缓降器、救生袋、救生网、救生气垫、救生软梯、救生滑台、导向绳等等。如果能充分利用这些器材和设施，就可以"火口脱险"。

暂时避难法：在无路可逃生的情况下，应积极寻找暂时的避难处所。利用设在电梯、走廊末端及卫生间附近的避难间，躲避烟火的危害。如果没有避难间，小心关紧门窗。门窗缝或其他孔洞有烟进来，要用毛巾、床单等物品堵住，要不断向迎火的门窗及遮挡物上洒水，最后淋湿房间内一切可燃物，一直坚持到大火熄灭。在逃生中，如有可能应及时关闭防火门、防火卷帘门等防火分割物，启动通风和排风系统，以赢得逃生和救援时机。

利人利己法：在众多被困人员逃生过程中，极易出现拥挤、践踏现象，造成通道堵塞和不必要的人员伤亡。因此，在逃生过程中如看见前面的人倒下去了，应立即扶起，对拥挤的人应给以疏导或选择其他方法予以分流，减轻单一疏散通道的压力。

通道疏散法：楼房着火时，可用湿衣服、湿床单、湿毛毯等将身体裹好，低势行进或匍匐爬行，穿过险区。选用最便捷、最安全的通道和疏散设施，如疏散楼梯、消防电梯、室外疏散楼梯等。🌰

警惕校园踩踏 □佚 名

第二节课下课后，熟悉的课间操音乐准时响起，今天是星期一，做操前还得举行升旗仪式，时间紧着呢，得赶紧下楼。小明和同学们合上书本哼着歌儿向走廊走去。要知道，五（1）班的教室可是在教学楼的第五层啊，谁让他们是五年级呢，每到课间，楼梯里就挤得水泄不通，更别说周一早晨的升旗仪式的时间了。

"请同学们按照班级列队有序下楼，不要在楼梯上追逐打闹。"各班老师都在维持着秩序，因此虽然人多，倒也井然有序。"哎呀！"前方

突然传来一声女生的尖叫，接着小明就在楼层转弯处看见楼下突然倒下了好几人。"怎么啦？怎么啦？发生什么新鲜事了？"大家纷纷凑过脑袋看起了热闹。"不知道呢，估计是有人摔倒了吧。"小明揣测着，好奇得很，真想快走两步去看看。可是就在这短短一两分钟之间，小明明显感觉到了不对劲，行进的队列彻底乱了，前面的队伍停滞不前，而且摔倒的人越来越多，后面的人群却继续涌来，小明和同学们被挤在中间动弹不得，而且这股挤压的压力越来越大，小明赶紧

痛苦是你创造出来的，因为那个是你对事情的解释。——张德芬《遇见未知的自己》

抓住扶梯尽量控制住自己不向前倾倒。

好在广播及时响起，让大家立刻停止下楼不要慌乱，各班老师立即疏散学生到就近楼层，大家这才缓过来，不过那名惊叫的女生却因挤压受了伤。后来大家才知道，下楼时一名同学踩到了前面女生的鞋子，那名女生蹲下系鞋带，没想到差一点儿就引发了悲剧。

绝非危言耸听

2004年3月11日早，山西省临漪县孙吉初中突发踩踏事故，2名学生当场身亡，13名学生被挤伤、踩伤。

2005年10月25日晚，四川省巴中市通江县广纳镇小学寄宿制学生晚自习结束后，在下楼梯时发生拥挤踩踏事故，造成8名学生死亡，27名学生受伤。

2005年10月16日，新疆阿克苏市农一师第二中学附小学生在下楼参加升国旗仪式时，发生拥挤踩踏事故，造成1名学生死亡，13名学生受伤。

2009年12月7日晚，湖南省湘潭市辖内的湘乡市一私立学校育才中学发生一起伤亡惨重的校园踩踏事件，造成8人罹难，26人受伤……

危险在哪里

学校里学生众多，且经常会举行集体活动，如升旗、集会等，再加上学生的自我保护意识不强，因而在人员密度高且空间有限的楼梯上易发生踩踏事故。

上下楼梯时若人群较为集中，前面有人摔倒，后面人未留意，没有止步，极易出现像"多米诺骨牌"一样连锁倒地的踩踏现象。

学生的分辨意识不强，若人群受到惊吓，产生恐慌，易出现惊慌失措的失控局面，造成相互拥挤踩踏；或因过于激动（兴奋、愤怒等）而出现骚乱，易发生踩踏。

好奇心驱使，部分学生专门找人多拥挤处去探看究竟，也易发生踩踏。

陷入混乱局面怎么办？

1.发现前方有人摔倒，立刻停下脚步，同时大声呼救，告知后面的人停下来。

2.慌乱中若被推倒，设法靠近墙壁。面向墙壁，身体蜷成球状，双手在颈后紧扣，以保护脆弱部位。

已发生踩踏怎么办？

1.两手十指交叉相扣、护住后脑和颈部；两肘向前，护住双侧太阳穴。

2.不慎倒地时，双膝尽量前屈，护住胸腔和腹腔的重要脏器，侧躺在地。

3.在拥挤人群中，左手握拳，右手握住左手手腕，双肘撑开平放胸前，形成一定空间保证呼吸。

遇拥挤人群怎么办？

1.人群拥来时，立刻避到一旁，不要奔跑，以免摔倒，切忌逆着人流。

2.若陷入人群之中，一定要稳住双脚，远离玻璃窗，以免因玻璃破碎而受伤。

3.严禁采用体位前倾或低重心姿势，即使鞋子被踩掉，也不要贸然弯腰提鞋或系鞋带。🌰

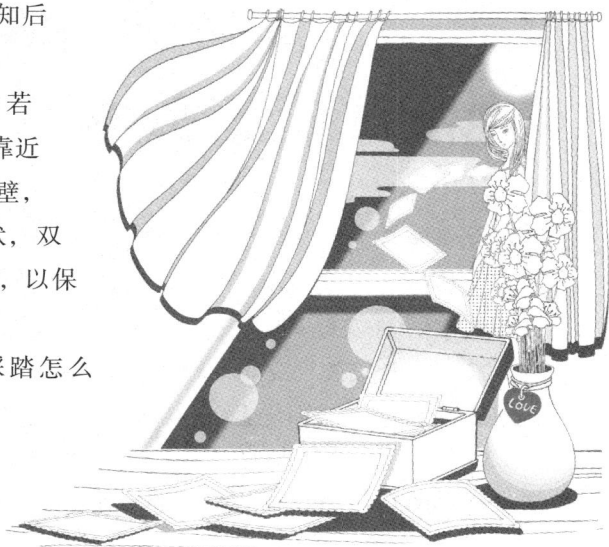

初中那些事儿

谁的青春期不冲动，带着憧憬过初中。

每个人的心中都卧虎藏龙，这只虎是我们的欲望，也是恐惧，有时候我们说不出它，搞不定它，它给我们威胁，让我们不安，但也正是它的存在，让我们时刻保持精神上的警觉，并激发全部的生命力，与之共存。——李安

初中那些事儿

谁的青春期不冲动，带着憧憬过初中。

2008 年 5 月 12 日 14 时 28 分，我国四川省汶川县发生了里氏 8.0 级的大地震。巨大的能量，通过地震波的形式释放出来，一瞬间天崩地裂，山移屋毁……

2011 年 3 月 11 日 13 时 46 分，日本东北地区宫城县北部发生里氏 8.9 级巨震，并引发巨大海啸，造成的损失无法估量……

地震了，怎么办

□林 南

从古至今，地震一直追逐着人类社会前进的脚步，并频频破坏人类的美好家园。

作为一种突发性灾难，地震是所有自然灾害中公认的"元凶"之一。由于地震具有突发性、不可预测性以及发生频率较高等特点，因此，它对生命、财产等各个方面都会产生极大影响。它可以在几十秒内将一座城市夷为平地，导致数万人甚至数十万人死亡，并使这座城市及周围地区的经济活动处于瘫痪状态。

在地震中，广大青少年通常是其中的受害者。在四川汶川大地震中，上万名中小学生由于校舍倒塌，被掩埋在废墟中，很多可爱的青少年失去了宝贵的生命，永远地离开了我们。

如果青少年懂得一些安全避险知识，掌握一些自救逃生的技能，那么，在灾难突袭的紧要关头，就有可能拯救自己的生命而幸免于难。

地震前夕

对地震灾害，目前还不能准确地做出预报。但长期的观察研究表明，地震前是会出现一些征兆的，能够提醒人们提高警惕。这些征兆主要有：

1. 动物出现异常：例如大量的蛇爬出洞来长距离迁移；家禽家畜不吃不喝，狂叫不止，不进窝圈；大量的老鼠白天出洞，不畏追赶；动物园里的动物萎靡不振，卧地不起等。

2. 地下水发生异常：例如震区的枯井突然有了水，井水的水位突然大幅度上升或下降，井水由苦变甜、由甜变苦等。

3. 出现地光和地声：临震前的很短时间里，大地常会突然发出彩色的或强烈的地光，还可能发出"轰隆隆"的或像列车通过，或像打雷般的巨响。

4. 有的人也有异常感觉：地震发生前，某些人也会有异常感觉，特别是老人、儿童、患病者可能更为明显。

经验表明，破坏性地震发生时，从人们发现地光、地声、感觉有震动，到房屋破坏、

倒塌、形成灾害，有十几秒至三十几秒的时间。这段极短的时间叫预警时间。人们只要掌握一定的知识，事先有一些准备，又能临震保持头脑清醒，就可能抓住这段宝贵的时间，成功地避震脱险。

地震发生时

如果突然发生地震，应该紧急避险，这对是否能幸免于难非常重要。有人调查过唐山地震幸存者中的974人，发现其中258人采取了紧急避险措施。这258人中有188人成功脱险，占72.9%。说明只要避险方法正确，脱险的可能性是很大的。

在1556年陕西华县里氏8.0级大地震的记载中总结道："卒然闻变，不可疾出，伏而待定，纵有覆巢，可冀完卵。"意思是说，突然发生地震时，不要急着向外逃，躲避一时等待地震过去，还是有希望存活的。这"伏而待定"，高度概括了紧急避震的一条重要原则：破坏性地震突然发生时，采取就近躲避、震后迅速撤离的方法是应急避险的好办法。当然，如果身处平房或楼房一层，能直接跑到室外安全地点也是可行的。

为什么地震瞬间不宜夺路而逃呢？这是因为现在城市居民多住高层楼房，根本来不及跑到楼外，反倒会因楼道中的拥挤践踏造成伤亡。地震时房屋剧烈摇晃，造成门窗变形，很可能因打不开门窗而失去求生的时间。

一、在室内避难

首先你要确定自身所处建筑结构的抗震性，如果很稳定，能抗8级地震，那么地震来临的时候，房子塌不掉也倒不了，需要担心的伤害来自屋内其他物品在晃动中产生的碰撞。所以你要找适当的隐蔽物，以免被飞来飞去的物体伤害。

1. 如果在平房里，突然发生地震，要迅速钻到床下、桌下，同时用被褥、枕头、脸盆等物护住头部，等地震间隙再尽快离开住房，转移到安全的地方。地震时如果房屋倒塌，应待在床下或桌下千万不要移动，要等到地震停止再去室外或等待救援。

2. 如果住在楼房中，发生了地震，不要试图跑出楼外，因为时间来不及。最安全、最有效的办法是，及时躲到两个承重墙之间最小的房间，如厕所、厨房等。也可以躲在桌、柜等家具下面以及房间内侧的墙角，并且注意保护好头部。

千万不要去阳台和窗下躲避。

3. 如果正在上课时发生了地震，不要惊慌失措，更不能在教室内乱跑或争抢外出。靠近门的同学可以迅速跑到门外；中间及后排的同学可以尽快躲到课桌下，用书包护住头部；靠墙的同学要紧靠墙根，双手护住头部。

4. 如果已经离开房间，千万不要地震一停就立即回屋取东西。因为第一次地震后，接着会发生余震，余震对人的威胁会更大。

二、在室外避难

1. 如果在公共场所发生地震，不能惊慌乱跑。可以就近躲到比较安全的地方，如桌柜下、舞台下等。

2. 如果正在街上，绝对不能跑进建筑物中避险。也不要在高楼下、广告牌下、狭窄的胡同、桥头等危险地方停留。

三、生命三角区

当地震来临时，应该迅速找个大型、沉重的物体，比如衣柜、沙发，甚至是一沓堆高的报纸，卧倒在旁边——床下桌下都无法构成生命三角，会被直接压扁——天花板砸下后，物体周边会形成狭小的三角空间，挽救你的生命。

1. 室内易于形成三角空间的地方是：

幸福是什么？把这两个字拆开看看就知道了，有土有房又有钱，还要耕耘一口田，这些还不是幸福，皆因"礻"字在旁边，有礼有祀有祖先，有敬有畏有神仙，有祠有祷有祈愿，心有社稷身有余闲——这才能叫幸福。——鲁健

（1）床沿下、坚固家具附近；

（2）内墙墙根、墙角；

（3）厨房、厕所、储藏室等空间小的地方。

2.躲避时应采取的姿势：

（1）趴下，使身体重心降到最低，脸朝下，不要压住口鼻，以利呼吸；

（2）蹲下或坐下，尽量蜷曲身体；

（3）抓住身边牢固的物体，以防摔倒或因身体移位，暴露在坚实物体外而受伤。

3.保护身体重要部位的方法：

（1）保护头颈部：低头，用手护住头部和后颈，有可能时，将身边的物品，如枕头、被褥等顶在头上；

（2）保护眼睛：低头、闭眼，以防异物伤害；

（3）保护口、鼻：有可能时，可用湿毛巾捂住口、鼻，以防灰土、毒气。

地震发生后

如果地震后被埋在建筑物中，应先设法清除压在腹部以上的物体；用毛巾、衣服捂住口鼻，防止烟尘窒息；要注意保存体力、设法找到食品和水，创造生存条件，等待救援。

地震时还应注意不要顾此失彼。短暂的时间内首先要设法保全自己，只有自己能脱险，才可能去抢救亲人或心爱的东西。

自救是指被压埋人员尽可能地利用自己所处环境，创造条件及时排除险情，维持生命，等待救援。大地震中被倒塌建筑物压埋的人，只要神志清醒，身体没有重大创伤，都应该坚定获救的信心，妥善保护好自己，积极实施自救。地震时如被埋压在废墟下，周围又是一片漆黑，只有极小的空间，一定不要惊慌，要沉着，树立生存的信心，相信会有人来救你，要千方百计保护自己。

地震后，往往还有多次余震发生，处境可能继续恶化。为了免遭新的伤害，要克服恐惧心理，坚定生存信念，保持心理稳定，尽量改善自己所处环境，设法脱险。如一时不能脱险，不要勉强行动，应做到：

1.保持呼吸畅通。设法将双手从压塌物中抽出来，清除头部、胸前的杂物和口鼻附近的灰土，移开身边的较大杂物，以免再次被砸伤和倒塌建筑物的灰尘呛闷发生窒息；闻到煤气、毒气时，用湿衣服等物捂住口、鼻和头部。

2.保持存身空间。避开身体上方不结实的倒塌物和其他容易引起掉落的物体，扩大和稳定生存空间，保持足够的空气。用砖块、木棍等支撑残垣断壁，以防余震发生后，环境进一步恶化；扩大活动空间，设法脱离险境。记着朝向有光亮、更安全宽敞的地方移动。但是千万不要使用明火（以防易燃气体引爆），尽量避免不安全因素。

3.保持体力。如果找不到脱离险境的通道，则尽量保存体力，用石块敲击能发出声响的物体，向外发出呼救信号，不要哭喊、急躁和盲目行动，这样会大量消耗精力和体力，尽可能控制自己的情绪或闭目休息，等待救援人员到来。

4.维持生命。如果被埋在废墟下的时间比较长，救援人员未到，或者没有听到呼救信号，就要想办法维持自己的生命，水和食品一定要节约，尽量寻找食品和饮用水，必要时自己的尿液也能起到解渴作用。如果受伤，要想法包扎，避免流血过多。尽量延长生存时间，等待获救。

暴雨之后，洪水来临，相对于洪灾带来的各种损失，生命永远是第一位的。

最佳逃生策略

暴雨来临时，如果家处在地势低洼地区，可因地制宜采取"小包围"措施，如用红砖砌围墙、大门口放置沙袋、配置小型抽水泵等。如果家住在底层则应将家中的电器插座、开关等移到离地1米以上的安全地方。一旦室外积水漫进屋内，应及时切断电源，防止触电伤人。

当受到洪水威胁时，如果时间充裕，应按照预定路线，有组织地向山坡、高地等安全处转移；在措手不及，已经受到洪水包围的情况下，要尽可能利用船只、木排、门板、木床等适合漂浮的物品，做水上转移。

如果洪水来得太快，已经来不及转移了，要立即爬上屋顶、楼房高层、大树、高墙，做暂停避险。同时利用各种渠道向外界求援。

如洪水继续上涨，暂避的地方已难自保，则要充分利用身边的救生器材从水上转移逃生。找一根比较结实且足够长的绳子（也可用床单、被套等撕开替代），先把绳子的一端拴在屋内较牢固的地方，然后牵着绳子走向最近的固定物（例如树、水泥柱等），把绳子在固定物上绕若干圈后再走向下一个固定物，如此重复，逐渐转移到地势更高的地方。

如已被卷入洪水中，一定要尽可能抓住固定的或能漂浮的东西，寻找机会逃生。

如何避免雷击

雷击是常见的暴雨天气灾害，常发生在户外活动多的场所，不易受人们重视，但其破坏性是巨大的。如何避免户外雷击？

遇到突然的雷雨，可以蹲下，降低自己的高度，同时将双脚并拢，以减少跨步电压带来的危害；不要在大树底下避雨；不要在水体边（江、河、湖、海、塘、渠等）、洼地及山顶、楼顶上停留；不要拿着金属物品及接打手机；不要触摸或者靠近防雷接地线，自来水管、用电器的接地线。

如何避免触电

雷雨天气有可能造成一些高压或低压供电线路断线，还有可能导致供电设备短路和放电。如果在这种天气出行或滞留在户外，需要注意预防触电的情况发生。不要靠近架空供电线路和变压器，更不要在架空变压器下面避雨；不要在紧靠供电线路的高大树木或大型广告牌下停留或避雨；在户外行走时应尽量避开电线杆的斜拉铁线；暴雨过后，有些地方的路面很可能出现积水，此时最好不要蹚水，如果必须要

洪灾自救手册

□苏 杨

当你想到一个idea，可能有1000个人已经想到了，100个人在准备商业计划了，10个人准备全力去做了，一个人已经干出来了。主意从来不缺，缺的是执行力。

蹚水通过的话，一定要随时观察所通过的路段附近有没有电线断落在积水中；如果发现供电线路断落在积水中使水中带电的情况，千万不要自行处理，应当立即在周围做好记号，提醒其他行人不要靠近，并要及时打电话通知供电部门紧急处理。

山洪、泥石流灾害自救要领

在山区，如果连降大雨，容易暴发山洪。山洪暴发时，一定要保持冷静，迅速判断周边环境，不要沿着行洪道方向跑，要向两侧快速躲避，或尽快向较高地方转移，以防止被山洪冲走，还要注意防止山体滑坡、滚石、泥石流的伤害，如一时躲避不了，应选择一个相对安全的地方避洪，千万不要轻易涉水过河。如被山洪困在山中，应及时与当地政府防汛部门取得联系，寻求救援。

泥石流到来前征兆：暴雨过后山谷中若出现雷鸣般的声响，预示将会有泥石流发生。

自救互救要领：立刻向河床两岸高处跑；向与泥石流成垂直方向的两边山坡高处爬；来不及奔跑时要就地抱住河岸上的树木。一定不要往泥石流的下游方向逃生；不要顺着泥石流方向奔跑。

遇到恐怖袭击如何自救逃生

□童丹

2014年2月27日贵阳发生公交车人为纵火案，导致6人遇难35人受伤；3月1日昆明发生严重暴力恐怖事件……舆论在对犯罪分子进行愤怒谴责之余，也急切希望了解遇到类似突发事件时逃生和自保的常识。2008年7月17日，公安部反恐怖局曾印发了一份《公民防范恐怖袭击手册》，就公民如何及时发现涉恐嫌疑迹象；在面对恐怖袭击时应采取哪些正确措施规避危险；紧急情况下如何自救和互救知识等内容给予了详细指导。

恐怖嫌疑人有何特点

实施恐怖袭击的嫌疑人脸上不会贴有标记，但会有一些不同寻常的举止能引起人们的警惕。例如，神情恐慌、言行异常者；着装、携带物品与其身份明显不符，或与季节不协调者；冒称熟人、假献殷勤者；在检查过程中，催促检查或态度蛮横、不愿接受检查者；频繁进出大型活动场所；反复在警戒区附近出现；疑似公安部门通报的嫌疑人员。

爆炸物可能会放在哪里

标志性建筑物或其他附近的建筑物内外；重大活动场合，如大型运动会、检阅、演出、展览等场所；人口相对聚集的场所，如体育场馆、影剧院、宾馆、商场、超市、车站、机场、码头、学校等；行李包裹、食品、手提包及各种日用

爱与喜欢是有区别的：如果你喜欢一朵花，你会摘下它；如果你爱它，你会每天灌溉它。——学会爱

品中；饭店、洗浴中心、歌舞厅及易于隐蔽且闲杂人员容易进出的地点；各种交通工具上；易于接近且能够实现爆炸目的的地点。

发现可疑爆炸物怎么办

首先不要触动；及时报警；迅速撤离。疏散时，有序撤离，不要互相拥挤，以免发生踩踏造成伤亡。目击者应尽量识别可疑物发现的时间、大小、位置、外观、有无人动过等情况，为警方提供有价值的线索。

遇到纵火袭击怎么办

要保持冷静，尽快了解所处的环境位置、起火点、起火原因和火势大小，正确选择逃生方法和路线。现代建筑物燃烧时会散发出大量的烟雾和有毒气体，容易造成毒气窒息死亡。可用湿毛巾捂鼻口，匍匐前进逃离。不要为穿衣或取贵重物品浪费时间，更不要为入室拿物品而重返火海。如房间充满烟雾，必要时可打开门窗，排放烟雾后，应立即重新关闭好，防止长时间开窗致使外面大量浓烟涌入室内。一旦着火，电梯就会断电，可能将你困在电梯，无法逃生。随

意奔跑，不仅容易引火烧身，还会引起新的燃烧点，造成火势蔓延。在房间无法避难时，也不要轻易作出跳楼的决定，此时可扒住阳台或窗台翻出窗外，等待救援。

遇到枪击时如何选择掩蔽物

选择密度质地不易被穿透的掩蔽物，如墙体、立柱、大树干，汽车前部发动机及轮胎等；但木门、玻璃门、垃圾桶、灌木丛、花篮、柜台、场馆内座椅、汽车门和尾部等不能够挡住子弹，虽不能作为掩蔽体，但能够起到隐蔽作用，使恐怖分子在第一时间不能够发现你，为下一步逃生提供时间。

被恐怖分子劫持后怎么办

保持冷静，不要反抗，要相信警方；不对视，不对话，趴在地上，动作要缓慢；尽可能保留和隐藏自己的通信工具，及时把手机改为静音，适时用短信等方式向警方求救，短信主要内容：自己所在位置，人质人数，恐怖分子人数等；注意观察恐怖分子人数、头领，便于事后提供证言；在警方发起突击的瞬间，尽可能趴在地

上，并在警方掩护下逃离现场。

公共汽车上遇纵火怎么办

贵阳"2·27"公交车纵火案发生后，就有网友提出，如果当时车上的乘客能掌握相应的逃生方法及正确地使用逃生工具，或许能大大地减少人员伤亡。广州黄埔公安日前也在微博上发布了"公交车火灾逃生备忘录"。

客车、公交车一般都配备相应的安全设施，乘客要了解车门、车窗、天窗的位置并有效加以利用，例如，车载灭火器必须是在火势比较小的情况下使用才有效；开启天窗和用安全锤猛砸车窗玻璃四个角能打开求生通道。乘客一定要保持冷静，听从司机的指挥，不要拥挤，寻找最近的出路如门、窗等，逃生时要注意6个技巧：脱离现场、遮住口鼻、低姿行进、短暂屏气、切忌喊叫、衣燃勿奔。

如果着火部位在中间，乘客要从两头车门有秩序地下车；如果火焰小但封住了车门，可用衣服蒙住头部，从车门冲下；如果衣服着火，要迅速脱下衣服，用脚将火踩灭；或者请他人协助用厚重的衣物压灭火苗。🍃

滚石唱片董事长段钟沂说滚石30年出了1800张唱片，大红大紫的380张。或者反过来说，1500张是不红的。但不经过1800张的尝试，就不会有380张精品。只要有一个想法，就要大胆尝试！个人感悟：折腾才是人生。——刘东明

初中那些事儿

谁的青春期不冲动，带着憧憬过初中。

外出游玩安全第一

□朱媛媛

如何应付气候突变

外出旅游时，时常会碰到野外天气突变的情况，掌握一些天气知识及应付措施显得非常重要。

平常应学习一些天气方面的知识，以便了解野外天气的特征和天气为何产生变化等。不妨学会观测天气，根据对星星、太阳、月亮的光度或云层形状、动向等情况的观察，设法预测未来的天气。另外，充分利用各种渠道获取气象部门的天气预报。

为应付恶劣天气，出发前应先准备多种物品。首先，收音机要小型轻便。能收听短波广播，以便收听凌晨的气象预报；其次要携带雨具、防风夹克、毛衣等，如方便还可带帐篷前往，遇紧急状况时可派上用场；另外还要随身携带易下咽、易消化、热量高的干粮，如羊羹、炼乳、巧克力等。

如果遭遇恶劣气候，应该采取哪些措施？有经验的游客称，因野外天气变化无常，为避免湿透的身体受强风吹袭等，应在天气恶化前先采取预防措施，如穿上雨衣等，把预备替换的衣物收藏妥当，并仔细检查，避免弄湿。天气恶化之前先进食。另外，须确认预定的行程是否变更、下一站的休息地点等，应与同伴采取一致的行动。如行程不能进行，最好能进入附近的民居躲藏，如不行则要选择安全的地方安营扎寨。

青山绿水间的"走路经"

在青山绿水间旅游要学会走路。掌握"走路经"，才能玩得轻松愉快安全，反之则劳累甚至受伤。

其一，走路不要三步并作两步走或蹦蹦跳跳，这样会加重膝踝负担，容易劳累或受伤。

其二，匀速行走最省体力，而且有利于保持良好心态；急一阵歇一阵的走路方式最累人。

其三，上午出游的路可走得稍快，傍晚返程则要慢些走，以免疲劳的关节、肌腱受伤。

其四，上下山时尽量走石级，少走山面斜坡。

其五，在水泥、沥青、石板等硬地上行走，比在草地、河滩、湿地等软地面上行走省力，也安全。

其六，不走冰面、沙石坡，宁可绕点路。再者要多问，少走冤枉路。

在外衣食住行有讲究

外出旅游着装要轻便、大方、舒适。衣裤不宜过于宽大或窄小，以免影响走路。夏

为什么有些恋爱能简单到老，而有些恋爱却始终遇人不淑？因为你没有搞懂爱对人和值得爱的区别。
值得爱，是看对方的条件，而爱对人却是看对方的人品。——著名主持人孟非说，值得爱的人不一定对，但对的人一定值得爱

季旅游，由于早晚温差较大，除了带上随身的换洗衣服外，最好再带一件夹衣或绒线衣；冬季旅游，必须带上毛衣、棉衣、风帽等。

旅游不宜穿化纤类的汗衫、背心。由于其透气性差，出汗后易粘在身上，不舒服。另外夏天不宜穿深色衣服，为减少烈日直接暴晒头部，应戴上草帽或白色遮阳帽。另备轻便的雨衣或折叠式雨伞。

旅行时穿的鞋要轻便、透气、防滑，走路以布鞋为最佳，爬山以橡胶底鞋为最佳，忌穿新皮鞋、硬底鞋、高跟鞋。

用腰包携物最省力，其次是双肩式背包，单肩挎包及手提物品较费力。

食品要新鲜、多样。最好带些饼干、糕点，以防途中无法就餐。饮茶不宜过多、过浓，以免引起兴奋、失眠、心跳加快等症状。

住宿的要求应当是安全、方便、舒适、卫生。住下以后及时盥洗、淋浴，按摩一下腰腿部及小腿肌肉，有利于消除疲劳。夏天不要在有风的地方久留，否则易引起感冒或关节疼痛；冬天取暖要注意通风，睡前将未熄灭的煤炉移至室外，以防一氧化碳中毒，同时要保证足够的睡眠。🌰

网络安全

□陈子善

网络能给我们带来无尽的信息共享，可以成为交流、学习、办公、娱乐的平台，但如果没有安全作为保障，我们也无法安心去享受网络给我们带来的便利。今天我们大家一起聚在这里，讲的是关于安全上网的内容，有的同学可能会觉得上网又不是上公路，怎么会不安全呢？但其实不然，网络中同样存在着安全的隐患，特别是最近几年，网络安全事件的发生率越来越高，不得不引起我们的重视：

1.没有经过父母同意，不要把自己及父母家人的真实信息，如姓名、住址、学校、电话号码和照片等，在网上告诉其他人。

2.如果看到感到不舒服甚至恶心的信息，应立即告知父母。

3.不要在聊天室或BBS上散布对别人有攻击性的言论，也不要传播或转贴他人的违反中小学生行为规范甚至触犯法律的内容，网上网下都做守法的小公民。

4.未经父母同意，不和任何网上认识的人见面。如果确定要与网友见面，必须在父母的同意和护送下，或与可信任的同学、朋友一起在公共场所进行。

5.如果收到垃圾邮件（不明来历的邮件），应立即删除。包括主题为问候、发奖一类的邮件。若有疑问，立刻请教父母如何处理。

6.不要浏览"儿童不宜"的网站或网站栏目，即使无意中不小心进去了，也要立即离开。

7.如遇到网上有人伤害自己，应及时告诉父母或老师。

8.根据与父母的约定，适当控制上网时间，每天不超过1小时。

9.小心网络诈骗。🌰

初中那些事儿

谁的青春期不冲动，带着憧憬过初中。

人生是一个车站，进来了，出去了；昨天，是一道风景，看见了，模糊了；时间是一个过客，记住了，遗忘了；生活是一个漏斗，得到了，失去了；情谊是一桌宴席，热了，冷了；迷惘是一种态度，放纵了，收敛了；生命是一种坦然，也哭了，也笑了。

177

初中那些事儿

谁的青春期不冲动，带着憧憬过初中。

我生长在多震的台湾，得知四川发生大地震后，觉得大陆可能有不少朋友不知如何面对地震，有些话我不能不说。

一、躲在哪里才合适

首先我要讲，那躲在桌子底下的同学，可能做得对，也可能很不对。如同"大乱下乡、小乱进城"，小地震时躲在桌子底下确实可以避免被上面掉下来的东西砸到。但是，碰上大地震，那些躲在桌下、床下和柜子里的人往往是最先被压到的。由台湾"9·21"大地震的经验可以知道，当车库中躲在车子里的人被压死时，同时躲在车与车之间的人可能没事；躲在桌子下面的人被压死，蹲在钢琴旁边的可能活命。因为碰上大地震，屋顶和梁垮下来的时候，屋里那些结实的东西可能撑住，留出下面一小块活命的空间。至于躲在桌下或床下的，则可能被桌子和床架压到。当然你可以说小地震就没问题，只是请问，你怎能事先知道那是大震还是小震？所以管他大小，最好挑上面没有大的危险物（譬如吊灯、会垮的书架、高处的电视），而且旁边又有特别结实的东西的地方。我甚至建议你平时心中就要有个谱：房间里什么东西最结实。

别让地震毁了你 □ 淼 淼

二、住在楼上怎么办

如果你住楼房，请别以为低楼层最安全，要知道大地震时常常整层不见的会是低楼层。由"9·21"大地震可以知道，有时下面的人全死了，高楼层上的人却没事。甚至整座高楼斜斜地倒下去，像积木一样，只要里面的人抱紧柱子，别被摇飞到窗外，常常都能没事。如果地震时你在高楼层，与其跑楼梯被摔死、撞伤，或乘电梯被困，不如留在原地找好躲避处。就算你在低楼层，除非能在第一时间跑到外面空旷的地方，否则千万别跑出来站在楼旁边，以免被上面落下的东西或玻璃伤到。你想想！地震时高楼的玻璃窗能不碎吗？那一片片落下来，像刀子，可不可怕？所以如果能跑，要跑得远，而且跑到空地。

我看到这次四川大地震网上的图片，一堆学生在四边都是大楼的天井里站着。请问，这样安全吗？

三、装修房子别乱拆

为了不害人也不被害，如果你重新装修房子，有RC（钢筋水泥）墙，千万别乱拆，因为那墙可能在建筑时就已经计算好，是承力的。一大栋楼有些RC墙拆了，有些没拆，地震摇动时，造成力的不均，特别危险。甚至买房子都要注意，是不是某一方向的墙比另一方向多得多。举例来说，东西走向的墙特多、南北走向的墙特少的房子，地震时朝东西方向摇，很结实，是走运。但是换作南北方向摇，一堵堵墙，像"骨牌"，特别容易垮。学校教室往往固定两面开窗，另两面是隔墙，所以地震时容

当有人说你变了的时候，不过是因为你不再按他们的方式生活罢了。

四、万一要拆怎么拆

如果你不得不拆 RC 墙，千万别用拿锤子硬砸的方法，最好用特殊的电锯。因为硬砸的过程中固然拆的是墙，却极可能伤到梁柱。何况墙上的钢筋与柱是连接的，别以为梁伤了一点没大关系。你试试：一支好好的铅笔，你折弯它，能弯几度？但是当你在上面用小刀，先切个小口，是不是没弯几度，就在小口的地方断裂？知道这一点，以后有人重新装修，你最好了解一下。这有关你的身家性命，不能不注意，而且小区要有管理委员会，由管委会出面关注这个问题。既要有住户规则，也要有执法效率。

五、顺向坡和逆向坡

当你买山坡上的房子，千万注意是"顺向坡"还是"逆向坡"。非但要选"逆向坡"，而且得注意建筑商的用词。他们可能会夸夸而言，甚至主动抬出专家教授，说"不能在正顺向坡建房子，因为容易滑坡塌方"，接着讲"据这些专家深入调查，此屋建地不在正顺向坡上。"专家说的没错啊！如同有人说："我没把他杀死（只是把他杀伤）"。"我没把他扔河里（只是把他扔在

山沟中）"。当他说不在"正顺向坡"，就表示在"正逆向坡"吗？抑或只是偏离正顺向坡一点点？

六、偷工减料害死人

地震的力量很妙，我曾听大地震时在高楼的朋友说，他看着对面的大楼，一下子看见，一下子不见了。这是因为对面大楼可能正摇向左，他自己的大楼摇向右。你也千万别以为地震时的建筑，好像你拿个大盒子在桌面摇。地震时不但左右摇，还会上下摇，前一波与后一波又会造成扭动。你可以试试，手上拿个软的长尺，尺的一端指向天，前后摇，那尺是不是不但前后动，而且扭，扭成 S 形？甚至发出嗡嗡的声音？那波与波的碰撞还可能造成某一楼层扭力特别大（所以也不一定高楼层就绝对安全）。我相信，如果用高速度摄影机拍摄大地震时高楼的瞬间画面，那楼不会是直的，而是呈"S"形弯曲的。由此可知，大楼的建材平常看来很硬，其实还有一定的韧度。只是如果建造建筑物时，钢筋太细太疏，一圈一圈的"箍筋"又距离远，或没"勾好绑牢"，那就危险了。举个简单的例子，你将一把筷子用绳子每隔一公分绑一圈，跟每隔五公分绑一圈，以及绑

紧绑松之间，在折的时候，会有什么不同？知道了这一点，小心建筑工人！他们可以不减料，却偷了工。你自己有一天监工、做工，也要凭良心，绑好了、勾紧了，别害死人。

七、楼顶加盖请慎重

如果你要在楼顶加建，就算当地的建筑法规允许。住户也同意，你还是得请专家评估大楼的结构与当初的设计。我知道台北有个小区中许多一样的大楼，经过"9·21"大地震，其中一栋裂得最严重，那栋楼最大的不同是楼顶人家加建了两层。想想，如果地震再大些，那栋楼垮了，压死许多人，是谁的错？这事我过去在作品中曾经再三提到，只是读者不一定注意。我现在要再说一次：事关一整栋大楼住户身家性命，不能不小心。另外，我在过去的书里也曾叮嘱大楼住户小心安全梯的门，一定要关。千万不可图方便、贪凉快而不关，造成失火时的烟囱效应，害死许多人。想想，你买钢筋水泥的建筑是为什么？你装安全门的目的是什么？可别让一颗老鼠屎坏了一锅粥！可别让死板不实用的教育，和自私自利、各扫门前雪的心态害了一群人、甚至害了整个国家。🦑

初中那些事儿

谁的青春期不冲动，带着憧憬过初中。

初中那些事儿

谁的青春期不冲动，带着憧憬过初中。

我想学空手道

□佚 名

"糟糕，碰上坏人了！"印度16岁女孩阿甘格莎心里咯噔一下，从父亲的自行车后座上下来，警惕地看着眼前4个男人。

这天上午，学校放假，阿甘格莎想到城里买些学习用品，本来准备独自去，但是父亲说："前不久的黑公交案那么可怕，我可不想我的宝贝女儿成为受害者，还是我送你去吧。"于是，父亲用自行车载着阿甘格莎上路。一路上，父女俩谈论着近段时间轰动全印度的黑公交案，咒骂着那些作恶的家伙。自行车穿过一片小树林的时候，突然从旁边蹿出4个满脸坏笑的家伙，挡住了去路。

"小美女，跟我们走一趟吧！"4个家伙朝阿甘格莎围了上来。父亲扔下自行车，挡在歹徒面前，说："别伤害我女儿！"歹徒们一把将父亲推搡到一边，大骂："滚开！老家伙！"

这彻底激怒了阿甘格莎，她怒睁双目，勇敢地面对歹徒。歹徒们一阵狞笑，眼中充满淫邪的光，一高个歹徒将浓毛大手伸向阿甘格莎。说时迟，那时快，阿甘格莎闪电般伸出左手，扣住歹徒的手腕，顺势用力一带，歹徒收脚不住，一个趔趄，阿甘格莎猛抬右肘，击中歹徒面部，歹徒顿时污血飞溅，惨叫着捂着脸，痛苦地蹲下。另一

个歹徒见状，冲过来试图抱住阿甘格莎，结果被阿甘格莎一个背摔，结结实实地砸在地上。另外两个歹徒狂叫着，一左一右包抄过来，阿甘格莎灵巧地闪转身子，一记迅猛的组合拳狠狠击中一个歹徒肉乎乎的下巴，打得他晕头转向，倒了下去，紧接着，阿甘格莎一个干净利落的侧踢，把最后一个歹徒也撂倒在地。

3年前，13岁的阿甘格莎个子高高，性格像个男孩。有一天，她得知同村一名女孩遭到歹徒侵害后，问父亲："我想学习空手道，您同意吗？"

要知道，在印度，女孩是不被重视的。在传统观念里，人们普遍认为女人的位置就是好女儿、好妻子和好母亲，女性自身并不重要，重要的是能够孕育后代。这种心态使人们将女孩当成父亲的财产，出嫁之后被当成丈夫的财产。而且，印度女孩出嫁，夫家有索要巨额陪嫁的传统，这更加剧了印度家庭对女子的歧视，很多农村家庭常常偷偷将女婴溺死。在这种文化背景下，允许女孩花掉大把金钱去学习"一个女孩完全不必要掌握的技能"，对于手头并不宽裕的父亲来说，无疑是一个巨大的考验。

幸运的是，阿甘格莎的父亲非常开

生活里严峻的事实在太多了，人的心就变成了一块铁，这块铁如果就这么硬着，磕在石头上就破碎了，但坦然和幽默把这块铁化成了水。它变得柔软了，也就不会破碎了。——刘震云《温故一九四二》

明，而且十分疼爱女儿，视其为掌上明珠。所以，当阿甘格莎征求意见时，父亲看出女儿眼中的渴望，毫不犹豫答应了。其实，父亲有所不知，阿甘格莎得到父亲允许后，开心得两晚都没有睡着。从那时起，她下定决心，一定要练成过硬本领，做一个不被人轻视、欺辱的女子。由于悟性高，而且勤奋好学，经过3年的摸爬滚打，16岁的阿甘格莎已经达到空手道黑带水平，出手迅猛，威力强大，对付三四个成人根本不在话下。

"爸，报警吧！"阿甘格莎指着躺在地上挣扎的歹徒，提醒道："一定要重重惩罚这些恶棍！""对！绝不能轻饶他们！"父亲回过神，掏出手机，拨打了报警电话。很快，警察赶到，给4个狼狈不堪的歹徒戴上了手铐。

经此一战，阿甘格莎的名字迅速传遍印度，她的英勇行为鼓舞了无数印度女性，人们都盛赞她为"女英雄"，她也被印度政府授予"国家勇敢奖章"。在接受记者采访时，阿甘格莎说："我们每个人都应该有能力进行自卫，每个人都应该学会依靠自己，相信自己，只有这样，才能不惧怕那些歹徒！"

与『不良少年』短兵相接

□佚名

来日本一个月后，我就转入一所普通的县立高中，当时全校只有我一个外国人。那些同学像看稀有动物似的看着几乎一句日语都不懂的我。于是我痛下决心，争取短时间内攻破语言难关。

学校帮我请来一位懂得中文的日本志愿者，他每周都会来校教我日语，除此之外，所有老师都很亲切也很热情，每次上课都特别照顾我。在国内，我的数理化知识学得很扎实，因此这些课程就算听不懂也会做题。可是日语课让我伤透了脑筋，好像听天书一样云里雾里。一天，日语老师把我叫到办公室，问："要不每次上完课后我帮你单独补习？"听到补课这个词，我傻眼了。有人帮我补习日语当然求之不得，但我担心高额的费用。我怯怯地提出疑问，老师开始似乎没有理解我的困惑，后来以一阵爽朗大笑作答。他说到做到，从那天起，放学后他会耐心把课程重新教我一遍。后来我的成绩慢慢提高，有几次竟然考到全班中等水平，他笑得合不拢嘴。我也终于明白，这里的高中，老师帮学生补课是一种义务和责任，分文不收。

一个连话都讲不清楚的中国人，在一群日本年轻人当中生活，当然少不了被误会和受欺负。那时候我无法用语言

孩子像衣服，杰出的让你有面子，可以四处炫耀，但是他们常常很忙又离你很远，想见一面都难；平凡但体贴父母的孩子像老棉袍，不漂亮却厚实，而且天愈冷愈觉得温暖。——孩子的"面子"与"里子"

初中那些事儿

谁的青春期不冲动，带着憧憬过初中。

和他们交流，冲突自然难免。

一次，班里调整座位，我坐在一个所谓的"不良少年"前面，心里暗自打鼓，祈祷老天在下一次调座位前千万别跟他有任何瓜葛，但事实证明，我还是无可避免"惹"了他。一天，忘记做值日记录的他被老师教训了一顿，懊恼不已，他把矛头指向坐在前排的我，大声发脾气。我断断续续听懂了几句："这是那中国人的错，那中国人太坏了。"这样的误会和侮辱让我忍无可忍。于是，我一边查字典一边把我的想法和愤怒用很烂的日语写在纸上，用尽平生最大的勇气和力气，把纸摔在他的桌上，然后丢下被突如其来的巨响吓愣的他和同学们，逃跑似的出了教室。

我想，这次彻底完蛋了，结果却出乎意料。从那以后，"不良少年"对我的态度有了一百八十度的转变，不但开始主动和我讲话，而且再也不会失礼地叫我"那中国人"，而是开始叫我的小名。我很惊讶，似乎明白了一件事：原来这些日本同学不是不想跟我交流，而是不知道怎样跟我交流。我对他们有意无意地回避，在我们之间形成了一堵墙。我和"不良少年"最糟糕的冲突，却是我们第一次真正的交流，也是我们友谊的开始。

少安毋躁
□王鼎钧

嫉妒中无品德，愤怒中无智慧。

夜静，露湿，土松，螃蟹纷纷走出洞穴之外呼吸新鲜空气。

一群捉蟹的孩子来了，他们蹑手蹑脚，提着马灯，火焰微弱，还罩在一层黑色的布套里。所以，螃蟹不知道发生什么事，依然徜徉自如。

孩子们突然拿开布套，拧亮灯火，满地螃蟹都暴露在危险里了，它们慌乱地挥动大钳寻找自己栖身的地下室，慌不择路满地乱滚。顽皮的孩子只是用灯光追赶它们、逼迫它们、扰乱它们，任凭它们往洞里钻，他们微笑着在洞外等待。不久，那些螃蟹又从洞里一只一只退出来了——是一双一双退出来了，两只螃蟹在一起扭打，你钳住了我，我夹住了你。它们在慌乱中躲进别人的洞里，其中一只又非将另外一只驱出洞外不可。于是在洞内展开有你无我的内讧，到洞外继续作不共戴天的搏斗，扭成一团，扭在一起，谁也不肯放开。对那灯火，那捉螃蟹人的手，都索性置之不顾。结局是，捉螃蟹的孩子把它们一只一只，不，一对一对丢进篓子里满载而归。

灾难当头，为什么不互相容忍片刻呢？古人对螃蟹的评语是"躁"，你看，真是不错。

我们的"自我"就像一只漏气的气球，需要不断充入他人的爱戴才能保持形状，而经不起哪怕是针尖麦芒大的刺伤。
——阿兰·德波顿《身份的焦虑》

科学备考、理性报考

——不打无准备之仗

落榜与成名

□ 何春喜

在苏州虎丘景区枫桥边，有一块石匾上镌刻着唐代诗人张继的诗文："月落乌啼霜满天，江枫渔火对愁眠。姑苏城外寒山寺，夜半钟声到客船。"张继赶考未第，夜宿枫桥边的客船上，渔火点点勾起心愁，他挥笔写下《枫桥夜泊》这一传世之作。落榜后成名的不乏其人，而名声大噪的作家就不少：

唐代著名诗人贾岛，四次举进士不第，但他吟诗穷工，苦练词句，"推敲"的典故就是由其诗句"僧推月下门"而闻名于世。

宋代苏洵，科场两次失利，不气馁，奋发自学，终成"唐宋八大家"之一。

清代志怪小说家蒲松龄，四次省试名落孙山之后，他以家乡为生活基地，广泛采集民间故事，进行熔炼加工，终写成思想性、艺术性都很高的《聊斋志异》。

明代著名画家、诗人、文学家徐渭中秀才后因受排挤，五次县试落第，转而苦练诗画，终成"扬州八怪"之一。

现代著名剧作家曹禺，年轻时想当医生，三次投考北京医学院均以失败告终。后来他改学文科，专攻戏剧，在上世纪三十年代写出轰动文坛的《雷雨》《日出》等。

初中那些事儿

谁的青春期不冲动，带着憧憬过初中。

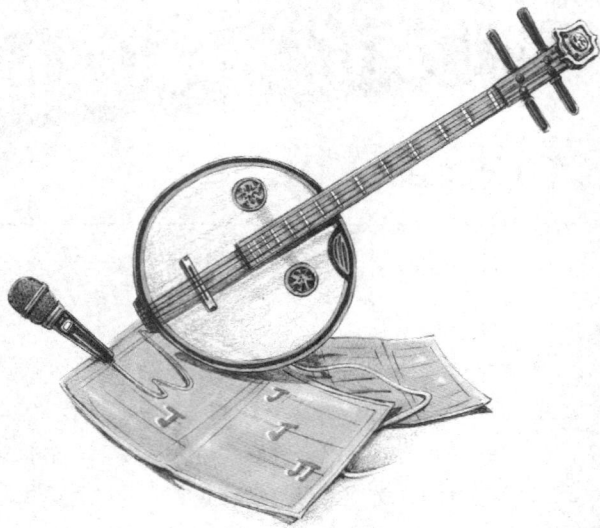

以《考试说明》为指导，科学备考

□米　然

《考试说明》的发布在不少同学的眼里算不上大事。大家似乎宁愿沉浸在"题海战术"之中，也不愿意放慢脚步，认真研读《考试说明》，认为这样会耽误复习时间。实际上，"磨刀不误砍柴工"，花一些时间研究下《考试说明》，会有意想不到的收获：能够帮助自己有的放矢地进行复习，让你的备考更有针对性、更加有效率。

分析最新变化，把握热点问题

正确使用《考试说明》，首先要做的，是将今年的《考试说明》与去年的进行对比，分析今年和去年在能力要求、题型设计、命题着眼点等方面有何变化。对这些变化加以整理，有针对性地复习和训练，能达到事半功倍的效果。

找到延续性，抓住主旋律

用好《考试说明》的第二步，就是在对比今年和往年的基础上，找到那些散发着恒久魅力的永恒经典。这些老面孔迟迟不肯退居幕后，说明它们在中考中真的很重要，考生在复习中就要格外留心。

第一，重要考点不变。全国各地考试说明陆续发布，它们在中考考点上略有变化，但总体保持稳定。通常来讲，考点有所调整或增加的，今年必考，但难度不大；考点要求保持一致的，如若考到，势必比去年的难度有所提升。

第二，注重对概念的深化理解，找到概念间的联系。在解答联合命题时，知道从何处入手。

第三，加强对学科应用的了解与思考。即提高知识应用能力，或者说提高做应用题的能力。考生需要运用所学知识与观点，通过比较分析，对命题进行推断，从而得出正确结论。考生在做题过程中要特别注意对各方面能力的锻炼，尤其是信息获取能力和分析推断能力。

用好"说明"，方法点睛

读完《考试说明》之后，就要以此为指导，进行相应的试题训练。训练过程中需要注意以下要点。

第一，操练样题，提前适应今年中考要求。每年《考试说明》发布之后，都会附上样题。考生可以以做真题的态度来对待它们，练练手，找找感觉。当然，做题时不能草率，考生请注意：1.看看这些试题题面所涉及的材料、背景，它们是以怎样的方式与试题相结合的；2.留意试题的提问方式，它能隐约透露出今年命题的角度和要求；3.看一下解析，明了解题思路和中考阅卷的评分规则。

新的样题出来后，必定会有相应的新题与之配合。同学们不妨利用一本由老师推荐的参考书，练习其中的新题，以此适应中考命题的要求。同学们也要注意两点：1.新题不等于怪题、偏题、难题，而是在《考试说明》样题基础上延伸出来的、符合当年命题要求的题目；2.在做完题后，花一点时间看看解题思路点拨和参考答案，做题不在多，而要争取做一道题能达到应有的效果。

第二，联系时政，与时俱进。每年3月，都是最新的政治时事节点。语文、数学、英语、政治各学科，都会有不少题目结合最新时政进行命题；同时，2014年在社会、经济、文化等领域的热点事件、热门人物，也需要同学们关注，它们也可能进入考试命题。

第三，盘点知识，串联体系，实现从知识到能力的跨越。《考试说明》将今年试题的考点、题型、分值、难度等逐一列出，包括英语的新增词汇也详细呈现。同学们可以借此盘点各学科的知识、考点，做到心中有数，复习时也能有的放矢。将知识串联起来，形成体系，并在做题过程中进行学科内知识、学科外知识的融合运用，从而实现从熟记知识到灵活应对的能力转化。

第四，摈弃死记硬背，举一反三，脱离题海。以《考试说明》为依据，便可有针对性地进行试题训练，不必大搞题海战术，最后"事半功倍"。同时，还要能从今年的样题、新题中总结命题常见的提法，参看命题者提供的解题思路和标准答案，做到举一反三。

初中那些事儿 谁的青春期不冲动，带着憧憬过初中。

我虽然生活在现代，生活在这和平年代，可是还是要写作业，因为不是"高富帅"，我们有很多压力。我赶作业到五一，写不完十一继续。——一小学生写的这首打油诗，网络点击超百万

初中那些事儿

谁的青春期不冲动，带着憧憬过初中。

距离中考只有几个月时间了，晓同却早早有了放弃的念头，"我天生就笨，从小就被老师和家长说不行，别人能考99分，我能考60分就知足了，中考？别说什么重点不重点啦！"

在他看来，自己真的是"比较差"，每次面对老师的提问，他要么语无伦次、词不达意，要么干脆说"不知道"，老师只好摇摇头，叫成绩好的同学回答。看着经常挂红灯的考试成绩，晓同感到是有些遗憾对不起父母，但也很无奈，谁怪自己天生是个"木头脑袋"，不是读书的料呢？

晓同认为自己是个"差生"，再怎么努力也无济于事。有了这种想法后，他上课也不专心，笔记也懒得记，任凭各种杂念在脑海里浮现；晚修时作业也随便应付一下，迟交甚至不交作业成了家常便饭。以前学习上有不懂的问题还会主动问一问老师和同学，现在想到自己的问题堆积如山，根本没有问问题的勇气和信心。

现在晓同整个就是放弃自己的状态。可是，每当想起父母的期望，看到其他同学的勤奋和上进，

怎样改变『差生』的心理？

他又很烦恼和悲观，觉得自己没脸见父母，有时还会产生退学甚至不想活的念头。晓同真的很迷茫，他今后的路该怎么走？

现实生活中，不少学子不相信自己通过刻苦努力，可以改变学习的现状，他们有的觉得自己成绩差是命中注定；有的根据几次考试的失败，就武断地给自己定位为"差生"，永远没有翻身的机会；有的缺乏毅力，坚持一段时间不见效果，便放弃继续努力。此类自暴自弃的想法在脑子里肆意横行，学习的积极性和主动性自然是越来越少，学习效果必然难有改观。

心理学研究表明，自我定位决定人生的成败：每一个人都有自己的自我定位，不幸的是，很多人都没有意识到这一点。这也难怪，因为，这个定位常常深深地隐藏在我们的潜意识里。人们常常有这样的体验：为了实现目标，自己付出了极大的努力，却收效甚微，其内在的原因就在于我们潜意识中的自我定位与我们的目标不一致，这种背离极大地削弱和降低了我们的努力和付出。

少年，做一个"高富帅"：高于眼界、富于实践、帅在处世；姑娘，做一个"白富美"：白于品行、富于思维、美在心灵。
——谁说"高富帅""白富美"不能走内涵路线

比如，如果你将自己定位为一名"雇员"，那么你的潜意识就会阻止你成为一名经理，因为它不符合你的定位。

如果你认为自己是一个"不可爱的人"，那么当有人对你说："你很可爱"的时候，你会认为他在撒谎或者在讥讽你而将那人拒于千里之外。

如果你将自己定位于"穷人"，你必定会不自觉地削弱你的赚钱动机，错失盈利良机。

以晓同为例，他很想如愿实现父母的期望升入重点学校。然而，他潜意识中的一些消极想法从一开始就会阻止他。他对自己说，我是个"差生"，不可能考出好成绩；即使我努力，由于能力差，也是瞎子点灯白费蜡，都是做无用功……

事实上，这些负面想法并不真实，至少不完全符合实际情况。我们看一个真实的事例。雷鸣，一个30岁的律师，在他的律师职业生涯中，他做得并不出色。在心理咨询师的帮助和指导下，他发现，原来在他的内心深处，他一直把自己看作是一个服务生，因为在他的学生生涯中，有过在饭店长期兼职做服务生的经历。雷鸣在用"职业律师"替换了"服务生"的定位后，他的业绩很快就得到了显著提高。

一个错误的、过时的自我定位，是潜藏在很多人内心、影响人们走向成功的致命负面因素。事实上，晓同给自己贴上"差生"的标签，就会给自身强烈的心理暗示，也会造成极大的心理压力，我是"差生"，看来我真的不行，不会有什么出息了，得过且过吧。

晓同应该及时更新对自己的定位，使之与他的目标相一致，是迫切而必要的，因为它直接关系到他付出的心力和效率，决定着他的成败。

每个学生都有自己的优势，只是显露的早晚不一样，有的早，可能会被称作天才，获得信心，取得更多的成就。但大多数孩子，却因为迷失了自己，没有找到适合自己的发展路线，最后变得平庸，甚至成为所谓主流理念中的"差生"。

决定成败的因素有很多，自信心是其中的一个很重要的因素。很多人之所以失败，不是败在能力，而是因为缺乏自信。多给自己一些积极的暗示，增加对成功的信心，才能增加成功的保险系数，才能为将来打拼出一片成功的天地来奠定良好的基础。

其实，在面对这些"差生"时，老师对他们的态度也是很重要的。为了消除这些"差生"的心理障碍，老师们应当晓之以理、动之以情，给他们温暖和疏导，以诚相待，付出心灵的关爱，使他们在学习与生活中亲身体会到老师们的善意，相信教师是真心实意想要帮助他们，这样才能缩短师生之间的距离，使他们能把老师当成知心人。当然，讲起来很简单，实际做起来却很难。可是当你把这些所谓的"差生"当作自己的"宝贝"，你才能去感化他们，才能让他们改变自己，才能让他们去努力学习。但我想，因为由于你的努力，能够改变一个"差生"的一生，能够改变他的命运，甚至能够改变一个家庭，或者更多，所以，你的努力和付出是值得的。

心灵处方

一个把自己定位为"差生"的人是永远无法去创造自己的美好未来的！解决问题、改变现状的关键是你首先要抛弃消极的定位，鼓起改变自己的勇气！人是需要成长、需要成熟的！

建议晓同在以下几个方面努力：

好脾气的女人会嫁给坏脾气的男人，因为是她惯出来的。坏脾气的女人会遇上好脾气的男人，因为她只爱这一种。
——性格决定命运的意思，并非是你性格越好，命运就越好，事实可能正好相反

初中那些事儿

谁的青春期不冲动，带着憧憬过初中。

初中那些事儿

谁的青春期不冲动，带着憧憬过初中。

一是静下心来，思考自己过往的失败

找出失败的真正原因，认真思考未来的发展问题。

二是不要再过多自责

很多人在人生路上都犯过错，走过弯路；问题关键是如何及时纠错、选对自己的路然后继续赶路；调整心态（不逃避自己的问题，也不要逃避现实；不要急于否定自己，更不能放弃自己）；端正人生态度（遇到挫折是正常的，几次的考试落后并不意味着你上学无望）；重塑信心（相信每个人都有自己的优势；要相信，通过努力、通过自我反思，自己一定能够找到成绩始终不甚理想的原因所在，之后再对症下药，就一定能够提高自己的成绩）。

三是坚定追逐自己梦想的决心

想想你的梦想，然后下定决心，去追逐梦想。如果你在中途就缴械投降，梦想永远只是泡影；如果你能不顾一切，努力拼杀，梦想的大门说不准就会为你开启了。因此，要当机立断，全力以赴，追逐梦想。

四是善于树立"看得见的目标"

在现实生活中，很多学子在实现梦想的路上之所以会半途而废，原因有时竟是在于梦想太大，让自己感觉太遥远。如果我们学会把目标定小一些，定近一些，脚踏实地真正做到每天都有一点进步，每天都有一点收获，让"小成功"成为不断鼓舞自己的现实，巧用"蝴蝶效应"，过了若干岁月，人生财富会壮大得连我们自己都难以置信。

"看得见的目标"很多，大的比如考上名校、竞赛获奖、争当三好学生，小的如争取习作发表、小制作参展、在晚会上演出、书画作品展出、回答问题得到表扬等。

五是自我激励

在学习生活中，不管你取得了多少进步，都要及时地肯定自己、犒劳自己。比如，奖励自己一本书，一盒巧克力等等。通过自我激励，发现自己的价值，激发自己的潜力。

六是有问题及时向老师和同学请教

千万不要害羞或不好意思，努力学习积极上进的人永远是受人喜爱的。另外，有机会多找自己身边可以信任的人交流沟通，听听他们对于你未来发展的一些想法。

明天怎样，没人知晓，生活本是一次疯狂的旅程，没什么是确定无疑的。

复读效果微弱

复读生的学习方式其实就是一种复习、查漏补缺，要花费一年的时间温习自己以前学过的内容，这对很多复读生来说显得很枯燥，有些考生因为自身的习惯，很难在复读中改变自己的学习模式，在复读的过程中几乎都处于加强巩固的状态。很多人在复读的这一年中采用高压的题海战术，使得学习的兴趣和主动性不高，所以复读效果微弱。

心理建设成重点

伴随着复读生活，很多人也产生了心里问题。复读生要跟比自己小的学弟学妹们进行比较，很多人在心理上觉得没面子，因此变得抑郁少话，严重者有可能会产生心理障碍。复读生其实更是一种自我挑战，很多人会有"我是第二年，一定要比之前好"，由于始终给自己这样的一种压力，让很多人在复读时心里显得很脆弱。

中考的竞争压力加大

中考复读生的加入使得本来竞争压力大的中考雪上加霜。每年的中考录取是根据报考人数进行比例录取，复读生的加入让基数增加，这样对应届生来说无疑是增大竞争压力。同时复读生本人也要通过一年的复读来提高自己，既延长了自己的义务教育时间，也让挑战自我的压力也在无形中增加。

中考复读要慎重
□佚 名

风险、负担均增大

复读生在参加第二年的中考时，在录取上是有部分条件限制，有些地区中考对于复读生在体育成绩上有区别对待，在中考录取上也是同等条件下复读生排最后，这样的限制让很多人在升学考试中承担更大的风险。另一方面复读无疑是延长了学习时间，对很多家庭也是经济负担的增加。

众多方面的影响让复读的前路坎坷，很多教育专家也是提倡学生们快乐学习，首都师范大学首都基础教育发展研究院副教授杨朝晖认为，中考复读对于大多数学生来说不太理性也不太划算。"义务教育阶段是打基础的阶段，家长和学生的心态应放平和一些，眼光放长远一些，没必要过早追求结果。"结合部分地区的教育改革，复读也会慢慢地退出义务教育的舞台，考生和家长们应该与时俱进，全面发展素质教育，义务教育是基础教育，只要学生了解掌握了基础，对于高等教育可以选择多种途径去实现，对于学生兴趣教育也应该着重发展，在音乐、体育、舞蹈等多面的提高也是一种成功的捷径。选择合适的学习途径，让学习变得轻松、高效。●

初中那些事儿

谁的青春期不冲动，带着憧憬过初中。

初中那些事儿

谁的青春期不冲动，带着憧憬过初中。

正确处理紧张心理

考试时出现紧张心理在所难免，并且只有在适度的紧张下才能产生考试时所需要的高度精神集中和智慧力量，从而发挥出最佳水平。

临场产生紧张心理后，可对其采取不理不睬的态度，坚持阅读题目和思考问题，不久怯场心理就会被大脑的思维活动所抑制，进而逐渐进入最佳答题状态。若心理素质较差，几经努力仍不能奏效，此时可

考场技巧谈
□ 郭朝伟

不急于答题，可以做几遍深呼吸，强行调整过快的心律，迫使心律趋于稳定，以生理的放松来获取心理的放松，然后再找几个简单会做的题目来做，以初战告捷的成果来进一步恢复稳定的心理，逐步进入正常状态。

按照先做容易题后做难题的顺序来做

一般说来，容易的题目和中等难度的题目约占80%的比例。因此，试题到手后，应先浏览一遍，容易的先做，难做的在草纸上先记下题号（不可在试题上做记号）。一道题目如做两三分钟仍理不出头绪的，可以先跳过去，等大部分题目做完了再回过头来做。这时候心理稳定，较易发挥，问题往往便迎刃而解。

考试中答题要注意。审题要认真，看清题目的要求。答题的字迹要工整，卷面要整洁，格式要规范。做题时不可随意联想平时做过的题目，防止先入为主，草率从事，造成不应有的失误。答完后要认真检查，做到时间多，系统检查，时间少，重点检查。发现了问题更改也要慎重。

要正确对待填空题、选择题和计算题

近几年的试题中，填空题、选择题也往往需要经过计算才能得出结果，这类题目实际上是一道小计算题。这类题目评卷时只看结果，且分值较低。而计算题则不仅分值高，评卷又是重过程，轻结果，大部分分数在过程之中，最后结果正确与否往往只有一分。学生一定要权衡好这里面的得与失。

另外，计算的草纸不可随意乱写，使用时要写清题号，按着顺序书写，以利于检查时节省时间，提高效率。

考完一门后，无论好坏都不要再考虑，更不要和同学对答案

考完的科目已成既定事实，想再多也没用，所以不如不想，集中精力考好后面几门才要紧。万一有一门考砸了，也千万不可丧失信心。因为一门考砸不等于门门考砸。只要后面几门认真考好，应该说仍还是有希望的。

保持清醒的头脑，调整出良好的竞技状态，运用好临场技巧，多取三分五分应该不是什么问题。

很多人的失败是因为他们不知道自己在离成功很近的时候放弃了。

考场众生相

□ 佚名

初中那些事儿

谁的青春期不冲动，带着憧憬过初中。

琼瑶版：

老师，我一直在晕耶！进了考点，我晕；进了考场，我晕；见了监考老师，我还晕；拿到试卷，我更晕了！我真的觉得我好无用好无能好脆弱好对不起大家哦！

甄嬛版：

平日里姊妹情深，恨不能心窝子都掏了去，这会子一进考场，竟然面目可憎，六亲不认了！

鲁迅版：

桌上有两张纸，一张是试卷，另一张也是试卷。初夏已经颇热，脊背上却一层又一层冷汗。题目照例是不会做了，先生的讲义上全然没有见过。责任似乎并不在我，譬如使惯了刀的，这回要我耍棍，能行吗？

仓央嘉措版：

做与不做
题目都在那里
不多不少
会与不会
题目都在那里
不难不易
让我的眼走进你的试卷里
或者你把小抄递进我的手心里
默然 焦虑
寂静 哭泣

王小贱版：

出题的家伙你心理有障碍啊？不就是个高考嘛至于弄这么难吗？老子十年寒窗容易吗？说不定就栽到你手里了！妈的铁路都提速了汽油都降价了你出的题还这么难，你丫够古典的啊！

赵忠祥版：

答题卡上白茫茫一片，像冰雪笼罩着的阿拉斯加。绝望之中，我只好紧紧闭上眼睛，像一头濒死的海豹，坠入无边的冰冷与黑暗。

麦克阿瑟版：

老生永远不死，他只是在考试中慢慢消逝……

朱自清版：

这几天心里颇不宁静，看着试卷上日日见过的题目，像牛毛，像花针，像细丝，密密地斜织着，却无从做起。于是忆起《长歌行》里的句子：

少壮不努力，老大徒伤悲……

这样想着，猛一抬头，却见监考老师在讲台上迷迷糊糊，快要睡着了。

莫言版：

我是农民的儿子，我只会讲农民的故事。大学看来是考不上了，大不了回到高粱遍地的高密东北乡，继续做农民，做农民的父亲。

志愿填报在即，选择好报考类别是关键

□安静

初中毕业生一般有五类报考方向：普通高中（简称普高，包括示范高中、一般高中）、中等专业学校（简称中专）、技工学校（简称技校）、职业高中（简称职高）、五年一贯制高等职业学校（简称五年制高职）。不同类型的学校代表着不同的发展方向：想进一步学习文化科学知识，打好基础，将来升入高等学校深造，可以报考普高类；想掌握一技之长，及早就业，可以报考职高、中专、技校、五年制高职类。其中，想成为中级技术管理人员的，可报考中专、职高类；想成为中级技术工人的，可报考中技类；想成为高级技师的，可报考五年制高职类。

普通高中

普通高中包括示范高中（重点高中）和一般高中（即非重点高中）。对于成绩优秀的考生来说，一定要选择一所适合自己的重点高中。在一座城市里，或者你所在区域，可能会有几所重点高中。在填报志愿之前，考生要多了解这些学校的办学理念、师资力量、管理水平，大学的升学率，是否有保送名额等等。

对于那些分数达不到重点高中，却又非常向往的考生来说，选择去重点高中做择校生也是一个不错的选择。择校要考虑一下几个因素：

心理承受能力

有的考生分数在一般高中是"鸡头"，但是到了重点高中就变成了"凤尾"。面对着大批成绩比自己优秀的"竞争对手"，就要付出双倍的努力，要克服的困难也很多。这就要求择校生有强大的心理承受能力。一旦产生了挫败感，如果能及时调整情绪，奋力追赶能够激发出斗志；相反，如果对自己产生了怀疑，容易自暴自弃，导致厌学。所以，择校最适合那些有着强烈自信、百折不挠精神的考生。

自学能力

越是优秀的学校越是强调培养学生的自学能力。老师在课堂上讲的内容容量大、速度快，在重点高中更是如此。没有较好自学能力的学生，会感觉到非常吃力。选择一所比自己能力略高一点儿的学校固然能够激发进取心，但是自学能力一般的考生在一个相对来说压力较小的环境才最为适合。

交通因素

为了读重点高中，有的考

生选择跨区，甚至跨省上学。对于前者来说，如果每天要花费大量的时间在路上，有些得不偿失；对于后者来说，来到一个不熟悉的环境，不仅在学习上压力很大，在生活中可能会有很多不便。

以上是关于报考重点高中的一些技巧和介绍。其实，重点高中的毕业生并非各个都能考上名牌大学，非重点高中的毕业生也并非成绩考不上重点院校。是金子在哪里都会发光。选择一所高中，并不在于其是不是重点学校，而是在于自己究竟适不适合。

职业高中、中等专业学校、技工学校

在这三类学校中就读的学生，有一个共同的名字：三校生。

这三类院校都属于我国中等职业技术教育范畴。只是管理部门不同，中专、职中统一属于教育部主管，而技校属于国家人力资源和社会保障部主管。

目前，我国中专、职中、技校都是为各行业、各企业培养一线的工作人员。在专业设置上，三类学校基本相同，主要包括旅游餐饮服务、机械加工、电子加工、计算机类、幼儿教育等。

中专、中职、技校近年来都放宽了招生限制，只有少数学校还设置一定的录取分数线，大部分学校不再设置分数限制；初中毕业生可以在中考志愿中选择填报中专、中职、技校（有些地方技校还未纳入中考志愿，有些地方已经纳入），也可以直接到这类学校直接报名。招生层次包括初中毕业生和高中毕业生两部分。

中专、中职毕业颁发教育部门印制的中等专业学校毕业证书，如果通过劳动部门的职业资格鉴定考试，可以获得初级或中级职业资格证书；技校毕业颁发劳动部门印制的技校毕业证书和初、中、高级工职业资格证书。

三校生既可以参加5月份高职高专统一升学考试（俗称三校生中考），也可以参加6月份的全国统一中考，但是二者只能选择其一。

从就业后的收入来看，三校生的收入和普通大学毕业生的收入并无太大差距。有些三校生工作技术含量比较高，或许比普通大学毕业生还要高。

如果中考成绩不理想，考生本人对高中学习没兴趣，那么可以选择成为"三校生"，学得一技之长，毕业后早日找到一份工作。

你失败过很多次，虽然你可能不记得：第一次尝试走路时，你摔倒了；第一次张嘴说话时，你说错了；第一次游泳时，你快淹死了；第一次投篮时，你没有投进。不要担心失败，需要担心的是，如果你畏惧失败，你将丧失机会。——李开复

谁的青春期不冲动，带着憧憬过初中。

出国读高中，三思而后行

□齐宝宁

近年来，留学开始向大众化、低龄化迈进。听说谁谁去国外留学了，这很正常。当到国外读大学竞争很激烈的时候，读预科、读高中等项目变得热门起来。

目前去国外读高中主要是以英国、美国、澳大利亚、加拿大等国家为主，这些国家教育质量全球领先，同时是大学生的主要留学国家，读完高中接着读大学变得比较容易。但是对初中毕业生和家庭来讲，度过这几年的时间并不容易，从在海外的适应能力到家庭的经济状况等。每一种选择都要做出，在想去国外读高中之前，一定要分析下出国读"洋高中"的利弊。

出国读高中的优势

1. 提升英语水平

年纪越小，模仿学习语言的能力就越强。在国外高中阶段的学习，可以帮助学生尽快熟练掌握好英语。在国外这个天然的外语大环境的熏陶下，只要善于学习，勤于交流，你会发现自己的英文水平有了"突飞猛进"的发展。在国内，要达到同等水平，可能需要正规英语系本科毕业才行。

2. 离国外高等学府更近一步

在国外读完高中，成绩合格者，可以跟本地学生一起，根据自己的成绩自由选择任何适合的大学和专业，只要足够努力，就有机会进入世界一流名校。

3. 能够根据自己的兴趣爱好灵活选择课程

国外高中一般采用选课制，学生在进入高中时就要选课，直面自己的兴趣和爱好，独立思考自己将来到底要学习什么专业，从事什么工作。学生求知欲旺盛，也有明确的方向，感兴趣的课程学起来有动力，容易获得高分，最终也就容易升入理想的大学和专业。

比较"偏科"的学生，在国内念书可能并不受青睐，甚至有可能考不上大学。但是在国外灵活的选课体制下，完全可以扬长避短，有的放矢地选课（国外的高中一般都有几十门甚至上百门课可选），不仅可以取得比较好的成绩，将来也可以进入著名的大学继续深造喜欢的学科专业。

如上所述，出国读高中虽有诸多好处，但也并非人人适合。

出国读高中的弊端

首先，需要足够的资金保障。国外读书费用很高，英联邦国家完成高中、大学学业至少得有上百万元人民币资金保

如果一个人总是按照别人的意见生活，没有自己的独立思想，没有自己的内心生活，那么，说他不是他自己就一点儿也没有冤枉他。因为确确实实，从他的头脑到他的心灵，你在其中已经找不到丝毫真正属于他自己的东西了，只是别人的一个影子。

障。这对家境富裕的同学来说或许不值一提，但是对于工薪阶层来说则非常吃力，因为要出国读书而让整个家庭背上沉重的负担，对于要出国读书的学生来说，压力过大。

其次，需要一定的英语基础和学习能力。

在完全陌生的语言环境下，几乎一切都需要靠英语去交流，如果英语基础很薄弱的话，在开始阶段，会产生一些很不利的影响。要出国留学的学生，应尽量在出国前打好英语基础。

最后，安排好监护人和孩子的饮食起居。

在国外学习期间会遇到种种困难和挫折。在出国前提醒自己做好心理准备，注意培养自我心理调节能力、交流交际能力和生活自理能力，遇到困难要知道怎样去正确处理，或者应该向哪些人求助。出去读高中的孩子一般都不满18周岁，在出国前要安排好正规的住宿和监护人，安排好饮食起居。与家长要保持沟通上的通畅，多关注孩子的情绪和行为，在问题发生之前或者发生的第一时刻，协助学校或监护人帮助孩子一起将问题解决。🌰

报考美国高中可以参考哪些网站

□张 溪

当下中国留学低龄化的趋势愈演愈烈，有关美国高中的资讯到底有哪些网站值得收藏和参考呢？

所有信息中最为重要的是学校介绍，所以，学校官网一定要重视。

随着近几年申请人数骤增，有些学校已把最低要求公布在官网上。另外，要关注学校来中国见面会的时间以及预约方法。最后，建议大家查看学生的日程表，这样你会对学生在学校的生活起居有一个具象的了解。

了解了心仪的学校信息后，可以参考一些资源整合类网站，比如 boardingschoolreview.com，它是一家整合美国私立高中的英文网站。此外，美国寄宿高中联盟（TABS）旗下的英文网站 boardingschool.com，也可以作为参考。除此之外，中国家庭送孩子去美国读书，会比较关注学校所在地的气候、安全指数、国际生组成、中国家长和学生对学校的评论等，这些信息可以从中文网站 FindingSchool.net 上找到答案。

很多中国人关心美国高中的排名，以下网站可以推荐给大家参考：比如美国新闻和世界报道有全美公立高中的排名，PrepReview.com 有基于名校录取比例的寄宿高中排名。另外由一群在美私立高中就读的热心中国孩子创建的南瓜城（pmkcity.com），为大家了解真实的在美学生生活提供了一个窗口。

最后，我的建议是，从网络上获得的信息，是不能替代自己的眼见为实的。在条件允许的情况下，最好自己去学校考察。在校园里走走，跟招生官面对面聊聊，听一两堂课，和现有的学生一起参加活动，这些才是最为直接和有效的了解途径。🌰

初中那些事儿

谁的青春期不冲动，带着憧憬过初中。

大部分的恐惧与懒惰有关，这句话我深以为然。我们常常会害怕改变，其实都是因为自己太懒了，懒得去适应新的环境，懒得去学习新的知识、涉足新的领域，但如果总是这样的话如何能让自己成熟起来呢？

如何选择开放大学预修课的高中

□ 杰伊·马修斯

　　二十年前，我和妻子在纽约近郊的一个小镇斯卡斯代尔购买了一处昂贵的房产，因为那里的公立学校声名远播。斯卡斯代尔高中拥有一些全国最高的考试成绩纪录，很多学生被选拔进入知名学府。

　　但我很快意识到美国高中教学方式存在一个问题：即使是在斯卡斯代尔这样富裕的地区，美国高中通常会限制学生参与他们最具挑战性的课程，即大学预修课程。高中基础课成绩未达顶尖的学生不被允许修读大学预修课程，而必须注册一些相对要求较低的课程。

　　美国的教育工作者称此为"把关"。这对于在国外长大的聪明学生来说可能是一个严重的问题，比如来自中国的学生。来到美国，他们渴望学习但往往无法在第一年获得非常出色的成绩，因为他们首先要习惯英语阅读和写作，把这些技能提高到比较高的水平。

　　聪明且有雄心壮志的同学，初到美国，如何才能避免被大学预修课程拒之门外呢？他们需要首先了解，不同高中对那些他们感兴趣的课程是如何设定的，开放程度如何。很多具有高平均分的高中，比如斯卡斯代尔高中，往往对修读大学预修课程有所限制，但获得同等成绩的学校中也有很多是向所有申请学生开放其大学预修课程的。

　　我为此列出了全美在大学预修课程中开放度最高的一批私立以及公立高中，这可以作为最便捷的方式供大家查阅信息，找出限制最少的学校。这份名单被叫作"高校挑战名单"，同时公布在《华盛顿邮报》的网站上。

　　过去，几乎所有美国高中都把修读大学预修课程的学生控制在小范围内，因为政策制定者假设只有极少数的学生具备完成大学水平的阅读以及考试的能力。然而，在过去三十年间，相关研究已经证明这个假设是不正确的。

加菲尔德高中便是一个特例。这是洛杉矶东区一所低收入学校，社区成员大多来自墨西哥贫困家庭，大多数家长受教育程度没超过六年级。一开始，他们几乎没有设立大学预修课程。

后来，加菲尔德高中新进了一位叫杰米埃斯卡兰特的数学老师，他在1974年推出了微积分方面的大学预修课程。他的学生大多来自低收入家庭，英语也并不十分优秀，但这位老师让学生花更多的时间来学习，到1987年，他以及另一位他培养的年轻的微积分老师，在教学上获得了极大成功。26%的在美国的墨西哥裔学生在他们的训练下，通过了三个小时的微积分大学预修课程考试。

发生在加菲尔德高中的奇迹让那些富裕高中的老师开始思考，只允许最优秀的学生读大学预修课是否是个错误的决定。加州大学和得州大学的联合研究也表明，修读过预修课程并取得良好成绩的普通学生往往表现更出色。这个发现让一些学校开始有意识地开放他们的大学预修课程。

从1998年开始，我一直在收集有关高中参与大学预修课程方面的数据。在那些每位学生都可以注册课程的高中，毕业生完成预修课程或者国际文凭课程的比例是所有高中里最高的。比如，德克萨斯州达拉斯的才华与天赋学校、亚利桑那州图森市的基础学校和佛罗里达州杰克逊维尔的斯坦顿大学预科学校。

在华盛顿特区、纽约市长岛东部和美国的佛罗里达州、得克萨斯州、加利福尼亚州和阿肯色州，高中向所有学生开放预修课程是十分常见的。另外，几乎每个州都可以找到类似开放程度的学校。所以，如果你希望找到一所高中，能把学生培养到尽可能高的水准，那你就可以在"高校挑战名单"中输入你所在的州和城市，来看看会有什么发现吧！🌰

初中那些事儿

谁的青春期不冲动，带着憧憬过初中。

人生回头去看，小人即贵人，我们都是在小人的暗算下真正成长起来的，变得坚强宽容，了解世界和人性的复杂。不过，'小人即贵人'是从小人推你下去的坑里爬出来以后才好说的话，所以首先要咬牙，先自己从坑里出来。——张泉灵说"小人"

初中那些事儿

谁的青春期不冲动，带着憧憬过初中。

我这辈子怕的事比不怕的多。怕打针，怕进理发店，怕牙医的椅子，最怕的却是考试。

爸爸那时天天被罚做苦力，被罚在人前念经一样念："我有罪，我该死。"但在家里却还做他的老子，他把在人前收起的威风尊严在我面前抖出来了。

"给我算这些题！"

我说："啊？"

"考你啊，一元一次方程式都搞不清，你还有脸做学生！"

我脑子里跑飞机一样轰轰的，看着一纸习题。爸爸将卷子端到脸前，立刻抄起一支笔在上面通天贯地打了个大"×"。劲儿之足，像是左右开弓给它两个大耳光。

"你给我当心点，别以为在学校混混，就完了，下回我还要像今天这样考你的！"

也许就怕他那个"下回"，我就此在无考试的年代怕透了考试。1977年，国家恢复了高考。我偷偷准备功课，想考电影学院或戏剧学院。干吗"偷

偷"呢？主要是瞒着爸爸。若考得太臭，爸爸虽不至于再在我的考卷上"扇耳光"，至少在心目中会把对我的希望两笔画掉。

我是偷偷写作，偷偷发表了作品得了奖的。我一直是偷偷的，我怕作品及不上他的希望。他大致知道我在干什么，大致知道我在文学界混得还有点眉目。因为他有一天突然说：

考场心电图

□严歌苓

"凭你的作品，为什么不去考考学校？比如考考编剧系、文学系什么的？"

"我？我不考。"见他眼一鼓，像憋住一口话，我抢先说，"有什么考头？哪个作家是考出来的？"

爸爸鼓起的眼平息下去，研究了一会儿我的理论，说："你想得这么开，就真别去考了。"

我真的就没去考。人或多或少有些忧郁症。对许多东西有道理没道理地恐惧是我的忧郁症。我不能想象考试前没完没了机械地背这背那，走进考场听监考人宣布不允许这不允许那。再就是考完后的等待，在那种等待中，人还会有胃口、有睡眠吗？最怕的自然仍是爸爸的反应。

我不去考，也就考不败，爸爸不顺心的一辈子，就仍存在一个希望。

而在美国是躲不过考试的。托福、GRE、"资格考"，你还没从这考场的椅子上起来，那场考试又把你压下去。美国孬的好的大学都是机械

如果一个人如此自私，自私到如果不能得到什么的话就不让别人感到幸福，就不会给别人一丝一毫真心的赞赏；
如果一个人的灵魂如此狭隘，还不及酸山楂那样大，那么他总是遭遇失败也就不足为奇了。——戴尔·卡耐基

化，只认得考卷上的数码，不认天才成就。我想取巧，便跟学校负责录取的办公室打了个电话。

"我想和系主任谈一次话！"

"你的文件中缺两份考试结果！"

"我可以跟系主任约个时间吗？"

"当然可以，等你两个考分出来之后！"

"不，我想尽快跟他谈！"

"好极了，那你尽快参加两项考试！"

我只得去考。考前一周我心里老出现《葬礼进行曲》。在这首进行曲当中，我想到爸爸那蹉跎的一生。还想到万一考不好，我的奖学金就会落空，房钱、饭钱以及继续读语言学校的钱都从哪儿来？有人偏在这时告诉我："头科考不好，以后考会更难！"终于坐在考场上时，我忽然感到将衬衫扎在裤腰里是个错误，极不舒适；而清早大吃一顿也是不明智的，中间会去上厕所。睡眠不足，使整个考试过程成了一场噩梦。考试中有个女生昏倒了，好在不是我。

我知道我考得一塌糊涂。

就在考完的当天晚上，

电话铃响了，却是爸爸。"你明天要考试啦！好好考，别怕！你一向怕考试，真是莫名其妙！考试有什么怕头？"他嘻嘻哈哈地说道。

爸爸记错了日子。幸亏他记错，不然要真在考前接他这么个电话，昏在考场上的八成是我了。真想对他喊："爸爸你干什么？嫌压力没压得我自杀？"不过他电话打晚了，现在我是任剐任割，死猪不怕开水烫了。

"好好考！"爸爸在大洋那头看不见我发绿的脸。"再说，考得好坏有什么关系？没关系！放心去考！所有学校都不要你，爸爸要你啊！"

我一时不知说什么，一股辛酸滚热的泪水直冲我的两只眼而去。🍍

把孩子送到美国读高中是一笔不菲的开销，选择高性价比的学校是硬道理。评判一所高中，重要的标准之一就是这所学校的毕业方向。

如今越来越多的中国家长考虑把孩子送到美国读高中，到底什么样的高中才能算是好高中？

在美国投行工作的时候，我就走访过曼隆高中，这所成立于1915年的高中，是美国顶尖私立走读中学之一，李嘉诚的次子李泽楷就毕业于此，他后来从曼隆高中升入硅谷的中心——斯坦福大学。

我们的家长都喜欢看排名，然而看排名也要学会看哪些排名。高中排名其实是一项非常有争议、费力不讨好的工作，现在中国市面上流行的中介排名，大多是寄宿学校的排名，曼隆高中甚至都不在它们的名单之列。

在笔者看来，功利一点儿说，评判一所高中是否是好高中，重要的标准之一就是这所学校的毕业去向。

我们先来看看一个大家公认的前50名的寄宿高中波特茅斯教会学校，被很多中国机构捧得热火朝天（这所学校要托福95分以上通常才可以申请），学校有大约360名学

世界上有三种人：那些让事情发生的人，那些看着事情发生的人，以及那些不明白发生了什么事的人。

去美国读高中，你不知道的事

□许 轶

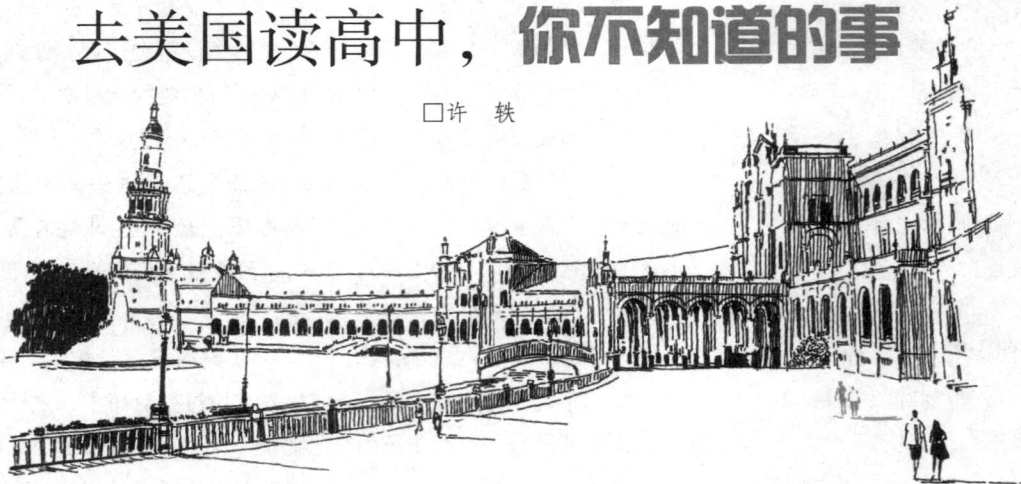

生，网站公布的 2008 年大学升学情况如下（其他年份网站没有提供）。

我们从美国人公认顶级的大学的 HYPS（哈佛、耶鲁、普林斯顿、斯坦福）来做个简单的判断。总结一下，这一年，该学校有 1 个哈佛、1 个普林斯顿，没有耶鲁、没有斯坦福。

再看另外一所高中，在加州硅谷附近的一所走读男校塞拉高中，该学校高中部 998 人，在硅谷旺地圣玛特奥。托福 70 分左右可以录取。

这所学校 2011 年，有 3 个斯坦福、2 个哈佛、1 个耶鲁，没有普林斯顿。6 个 HYPS 的录取生。该校人数是波特茅斯教会学校的 2.7 倍，但 HYPS 的录取人数是波特茅斯教会学校的 3 倍。

仅仅从 HYPS 录取人数在人群中占的比例来看，塞拉高中更有优势，且塞拉高中更大，分数更低，也容易被录取。当然，这个比较不是美国人所说的苹果对苹果的比较，我们没有考虑其他方面，学校的规模、学生数可能是很多家长的一个考量。

再来看走读女校加州卡斯蒂列亚中学。和曼隆高中一样，中国机构并不太知道这所学校。此学校美国某顶级杂志官方排名超过玛丽中学，《财富》杂志排名超过佩迪中学，而玛丽中学和佩迪中学都是排名前 20 的寄宿学校，大家耳熟能详的寄宿高中。玛丽中学来自中国的申请者 2012 年超过 1000 人。

和毕业生去向一样，一个高中学生美国中考的平均分是一个衡量，这所学校中考的平均分 2129。菲利普斯埃克塞特呢？2122。天啊！你能相信自己的眼睛吗？菲利普斯可是数一数二的寄宿学校呀！没有这所女校成绩高？是的。而且这所学校的毕业生，可是每年 HYPS（哈佛、耶鲁、普林斯顿、斯坦福）大满贯。

2012 年，这个学校来自中国的申请者数目为 0。这就是典型的信息不对称造成的。当今信息化的时代，价格和价值真的可能会偏离吗？

由于信息不对称和中国学生对寄宿学校的过度偏爱，导致寄宿学校严重过热。从金融学的角度来看就是价值被高估，而且严重高估，尤其是在新英格兰地区的寄宿学校，是最严重地被高估，原因是太多中国学生扎堆申请。🌰

不去追逐你所渴求的，你将永远不会拥有。不开口问，答案永远是 No。不往前走，那只能永远停留。

在美国高中学习的日子

□佚 名

独立开放的电脑课程

美国的电脑课程教学模式，是老师只负责答疑和提供参考书目，其余的学习过程完全由学生自己完成。我们每堂课的任务就是按照书本上的指示，完成一个又一个的示例程式（Program）或项目（Project）。每做完一本书就意味着掌握了一种新程式的运用。学期末老师会根据程式完成的结果以及我们在一学期内各自所自学的书本数量给每个人做成绩评定。这样的教学模式不仅能促进学生将书本知识和自我实践相结合，还培养了学生的自学理念，更重要的是，这样的教学方式同时照顾到了每个同学不同的学习进度，可谓一举三得。

旁征博引的社会学课

如果说在美国学习英语写作是一知半解，学习电脑是摸着石头过河，那么学习社会学就真可谓云里雾里了。且不提社会学里纷繁复杂的学术术语，作为中国高中生，我对美国的社会结构、政府机制等常识知之甚少。费了九牛二虎之力之后，我的成绩只拿了一个B，期末总评之所以拿了个A，则全靠图书馆的帮忙了。在美国从高中甚至小学时代起，大量的资讯就必须通过图书馆获取。

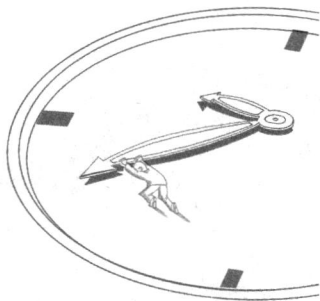

信心大增的数学课

美国的数学，即使是微积分这样的课程也非常简单，每题所用到的公式不会超过两个，且都是简易的计算，即使遇到复杂计算，也可依赖函数计算器，因此无论多复杂的计算都不在话下。事实上，美国人的数学在很大程度上都是依赖计算器完成的，老师在课上一般只是描述该怎么运用计算器来完成题目。每次上课，老师都会将高级函数计算器借助一条资料线投影到屏幕上，接着便开始以其纯熟的按键顺序来讲解题目。

因为美国的数学老师很不习惯区区一个中国高一学生的数学水准能够达到他们的大学水准。因此我的第一份数学作业居然是背诵美国50个州的州府名……

为了打击我的气焰，数学考卷的难度从A级升至D级，最后数学老师搬出了最高等级的E卷（据称这是他为师20载所出的第一份E卷）也未能压倒中国孩子"高超的数学天分"。于是数学老师终于"屈服"，从此再没对我有半点歧视，他甚至还专门把自己无法解答的题目作为附加题添在试卷末尾，以期待我帮他解答。正是有了这样一位老师，我在数学学习上越发有了奋力拼搏的动力。

会学，会玩，会生活

在中国，升学压力使我们时时刻刻都在关注自己的学业，忽略了高中生活的真正意义。而美国高中一年的学习生活，却使处在叛逆期的我感受到了一份意想不到的充实与安定。对我来说，也许这一段多姿多彩的日子只可以用"成长"来形容，它让我明白了高中生活不只是埋在课本里，而应是活力四射、奋发向上的，而我们的目标也应该是：会学，会玩，会生活！

初中那些事儿

谁的青春期不冲动，带着憧憬过初中。

霍勒斯曼：把中学变成实验室 □华 琪

纽约地铁一号线搭到最后一站 242 街，就可以看到霍勒斯曼 18 英亩（约 72843 平方米）的校园。从地铁站走到学校的距离并不远，却跨越了两个世界。

这属于纽约的布朗士区，旅游手册会警告游客夜晚最好不要拜访的区域。往山坡上走几步，你就能看到树荫遮蔽的道路两边，豪宅林立。菲尔德斯顿，这是纽约最贵的街区之一。再沿着路往山上走几步，就是校长住的石头房子。

学校不大，走过招生办公室的二层石头小楼，你就可以看到学校高中部的全部：两座教学楼、一座礼堂、一个体育馆，中间是个棒球场。

在 2010 年《福布斯》杂志的"全美最佳 20 所私立高中"排名中，霍勒斯曼中学位居第二，仅次于纽约的圣三一中学。

⭐ "残酷"教学法 ⭐

校长托马斯·凯利博士就住在学校里。他在这里已经任教 27 年了。在学校的餐厅里，他随时可以叫出任何一个学生的名字并与其聊起天。这里鼓励学生犯错，以及让他们从错误中获知新的东西。老师并不完全掌握上课的主动权，在他上的心理学课上，常有学生站起来说，Kelly 先生，我觉得我可以说得更好。

霍勒斯曼成立于 1887 年，创建人是尼古拉斯·默里，学校的校训是真实至上，胜过一切。在霍勒斯曼的历史上，有一位锐意革新的校长英斯里·克拉克，20 世纪 60 年代他在耶鲁当本科招生官时打破了当时耶鲁只从优秀的寄宿中学招学生的传统，无论他们的学术成绩如何，相反，他开始放眼整个国家，寻找那些最才华横溢，表现最优异的学生。

他还首次欢迎女生上高中，并把一位具有棒球天赋的穷孩子招进学校。

克拉克校长也奠定了学校从实际出发的教学传统。他在校时教"城市历史"课，带着学生们进入监狱以及法庭，

不要逼男人撒谎，他会恨你；也不要把他的话当真，你会恨他。——和男人相处的铁律

去学习关于纽约面临的复杂城市问题。

霍勒斯曼是一所从幼儿园到高中的一站式学校，这所学校的教学方法可以用"残酷"来形容。在这里，许多课都以做项目的方式完成。校长凯利介绍，在这里上实验课，会配备给学生大学水平的实验器材（远超一个实验所需），告诉他们想要达到的效果，但老师不会给出实验步骤，如何实现，要学生自己去研究，学校也鼓励学生通过不同的路径去实现结果。

学校在康乃狄格州有 245 英亩（约 991480 平方米）的 John Dorr 自然实验室，学生被要求在这里独立生活一周，没有大人，全靠互相协作完成各种项目。学生常年帮助康乃狄格州政府检查河流的污染程度。在 BP 公司墨西哥湾漏油事件发生后，学校的学生自发提出了十几种解决方案。

"路上总是有石头的，我们不会把路上的石头搬掉，你得自己学会定位它，想办法把它搬走，或者绕道走。我们也很欢迎你来请教我们。"校长凯利说，"从霍勒斯曼毕业意味着一些认证，学生的成熟度、写作能力、协作能力、工作道德、遇到困难会正确地寻求帮助。"

韦伯中学：人人都是考古学家

□华 琪

"我们有一个世界级博物馆。"在韦伯中学见到的每一个人都如是告诉记者。就连韦伯中学门口的校牌上，也标注着"雷蒙德阿尔夫古生物博物馆"的字样。考古，在韦伯中学是教学中重要的一部分。进校第一年，每个学生都有一学期要学习和考古有关的知识。

"我们周末有许多事可做，去盖蒂博物馆，去大学听讲座，去大熊湖滑雪，去看棒球比赛，去好莱坞，当然也可以在学校学习。"读 10 年级的中国学生李晨元在电话里对我说。

韦伯中学坐落在圣加布里埃尔的山脚下。

这是一所学术上要求很高的学校。李晨元刚来时并不适应。"以前在原来学校里成绩优秀，从小一直做班长直到初中，在这里整个人的地位下降了。"不过他很快适应了寄宿生活。在 9 年级，他担任了学生会副主席，也比过去更加刻苦学习。"作为国际生，必须更出色才能申请到理想的大学"。

校园由两所不同的学校组成，一所是汤姆森·韦伯于 1922 年创办的男校韦伯；另一所是 1981 年根据汤姆森·韦伯的妻子命名的女校 Vivian 韦伯。今天，虽然统称

初中那些事儿

谁的青春期不冲动，带着憧憬过初中。

为韦伯中学，但所有入学的学生在高中的开始两年仍分性别教学，到 11 年级才男女同班授课。

路边，偶尔能看到几个装着食物的桶。马歇尔说，后山会有熊出没，但它们都很友好，从来不伤人，偶尔会来学校找吃的。"学校规定 11 点熄灯，有一次一个学生夜里跑出来，出来刚好跟熊打了个照面，吓坏了。"

走进博物馆，就被各种动物骨架和脚印淹没了。入口处是一块模拟沙坑，小孩子们可以模拟考古的过程。常有附近居民带孩子来玩。招生官里奥·马歇尔用手指给记者看："那条恐龙尾巴，是 1994 年被一个学生发现的。""那是新发现的犀牛头骨，还有亚马孙最大的鳄鱼头骨的化石。"

考古是韦伯中学教学中很重要的一部分。进校第一年，每年学生都有一学期要学习和考古有关的知识，他们要去周围的沙漠寻找化石，学会用小刷子和牙刮匙清理化石，像考古学家一样参与科学研究的全过程并撰写论文。"我们并不是想要把每个学生都培养成考古学家，这是学生们近距离观察和参与科学研究的机会。"博物馆负责人安德鲁·弗拉克告诉记者。

读 10 年级的中国学生李晨元，给记者看他在考古课的一次作业——"名称：叠层石；年龄：前寒武纪；栖息地：藻殖民地在浅水区；状态：仍然存在着；事实：叠层石是积累层的细粒度沉积物，它们是地球上最早的生命形式。"学生们的古生物课需要了解不同地质时代的特点，不同生物的习性和生活环境，并需要通过自己的研究围绕进化论写一篇小文章。

处理化石是一项综合技术活。在这里，化石准备车间，物理、化学、生物实验室一应俱全。透过玻璃窗，记者看到一个学生正在显微镜下用剔针细心地修理一块灰黄色石头，一个学生在灯下给化石涂上胶水以保持稳定，另一个学生在给化石拍照，还有一个学生正给一块小石头贴上标签，在纸上记录着什么。

一些学生在这种氛围的熏陶下彻底走上了学术道路，其中最著名的是马尔科姆·麦肯纳，他曾任美国自然历史博物馆馆长，是最早跟着阿尔夫一起去挖石头的学生。后来他如此回忆："他迷人的个性和不拘一格的教学方式不仅影响了我，也影响了众多地质学家和古生物学家。韦伯学校仍然在用这种有趣的方式吸引着年轻人投身科学。我和阿尔夫一起进行过许多实地考察，巴斯托地区的荒地，南达科塔州、内布拉斯加和怀俄明州的野外。世界上再没有什么事情比你第一个发现化石骨架更激动人心了。"

年龄就好像耕地，事物的本质会逐渐被挖掘出来。
可是只有当时日已过，我们已无力做出任何改变时，我们才拥有智慧。我们似乎是倒着生活的。——《爱，始于冬季》